Indépendance et néocolonialisme en Afrique

Bilan d'un courant dévastateur

5-7, rue de l'Ecole polytechnique, 75005 Paris

http://www.librairieharmattan.com
diffusion.harmattan@wanadoo.fr
harmattan1@wanadoo.fr

ISBN : 978-2-296-13931-2
EAN : 9782296139312

Pierre Ndoumaï

Indépendance et néocolonialisme en Afrique

Bilan d'un courant dévastateur

L'Harmattan

À Silas, mon père,
À Marie, ma mère,
dont l'espoir et l'espérance sont pour moi une abondante source d'inspiration.

Épigraphie

Pour aimer les hommes, il faut détester ce qui les opprime.

Jean-Paul Sartre

Chaque fois qu'un homme a fait triompher la dignité de l'esprit, chaque fois qu'un homme a dit non à une tentative d'asservissement de son semblable, je me suis senti solidaire de son acte.

Frantz Fanon

Remerciements

Je tiens à remercier le professeur Kasereka Kavwahirehi pour ses encouragements et ses remarques pertinentes tout au long de la recherche qui a mené à la rédaction de ce livre.

Toute ma reconnaissance au Dr Zachée Betché pour avoir lu mon manuscrit et formulé des remarques pertinentes. Mes remerciements vont aussi à tous les autres collègues et amis qui ont lu en partie ou en totalité mon manuscrit. Leur contribution est très appréciée. Je ne saurais oublier ma famille qui est une inestimable source de soutien, d'encouragement et d'inspiration.

J'aimerais enfin rendre un hommage mérité à tous ceux qui ont fait de la cause de l'Afrique leur raison d'être. Nous avons un devoir de révérence envers tous ces martyrs, ces exilés et ces prisonniers pour leur soutien sans réserve et au péril de leur vie à une libération totale de l'Afrique de toute forme d'exploitation.

Introduction

L'an 2010 marque le cinquantenaire des indépendances dans plusieurs pays d'Afrique[1]. Après un demi-siècle de postcolonie, il est plus que jamais temps pour l'Afrique d'être face à elle-même et de procéder à une introspection. Elle n'a pas de choix que de faire face à la vérité qui peut être décevante, mais nécessaire si elle aspire à un avenir meilleur. Il n'est pas nécessaire de faire des détours pour reconnaître que les nouvelles sur l'Afrique ne sont pas bonnes. Le PIB par habitant est en deçà de ce qui prévalait dans les années 60 du siècle dernier. De même, la part de l'Afrique dans les échanges mondiaux était meilleure à l'époque des indépendances. Cette marginalisation du continent noir est une très mauvaise nouvelle dans un monde où prédomine le néolibéralisme économique marqué par une concurrence féroce. Dans la mesure où la globalisation impose ses lois en favorisant les multinationales qui asphyxient l'économie locale dans les pays en voie de développement, la situation économique d'une Afrique qui a non seulement de la difficulté à décoller, mais qui a régressé par rapport à sa situation d'il y a 50 ans est très préoccupante.

Une majorité d'Africains vit avec moins d'un dollar par jour, ce qui témoigne d'un état de pauvreté pathétique. Pourtant, il y a une élite qui met la main sur les richesses dans les différents pays et s'en sert à volonté au détriment des masses populaires. Cette situation a favorisé la corruption généralisée au point où dans certains pays, elle ne se pratique plus en cachette, mais au vu et au su de tous. Il n'est point besoin de dire que dans un tel contexte, le taux de chômage est exorbitant.

Du point de vue de la santé, la situation n'est pas moins déplorable. Le VIH/SIDA et le paludisme entre autres font rage

---

[1] 1960 est l'année symbolique de la décolonisation de l'Afrique dans la mesure où dix-sept États africains ont accédé à l'indépendance cette année-là. Voici la liste de ces pays classés selon l'ordre chronologique : Cameroun, Sénégal, Togo, Madagascar, Congo-Léopoldville (République Démocratique du Congo), Somalie, Dahomey (Bénin), Niger, Haute-Volta (Burkina), Côte d'Ivoire, Tchad, Centrafrique, Congo-Brazzaville, Gabon, Soudan français (Mali), Nigeria, Mauritanie.

en Afrique plus qu'ailleurs. L'accès aux soins de santé est le plus en retard à travers le monde. L'autosuffisance alimentaire qui est loin d'être atteinte apporte son lot de malheur aux problèmes de santé.

L'insécurité en Afrique qui est un véritable frein au développement est si préoccupante qu'elle absorbe 65% des travaux du Conseil de sécurité de l'ONU. Même la Côte d'Ivoire qui était perçue comme l'un des pays les plus stables d'Afrique de l'Ouest a fini par sombrer dans la guerre civile. Les mouvements armés prennent de plus en plus de l'ampleur sur le continent noir et menacent sérieusement les espoirs de paix.

Du côté de la gouvernance, en général, la situation est très inquiétante. En effet, environ 75% des gouvernants africains ont quitté leurs fonctions dans un contexte de violence. Plusieurs de ceux qui sont en poste présentement sont loin d'être au-dessus de tout soupçon soit parce qu'ils ont été portés au pouvoir par un coup d'État, soit par un hold-up électoral. Il se pose dans les deux cas un problème de légitimité et d'autorité morale qui servent de prétexte aux mouvements armés. La corruption, la gabegie, le népotisme, le favoritisme, les détournements des deniers publics sont autant de maux qui sont dénoncés dans les discours, mais qui persistent dans le vécu quotidien. Certains gouvernants semblent en tirer parti.

Sur le plan social, il n'y a que les naïfs qui croient en une Afrique unie. L'observateur attentif remarquera au contraire qu'il existe une fracture sociale qui est la conséquence directe du tribalisme et du clanisme qui minent la cohésion et la paix sociales. Bref, l'Afrique est malade. Elle se doit de considérer chacun de ces problèmes et bien d'autres afin d'établir les responsabilités et d'engager des actions concrètes en vue d'un changement de nature profonde. Il lui revient de prendre ses responsabilités et son destin en main. Même s'il est vrai que la situation actuelle de l'Afrique est attribuable dans une certaine mesure à son exploitation par les autres, il n'en demeure pas moins vrai que c'est à elle qu'incombe la responsabilité de plusieurs autres comportements qui se situent aux antipodes de ce qui peut réellement faire son bien. C'est à l'Afrique d'engager des réformes sérieuses au niveau interne et de se libérer du joug de ceux qui l'ont exploitée par le passé et qui continuent à le faire sous une forme plus subtile de nos jours. La liberté a un prix et l'Afrique se doit de le payer en vue d'un avenir meilleur.

L'Afrique va mal, mais elle n'est pas dans l'agonie comme le prétendent les Afro-pessimistes. La postcolonie a été globalement un échec, mais plusieurs signes d'espoir existent et c'est sur ces acquis que le continent noir peut bâtir un avenir sûr. On a longtemps clamé que la démocratie ne convient pas aux Africains. Cet argument tombe en désuétude au regard de son avancée dans plusieurs pays d'Afrique tels que le Mali, le Bénin, le Sénégal, le Botswana, le Ghana, l'île Maurice et l'Afrique de Sud.

Chapitre 1 : Le néocolonialisme en marche

L'histoire des peuples est une histoire de lutte des opprimés contre les oppresseurs. Ce constat est vrai pour l'Afrique. Dans son histoire récente, l'Afrique a été prise en otage par les esclavagistes, puis par les colons. Les années 60 du siècle dernier marquaient un tournant dans cette histoire. En effet, les mouvements nationalistes avaient contraint les puissances colonialistes à acquiescer à leur réclamation d'indépendance. Les archives témoignent du sentiment de satisfaction ressentie par l'Afrique à cette époque.

En 2010, plusieurs pays d'Afrique célèbrent le cinquantenaire de cet évènement. Après un demi-siècle depuis ces temps mémorables, il devient important, voire nécessaire, de s'arrêter pour évaluer le parcours. La première interrogation devrait concerner la nature même de ces indépendances. Dans la mesure où le néocolonialisme a supplanté le colonialisme dès la proclamation des indépendances, le moins qu'on puisse dire c'est qu'en réalité, les pays africains n'ont eu que l'illusion de la liberté. Alors qu'il était encore président du Sénégal, Léopold S. Senghor a eu le courage de l'énoncer en des termes suffisamment clairs en affirmant ceci : « sous le régime colonial, on pouvait protester, on avait le peuple avec soi. Aujourd'hui, on est colonisé et on ment au peuple en disant qu'on est libre[1]. » Par conséquent, la question aujourd'hui ne concerne pas l'état de la consolidation des indépendances, mais plutôt celui de la lutte contre le néocolonialisme. Il semble malheureusement que certains demeurent encore dans l'illusion des indépendances et ne réalisent pas le désenchantement face à la réalité des rapports des pays africains avec les anciennes métropoles. Pour montrer l'actualité du néocolonialisme, ce chapitre s'appuiera largement sur l'allocution prononcée par le Président français Nicolas Sarkozy à Dakar en 2007[2] et celle qu'il a prononcée au Cap une

---

[1] Interview à *Jeune Afrique*, 7 janvier 1977.

[2] Le lecteur peut s'abreuver aux multiples répliques à cette allocution dont celles-ci : A. Mbembe, « L'Afrique de Nicolas Sarkozy », *Sud Quotidien*, 2 août 2007 ; Id. « France-Afrique : ces sottises qui divisent », *Sud Quotidien*, 11 août 2007 ; Id. « Discours de Dakar : le retour des vieux clichés », in :

propre piège, car ses auditeurs lui ont prouvé que c'est plutôt lui qui ne sait pas interpréter les signes des temps. Il est évident qu'en se rendant en Afrique, il a pris l'allure d'un De Gaulle allant comme un chef d'entreprise visiter ses filiales et donnant des instructions à ses subalternes. M. Sarkozy pouvait s'attendre à tout, sauf à être boudé par des étudiants africains. C'était une vraie gifle qui lui a été infligée de voir ces derniers sortir de la salle où il prononçait son discours alors qu'il ne l'avait pas encore achevé.

M. Sarkozy ajoute : « Ce que veut l'Afrique est ce que veut la France, c'est la coopération, c'est l'association, c'est le partenariat entre des nations égales en droits et en devoirs. »

L'orateur appelle les jeunes africains à la coopération, ce qui est très encourageant même s'il ne donne pas de précisions sur la nature et l'échéancier de cette entreprise commune. Le domaine le plus important et le plus urgent pour une éventuelle coopération entre lui et les jeunes africains devrait être la fin du néocolonialisme qui ne fait qu'enfoncer l'Afrique dans le gouffre dans la mesure où il la prive de son autonomie politique, économique, financière[4], militaire et culturelle. Il n'y aura pas de

---

[4] Le franc CFA est un instrument de domination économique et financière que les pays de la zone franc continuent d'accepter malheureusement. Pourtant, Thomas Sankara l'avait déjà dénoncé en 1985. Dans une entrevue accordée à Mongo Beti pour le compte de la revue *Peuples noirs Peuples africains*, il affirmait : « Dans ce cadre, je dirai que le franc CFA, lié au système monétaire français, est une arme de la domination française. L'économie française et, partant, la bourgeoisie capitaliste marchande française bâtit sa fortune sur le dos de nos peuples par le biais de cette liaison, de ce monopole monétaire. C'est pourquoi le Burkina se bat pour mettre fin à cette situation à travers la lutte de notre peuple pour l'édification d'une économie autosuffisante, indépendante. Cela durera combien de temps encore, je ne puis le dire. » T. Sankara, « Entrevue avec Mongo Beti », 3 novembre 1985 in : *Thomas Sankara parle : La révolution au Burkina Faso 1983-1987*, New York/Londres/Toronto/Sydney, Pathfinder Press, 2007, p. 262.
Cette monnaie a été créée en décembre 1945 lorsque la France a décidé de ratifier les accords de Bretton Woods. Franc CFA signifiait « franc des Colonies Françaises d'Afrique ». En 1958, il est rebaptisé « franc de la Communauté Française d'Afrique ». Jusque-là il est clair qu'il s'agit d'un instrument de domination coloniale. Plus tard, on usera d'euphémisme en le rebaptisant « franc de la Communauté Financière d'Afrique » pour les pays

vraie démocratie dans le sens du pouvoir sous toutes ses formes détenu et exercé par le peuple en Afrique tant que le néocolonialisme n'aura pas été vaincu. Il s'agit ici d'un domaine qui appelle l'intelligentsia africaine à faire front commun en mettant de côté toutes les querelles d'écoles.

Le point de départ de cette coopération avec le président français serait d'annuler tous les accords arrachés par son pays à ses anciennes colonies en échange de l'indépendance dans les années 60 du siècle dernier. Ces accords honteux et ignobles accordent à la France des droits injustes dans ces pays : ils vont de l'exploitation sans scrupule et gratuite du sous-sol au droit de faire et de défaire les autorités de ces pays. Achille Mbembe corrobore le jeu exclusif des intérêts pratiqué par la France depuis les indépendances. Il écrit : « Dans son pré-carré, elle s'y est opposée farouchement depuis 1960, n'hésitant pas, le cas échéant, à recourir à l'assassinat et à la corruption. Aujourd'hui encore, elle est connue, à tort ou à raison, pour son soutien le plus tenace, le plus retors et le plus indéfectible aux satrapies les plus corrompues du continent et aux régimes qui, justement, ont tourné le dos à la cause africaine[5]. » Il convient de souligner que la cause africaine ne saurait être au cœur des préoccupations des régimes en place en Afrique francophone eu égard aux menaces qui pèsent sur eux en cas de mise en cause des intérêts français résultant des accords « de coopération et de défense » top secrets conclus avec la France au lendemain des indépendances. Le caractère secret de ces accords ne donne lieu qu'à des conjectures dans la mesure où on n'a droit qu'à quelques bribes d'informations. L'un des rares aveux qui sont à la disposition du public est celui de l'ex-président centrafricain Jean-Bedel

membres de l'Union Économique et Monétaire Ouest Africaine (UEMOA), et « franc de la Coopération Financière en Afrique centrale » pour les pays membres de la Communauté Économique et Monétaire de l'Afrique Centrale (CEMAC). Le changement de nom ne change en rien la nature de la monnaie qui se veut un moyen de domination et de contrôle des finances et de l'économie des pays de la zone franc. Il va sans dire que la domination économique et financière conduit inéluctablement à une domination politique.

[5] A. Mbembe, cité par *Mutations* dans son édition du 07 janvier 2010. http://www.quotidienmutations.info/janvier/1262857780.php consulté le 11 janvier 2010.

Bokassa qui circule depuis quelque temps sur l'internet. Il a fait ces aveux au moment où il n'avait plus rien à perdre dans la mesure où il était tombé en disgrâce et était en résidence surveillée en Côte d'Ivoire depuis 1979. Il a levé une partie du voile sur le pillage de la Centrafrique par la France au nom de la « coopération[6] ». Le documentaire réalisé par Lionel Chomarat et Jean-Claude Chuzeville[7] était d'abord interdit, puis publié sur l'internet[8]. Voici ce qu'en dit l'auteur du documentaire :

> Les affaires africaines de la France sont au cœur de tous les scandales politico-financiers de ce début de millénaire. En Afrique, tout nous intéresse et tout nous rapporte : le pétrole, l'uranium, le diamant jusqu'au Pari mutuel. Nous utilisons l'Afrique noire pour blanchir notre argent sale. En 1983, Claude Jaget et moi-même avions rencontré l'ex-empereur Bokassa, placé en résidence surveillée, chez Houphouët Boigny à Abidjan depuis 1979. Dix-huit ans plus tard, son discours parait toujours contemporain. Récemment, un général en retraite nous avouait qu'en Algérie, l'Armée française avait torturé. Le président de la République et le premier ministre ont été sidérés d'apprendre cela ; ils ne s'en doutaient pas. Informons donc nos élites des réalités du terrain et du génocide séculaire, économique et mental, que nous conduisons en Afrique sous le couvert de la coopération[9].

Charles de Gaulle a dit avec raison que les États n'ont pas d'amis, mais des intérêts. La « coopération » française avec la Centrafrique sous l'empereur Bokassa Ier peut illustrer ce principe

---

[6] Il est curieux de se rendre à l'évidence que M. Sarkozy se sert du même terme sans remettre en cause son contenu. Ce faisant, il s'inscrit dans la continuité.

[7] Il s'agit d'une interview réalisée en 1983 par Lionel Chomarat et Jean-claude Chuzeville lorsque Bokassa était en résidence surveillée en Côte d'Ivoire après sa disgrâce. Celui-ci y révèle les vraies couleurs de la Françafrique qui offusquent celui qui a le moindre souci éthique et humaniste.

[8] http://www.ufctogo.com/Video-Bokassa-l-entrevue-interdite-1628.html consulté le 11 avril 2010.

[9] Commentaire introductif du documentaire par L. Chomarat et J.-C. Chuzeville, JCC, mars 2001.

à suffisance. Les gestes diplomatiques posés à l'endroit de Bokassa par plus d'un président français donnent de prime abord l'impression qu'il était quelqu'un de très important, du moins l'un des présidents africains les plus considérés par l'ancienne métropole. En effet, le dernier chef d'État reçu par le Général de Gaulle avant sa démission fut le président Général Bokassa. En plus, le premier pays qui fut la première destination de Giscard d'Estaing en tant que président dans le cadre de son premier voyage officiel fut la Centrafrique sous le Général Bokassa en 1974. Pourtant, d'habitude c'est à l'Allemagne que les présidents français accordent leurs premières visites officielles. Voici des paroles prononcées par le Général de Gaulle qui semblent a priori montrer son estime aussi bien pour Bokassa que pour la Centrafrique : « Amitié, estime, confiance, voilà M. le président de quoi s'inspirent les liens qui unissent nos deux pays et dont j'atteste que vous êtes à présent comme vous le fûtes toujours un artisan et un exemple. Je lève mon verre en l'honneur du général Bokassa président de la République centrafricaine. » Ces gestes très riches de sens cachent pourtant assez mal le vrai visage du néocolonialisme. C'est d'ailleurs ce que Bokassa condamne dans cette interview. Il faut déplorer le fait qu'il ne fait ces révélations qu'après sa disgrâce, mais elles sont tout de même importantes pour comprendre comment le néocolonialisme est vécu en Afrique. Il souligne que le sous-sol centrafricain sous son règne était considéré comme une propriété française et qu'il n'avait pas le droit comme président du pays de s'en plaindre de peur d'encaisser des représailles. À la question de savoir si la France et la Suisse achetaient les minerais extraits du sous-sol centrafricain, il répondit :

> Ils n'achètent pas ! Depuis 1966, ils extraient, ils exploitent, mais ils n'ont jamais payé un franc (…) Parce que, comme c'est l'uranium ; nous, nous devons rien dire. Et aussitôt qu'on veut essayer de demander, de parler, on nous fait taire…
>
> Je peux vous dire que, ce qui se fait contre mon pays est une honte. On exploite mon pays et on l'interdit de revendiquer ses droits (…) Il n'a aucune chance, il doit se

> taire et mon pays est devenu tout à fait une terre où on vient exploiter, on prend, on exploite l'uranium, on exploite aussi le diamant (…) La France considère le Centrafrique comme une propriété …
>
> Mais l'influence française est tellement grande qu'elle le montre clairement à des États (…) que c'est elle, la France, qui est propriétaire de terre, que le Centrafrique lui appartient. C'est sa propriété. L'indépendance dont[10] on proclame partout, ça et là, ce n'est que des jeux de mots. C'est tout. Mais en réalité, le Centrafrique reste encore un tout petit peu, une terre protégée[11].

Il s'agit ici d'une description du néocolonialisme : l'ex-colonie est considérée comme une propriété de la France, les richesses du pays (uranium, diamant) sont exploitées sans que ses autorités n'aient un mot à dire. L'ancienne métropole se sert de l'intimidation à l'égard des autorités de l'ex-colonie. Dans les discours officiels, cette exploitation est comprise dans la « coopération ».

M. Sarkozy est en rupture avec l'image qu'il projette de lui-même d'être un homme sincère et franc lorsqu'il affirme : « Mais nous ne pouvons pas exprimer une volonté à votre place. » En effet, il est évident que la France décide à la place de ses anciennes colonies dans beaucoup de dossiers. Autrement dit, le paternalisme français à l'égard des pays anciennement colonisés par la France ne souffre d'aucune ambiguïté. Qui oubliera le soutien que la France a accordé aux dictateurs africains qui garantissaient ses intérêts ?

En effet, tout observateur attentif des interventions de la France sur les questions africaines s'aperçoit qu'elle est prompte à faire des déclarations sur des questions qui ne la concernent pas du tout. Elle n'hésite pas à apporter un soutien sans réserve aux dictateurs qui ne lui résistent pas et qui garantissent ses intérêts, mais est prête à coincer, à piéger et à acculer tout autre dirigeant

---

[10] Sic.

[11] http://www.ufctogo.com/Video-Bokassa-l-entrevue-interdite-1628.html consulté le 11 avril 2010.

africain qui ose lever le petit doigt et qui tente de remettre en cause les intérêts français. Les exemples sont pléthore : la France n'a rien fait pour soutenir le nationaliste Sylvanus Olympio, mais elle a soutenu jusqu'au bout la dictature d'Eyadema durant son règne de plusieurs décennies ; lorsque Jacques Chirac était premier ministre, il a déclaré lors d'une visite au pays de Mobutu que celui-ci est un ami de la France. Inutile de dire qu'une telle déclaration couvrait toute la dérive dictatoriale de Mobutu caractérisée par une répression inouïe ; Lansana Conté a régné pendant des décennies sur la Guinée Conakry, mais comme il n'inquiétait pas la France, il n'a pas été nécessaire de le traquer. Par contre Dadis Camara qui a renégocié les contrats accordés aux entreprises françaises et qui n'a pas hésité à confronter le ministre français des affaires étrangères Bernard Kouchner qui se permettait de parler au nom de la Guinée comme s'il en était l'administrateur, est très rapidement devenu l'homme à abattre par tous les moyens. La France prétend protéger les citoyens guinéens, mais ne se demande pas combien de personnes ont péri sous la dictature répressive de Lansana Conté.

On s'accorde sur le fait que Mamadou Tandja a mis à mal la démocratie qui était pourtant en bonne voie au Niger. Sa chute n'a été que timidement condamnée par l'Élysée non pas parce qu'il s'agit d'une personne qui ne respecte pas le jeu démocratique, mais plutôt pour des questions d'intérêts géostratégiques. En effet, le Français Areva qui exploite l'uranium depuis quatre décennies au Niger s'est vu dans l'obligation de partager cette manne avec d'autres partenaires du Niger, notamment la Chine et le Canada. Tandja a eu le courage, et c'est un geste admirable, de réclamer une partie de l'uranium aux fins de commercialisation directe. En plus, il a imposé une concurrence entre Areva et les nouveaux partenaires, ce qui lui a permis de revaloriser de 50% le prix d'achat de ce minerai tant convoité en 2008. Il convient de se rendre à l'évidence que 40 ans d'exploitation de ce minerai tant recherché par Areva n'a pas aidé le Niger à sortir de son état de pauvreté lamentable[12]. Le pire c'est que la société française s'est

[12] Selon le Rapport mondial sur le développement humain 2009, le Niger occupe le 182e rang sur 182 dans le classement.

montrée très négligente à l'égard de la protection de la santé des populations et de l'environnement tout en sachant que l'exploitation de ce minerai expose à la radioactivité[13].

N'étant pas encore dédouanée de l'accusation d'avoir joué un rôle important dans le génocide rwandais de 1994, la France n'hésite pas à alimenter à nouveau la haine entre concitoyens à travers son ministre des affaires étrangères qui a déclaré le 23 décembre 2009 que la Guinée sera en proie à la guerre civile s'il arrivait que Moussa Dadis Camara, alors hospitalisé au Maroc, rentre dans son pays. On ne pourrait pas trouver de mots plus justes que l'incitation à la violence pour qualifier cette sortie inopinée et malheureuse du ministre français des affaires étrangères. Si la France aimait tant la Guinée, elle l'aurait arrachée à la dictature de Lansana Conté et anticipé la tuerie qui aurait fait 156 morts, au lieu de se servir de cet évènement malheureux comme un prétexte pour dire n'importe quoi sans tenir compte de la souveraineté de ce pays. La meilleure façon de montrer son amour pour les Guinéens n'est pas de réagir après un massacre, mais de le prévenir.

Ce qui choque, c'est de réaliser que certains dirigeants de pays africains estiment que M. Sarkozy a raison de traiter l'Afrique comme il le fait dans ce discours. Ils ont le courage de le défendre alors que l'auteur lui-même semble avoir tiré des leçons à ses dépens de cette expérience hasardeuse. Du moins, son allocution au Cap l'année suivante semble le montrer.

Allocution de M. Nicolas Sarkozy au Cap

Quelques mois après la gaffe causée par son discours du 26 juillet 2007 qui a jeté un discrédit sur son image en Afrique, le Président français Nicolas Sarkozy a entrepris un autre voyage en Afrique probablement dans l'intention de rectifier le tir. Dans un discours prononcé devant le parlement sud-africain au Cap en Afrique du Sud le 28 février 2008, M. Sarkozy reconnaissait ceci : « Aujourd'hui l'ancien modèle de relations entre la France et l'Afrique n'est plus compris par les nouvelles générations d'Africains, comme d'ailleurs par l'opinion publique française. Je

---

[13] *Le Monde diplomatique*, mars 2009.

sais qu'au sein-même de cette Assemblée, certains d'entre vous, militants de la lutte de libération, perçoivent eux-mêmes encore ces relations de la France et de l'Afrique, à travers le prisme de la colonisation (...) La relation entre la France et l'Afrique ne peut plus être fondée sur des accords et sur des politiques qui sont des survivances d'une époque où le monde était bien différent de ce qu'il est aujourd'hui[14]. »

Plus loin, il justifie la non-intervention de la France contre les mouvements rebelles qui cherchaient à renverser le Président tchadien en ces termes : « Ce changement était nécessaire, et la raison en est simple. La présence militaire française en Afrique repose toujours sur des accords conclus au lendemain de la décolonisation, il y a près de 50 ans !

Je ne dis pas que ces accords n'ont pas été justifiés. Mais je dis que ce qui a été fait en 1960 n'a plus le même sens aujourd'hui. Leur rédaction est obsolète. Il n'est plus concevable, par exemple, que nous soyons entraînés dans des conflits internes. L'Afrique de 2008 n'est pas l'Afrique de 1960 ! »

Tout en reconnaissant le bien-fondé du caractère désuet et caduc des accords signés au lendemain des indépendances, il y a lieu d'interroger la raison de la non-intervention de la France dans le conflit qui opposait les mouvements rebelles au pouvoir d'Idriss Déby. Il est de coutume de voir la France n'intervenir que pour protéger ses intérêts. Son intervention au Tchad en est un excellent exemple. Sachant qu'ELF a quitté le consortium du pétrole de Doba en 1999, la France n'avait plus d'intérêt à protéger au Tchad[15]. En outre, l'affaire de l'Arche de Zoé qui a humilié et éclaboussé la France n'a pas été digérée par l'ancienne métropole. L'abandon d'Idriss Déby à la merci des rebelles semble plus être une leçon que l'ancienne métropole veut donner à son ex-colonie pour lui rappeler que malgré l'indépendance, elle a encore le pouvoir de faire la pluie et le beau temps. Aussi pouvait-on lire à ce propos dans la presse : « Cette affaire a semé le trouble entre Paris et Ndjamena. Idriss Deby a haussé le ton

---

[14] http://www.ambafrance-bf.org/article.php3?id_article=735 consulté le 04 janvier 2010.

[15] http://echogeo.revues.org/index2249.html#bodyftn9 consulté le 04 janvier 2010.

très vite, affirmant que les enfants rassemblés par l'association française étaient destinés à des réseaux pédophiles et de trafic d'organes. Nicolas Sarkozy a surenchéri, assurant qu'il irait chercher les Français au Tchad « quoi qu'ils aient fait[16]. » M. Déby a bien compris la leçon, car il a gracié très vite ceux qu'il accusait avant la menace de son pouvoir de tous les péchés du monde. Il a eu le temps de se rappeler qu'il a pris le pouvoir à la faveur d'un coup d'État appuyé par la France en vue de se débarrasser de Hissène Habré qui était déclaré hors jeu par celle-là[17]. M. Sarkozy est allé jusqu'au bout de sa logique de mépris de la justice tchadienne. Alors que dans les grandes démocraties, on estime que l'immixtion de l'exécutif dans le judiciaire est inadmissible, il a estimé que cela n'est pas valable pour le Tchad dans la mesure où avant même de quitter la France pour se rendre au Tchad, il était certain d'atteindre son but de ramener les membres d'équipage espagnol, les journalistes français et un pilote belge dans leurs pays respectifs. D'ailleurs, il a poussé son mépris pour les institutions tchadiennes plus loin en se rendant à N'Djaména un dimanche (04/11/07), un jour non ouvrable pour la cour tchadienne chargée d'instruire l'affaire de l'Arche de Zoé et la forcer à travers M. Déby à siéger pour ordonner et signer la levée du mandat de dépôt. C'est ce comportement méprisant qui lui a valu le sarcasme du député fédéral tchadien Ngarlejy Yorongar qui déclarait dans sa lettre ouverte au Président français : « 'J'irai chercher ceux qui restent quoi qu'ils aient fait' dites-vous. 'Quoi qu'ils aient fait', en insistant pour être clair et bien compris (...) Venez les chercher, Excellence Monsieur Nicolas Sarkozy, puisqu'ils ont accompli des actes qui méritent la médaille d'honneur. Puisqu'ils n'ont enlevé et séquestré que des enfants nègres, bons pour les réseaux notamment des pédophiles,

---

[16] http://www.rfi.fr/actufr/articles/096/article_60508.asp consulté le 04 janvier 2010.

[17] Voir l'article de Jean-François Bayard « L'obscénité franco-tchadienne », paru dans le *Monde*, édition du 13.02.08. (http://www.europe-solidaire.org/spip.php?article9254)

des voleurs d'organes humains, des proxénètes et des laboratoires d'expérimentation[18]. »

M. Sarkozy reconnaît dans son discours que la France s'est ingérée par le passé dans les affaires africaines, qu'elle a manqué de respect pour la souveraineté des pays africains et que le temps était venu de changer ces vieilles pratiques. Il ne faut pas se leurrer. Il serait très surprenant qu'un président français de la droite libère l'Afrique du néocolonialisme. Et d'ailleurs, en ces 50 ans qui nous séparent des indépendances des colonies françaises, les gouvernements de gauche et de droite se sont succédé en France sans que n'intervienne le moindre changement dans la politique de l'Élysée. Ces propos de François Bayard abondent dans le même sens : « Paris n'a jamais cessé de penser sa politique africaine comme un simple instrument au service de sa politique de puissance [...]. Du rêve impérial de la fin du XIXe siècle à la retraite en bon ordre, de la décolonisation à la gestion conservatoire de la coopération, la continuité a été évidente.[19] » Cet avis est partagé par nombre d'auteurs tels John Chipman[20], Belkacem Elomari[21] et R. Luckham[22].

Il faut être réaliste : dans la perspective des élections présidentielles de 2012, le président français qui cherchera certainement à briguer un autre mandat devra chercher à plaire à sa base pour ne pas hypothéquer sa réélection. Dans cet ordre d'idées, il devra abandonner les promesses faites au Cap et

---

[18] Lettre ouverte adressée au Président français par N. Yorongar datée du 7 novembre 2007 et publiée sur le site Web suivant : http://mboangila.afrikblog.com/archives/2007/11/08/6819651.html consulté le 40 janvier 2010.

[19] J.-F. Bayart, « France-Afrique, aider moins pour mieux aider », in : *Politique internationale*, Paris, n° 56, été 1992, p.141.

[20] J. Chipman explique les accords de défense signés par la France avec ses ex-colonies par deux facteurs, à savoir le maintien de l'influence française en Afrique et la conservation de sa liberté d'action au niveau international. J. Chipman, La *Ve République et la défense de l'Afrique*, Paris, éd. Bosquet, collection « Politeïa », 1986.

[21] B. Elomari, *La coopération militaire française en question*, Lyon, Observatoire des transferts d'armements, Lyon, 2001.

[22] R. Luckham, « Le militarisme français en Afrique », in : Revue Politique Africaine, n°2, C.E.A.N., 1982.

renforcera au besoin les velléités néocolonialistes de la France dans la mesure où les retombées du néocolonialisme sont un manque à gagner pour la France. Et c'est pourtant ce qu'on cache en faisant croire aux naïfs qu'il s'agit de la coopération lorsqu'il est question en réalité d'exploitation, de la spoliation et de l'humiliation de l'Afrique postcoloniale. Ces propos de Jean François Médard ne manquent pas de pertinence : « La politique de coopération de la France a été en grande partie détournée de son objectif officiel de développement, par le recours à une stratégie de type clientéliste qui, associée à la corruption, l'affairisme et l'action occulte, a constitué l'instrument premier du maintien de la France en Afrique[23] ». Théophile Ngomo n'en dit pas moins. Selon lui, « le clientélisme politique international a trouvé dans le continent africain un terrain favorable, certaines anciennes métropoles jouant le rôle de patron de réseaux reproduisant à peu près le schéma colonial. Le modèle le plus parfait est certainement le réseau centré sur Paris (Élysée et Ministère de la coopération), berger attentif du pré-carré ouvert aux francophones (quitte à agacer Bruxelles[24]). » Ngomo plonge les racines de sa définition du clientélisme dans l'Antiquité. Selon lui, depuis l'époque de l'Empire romain, le clientélisme politique est une pratique qui consiste pour un homme politique ou un État à se servir d'une clientèle pour consolider son pouvoir. Les rapports entre les deux parties sont régis par une obéissance sans faille et un dévouement de la clientèle au service de son patron et en contrepartie, elle reçoit sa protection militaire. Le client est tenu d'obtempérer à tous les ordres qui lui sont donnés et à protéger par tous les moyens les intérêts du patron au risque de subir des représailles en cas de manquement au devoir. Cette explication correspond selon lui au modèle des relations franco-africaines qu'il étaye par deux exemples bien connus : le premier est le sort qui a été réservé à J. P. Cot qui a tenté de réviser la politique africaine de la France lorsqu'il était ministre de la Coopération et du développement en France. En 1982, il n'avait

[23] J. F. Médard, « Les Avatars du messianisme français en Afrique », in : *Afrique Politique*, Paris, Karthala, 1999, p. 27.

[24] T. Ngomo, « Le Clientélisme politique dans les relations internationales africaines » in : *Cahier d'Histoire et Archéologie*, n°2, Libreville, 2000, p. 31.

pas de choix que de démissionner sous pression. Le deuxième exemple est l'affaire Elf qui a emporté Pascal Lissouba du pouvoir au Congo-Brazzaville. Le président Lissouba s'est permis d'accorder une priorité aux entreprises américaines par rapport à Elf, ce qui n'a pas été du goût de Paris qui ne voyait dans ce geste rien d'autre qu'une trahison. Il fut chassé du pouvoir avec l'aide de la France.

Il est nécessaire d'aller au-delà du discours pour déceler la réalité qui se cache derrière les mots. Le projet échoué de la France était de se constituer une sorte d'Empire colonial à travers le colonialisme. C'est dans ce sens qu'il faut comprendre l'idée de la Communauté où les citoyens avaient la nationalité française. Autrement dit, les territoires colonisés étaient des territoires français avant les indépendances. Les mouvements nationalistes qui se sont farouchement opposés à cette assimilation ont forcé la métropole impérialiste à renoncer à ses ambitions conquérantes. Dans le but de maintenir malgré tout son hégémonie géopolitique, elle a revu ses ambitions à la baisse, mais sans y renoncer totalement. Comme dans les temps du système féodal au Moyen Âge, la France a tenu à considérer les jeunes pays « officiellement indépendants » comme des vassaux. Il ne s'agit plus de territoires français, mais il n'en demeure pas moins que les vassaux ont des obligations vis-à-vis du suzerain. La précarité de certains dirigeants des pays africains situés dans le pré-carré de la France suzeraine ne peut se comprendre que dans cette logique. L'un des exemples les plus récents est celui du président du Tchad, Idriss Déby, dont le pays a osé juger et emprisonner des ressortissants de la France suzeraine, défiant ainsi son patron qui avait pourtant décidé de ramener ses compatriotes dans son pays, peu importe le délit dont ils se sont rendus coupables[25]. Quelque temps après, la France a laissé les assaillants menacer sérieusement le pouvoir du vassal. En pleine crise, celui-ci a déclaré être prêt à gracier les ressortissants français lourdement inculpés par la justice de son pays. Cet aveu qui tient lieu de reniement était une façon pour le vassal de faire comprendre à son suzerain que la leçon a été enfin assimilée. Charles Zorgbibe

[25] Il s'agit de l'affaire de l'Arche de Zoé.

soulignait avec pertinence que dans une alliance inégalitaire c'est l'intérêt de la grande puissance qui oriente ses choix. Il répertorie un certain nombre d'intérêts vitaux de la grande puissance qui sont entre autres les matières premières, les territoires et les bases militaires. Au lieu d'un rapport égalitaire, il y a satellisation dans la mesure où tout converge vers les intérêts du grand allié[26]. Les rapports que la France entretient avec ses vassaux sont inéluctablement asymétriques même si on reconnaît une certaine dépendance de deux côtés. La France dépend de l'Afrique pour s'approvisionner en matières premières, pour avoir un champ d'influence international, pour avoir ses bases militaires, entre autres. Aussi, l'Afrique francophone a appris à dépendre de la France économiquement (la zone franc), militairement, politiquement (au niveau intérieur et international) et même culturellement. Les gros mots du genre « coopération » couvrent une réalité maffieuse et choquante. Les vraies relations entre la France et les pays de son pré-carré se passent plus dans le noir pour garder secret l'aspect occulte des intérêts poursuivis par la France ainsi que leurs conséquences désastreuses. La main invisible de l'ancienne métropole se cache derrière plusieurs évènements qui renforcent l'assise de ses intérêts géopolitiques. Elle n'hésite pas à recourir à l'intimidation, au soutien des rebelles, aux tentatives d'assassinat et aux coups d'État[27] pour atteindre ses objectifs. C'est dans ce sens qu'il faut voir les actions de Bob Denard aux Comores et au Bénin de Mathieu Kérékou, la sanglante répression des populations camerounaises lors de la lutte pour l'indépendance, sa responsabilité dans le génocide

---

[26] C. Zorgbibe, *La Paix*, Paris, PUF, Que Sais-Je ? n° 1600, 1984, p. 77.

[27] Ce principe d'établissement d'une géopolitique qui dépend des intérêts de la grande puissance n'est pas propre à la France. Au Liberia par exemple, Washington est soupçonné d'avoir encouragé et soutenu le coup d'État de 1980 contre le président Tolbert qui avait développé une certaine relation avec l'URSS, Cuba et la Libye. D'ailleurs dès la prise de pouvoir par le nouvel homme fort du Liberia Samuel Doe, le soutien de Washington ne s'est pas fait attendre. Ce n'est que 5 ans plus tard que la Maison Blanche a réduit l'aide financière des États-Unis contre son gré sous la pression du Congrès et cela juste après avoir reconnu la validité de l'élection frauduleuse du Président libérien. Cf. N. Bangayoko-Penone, *Afrique : les stratégies française et américaine*, Paris, L'Harmattan, 2003, p. 68-69.

rwandais, pour ne citer que ces quelques exemples. C'est ce qui amène David Ambrosetti[28] à parler des ambigüités de la politique française. Jean François Médard[29] qui est plus explicite et plus direct parle d'une France complice du génocide. Les accords de défense et d'assistance militaires signés par la France et ses ex-colonies ont déjà été révisés, mais sans que cela ne change de façon significative la poursuite des mêmes intérêts par la France sur le continent africain d'une part, cela n'a pas non plus permis à l'Afrique de s'affranchir de la férule française d'autre part.

On se rappellera qu'en 1972, le Niger, le Togo, le Congo, la Mauritanie, Madagascar, le Cameroun et le Dahomey (Bénin) ont réclamé la révision de ces accords en abrogeant et en annulant certaines clauses. Mais il faut bien comprendre qu'il ne s'agissait que d'une révision. Comme le remarque si bien Robin Luckham, « au fil des années, des changements sont intervenus, mais dans la plupart des cas, ils ont porté sur des symboles politiques (comme dans le cas des renégociations des traités de défense), tout en laissant inaltéré le projet politique central[30]. » Plusieurs publications mettent en exergue le « désengagement » français de son pré-carré traditionnel estimant que la France n'est plus aussi présente en Afrique qu'elle ne l'était par le passé et que cet élan donne son vrai sens à la coopération. Ce genre de constat désoriente par sa désinformation et son ambigüité. Certes il est vrai que la France a réduit son contingent de l'Afrique. Toutefois, il ne s'agit nullement d'un désengagement, car plusieurs bases militaires françaises existent encore en Afrique. Par ailleurs, ce qu'on veut bien appeler « désengagement » n'est rien d'autre qu'une adaptation de la France au nouveau contexte mondial et n'a rien à voir avec un abandon d'une politique mise au service

---

[28] Ambrosetti, p. 16. Le mercenariat français en Afrique mérite d'être souligné : « Tous les présidents de la Ve République ont laissé faire, sinon provoqué, des opérations mercenaires : le général de Gaulle puis Georges Pompidou, du Katanga au Biafra ; M. Valéry Giscard d'Estaing, des Comores au Bénin ; François Mitterrand, du Tchad au Gabon. Sous la présidence de M. Jacques Chirac, plusieurs opérations ont été tolérées : Zaïre (1997), Congo-Brazzaville (1997-1998, 2000), Côte d'Ivoire (2000, 2002) », *Le monde diplomatique*, septembre 2008.
[29] Médard, *op. cit.*
[30] Luckham, « Le militarisme français en Afrique », p. 98-100.

de la protection des intérêts français. L'intervention française en Côte d'Ivoire en est la preuve la plus éclatante[31].

Comme le fait remarquer si bien Immanuel Wallerstein, l'inégalité entre groupes et nations est un phénomène aussi vieux que l'humanité et il y a toujours eu des gens à la solde des dominateurs pour justifier cet état de choses afin d'amener les exploités à s'y résigner. « L'histoire du monde, remarque-t-il, n'est que l'histoire d'une série ininterrompue de rébellions contre l'inégalité que ce soit celle d'un peuple ou d'une nation contre une autre ou d'une classe dans une région donnée contre une autre[32]. » Les dominateurs ont de tout temps créé un imaginaire destiné à faire comprendre aux dominés que c'est une illusion d'espérer en une vie meilleure et que de toute façon, les dominés survivent grâce aux dominants. Conséquemment, toute tentative de bouleversement de l'ordre établi n'est rien de moins qu'une ingratitude. Les Euro-centristes et les Afro-pessimistes font partie de ceux qui favorisent par leur discours le maintien de l'inégalité entre l'Afrique et l'Europe. Le semblant d'objectivité et de sympathie qu'on peut constater de leur analyse de la question africaine n'est qu'un faux fuyant. C'est dans cette catégorie qu'il faut classer Stephen Smith dont l'œuvre intitulée *Négrologie*[33] atteste son appartenance à cette mouvance qui appelle de tous ses vœux la perpétuation de la domination occidentale sur l'Afrique. Georges Balandier fait remarquer avec pertinence que « l'impuissance du tiers-monde s'entretient par les inégalités et les dépendances sur lesquelles ces pays fondent et maintiennent provisoirement leur puissance[34]. » Le cas d'Haïti sert à illustrer cette réalité. En effet Haïti est le premier pays noir du monde qui, en 1804, s'est affranchi de la férule des esclavagistes français. En

[31] T. S. Possio, *Les évolutions récentes de la coopération militaire française en Afrique*, Paris, Publibook, 2007, p. 19.

[32] I. Wallerstein, « L'état actuel du débat sur l'inégalité mondiale » in : I. Wallerstein (sous dir.), *Les inégalités entre États dans le système international : origines et perspectives*, Québec, Centre québécois de relations internationales, 1975, p. 7.

[33] Quiconque lit *Négrologie* devrait lire *Négrophobie* aussi.

[34] G. Balandier, *Sens et puissance. Les dynamiques sociales*, PUF, Paris, 1988, p. 201.

pleine planification de la colonisation de l'Afrique, dans l'hémisphère sud, l'une des armées les mieux organisées du monde de l'époque, celle de Napoléon Bonaparte, a été mise en déroute par une armée des Noirs. Cette défaite n'a pas été digérée par la France. Il était dès lors nécessaire d'isoler Haïti pour que son exploit ne soit pas connu et, en représailles, il fallait réduire ce pays à l'indigence pour tenter de lui montrer que sa révolte contre ses maîtres d'hier était une grave erreur. C'est cette réalité qui explique la situation sociale, politique et économique d'Haïti qui ne change pas malgré sa proximité géographique d'avec le pays le plus puissant du monde[35].

Nul n'est dupe : la liberté, de tout temps, ne se donne pas, elle s'arrache. Toutes les nations libres ont lutté pour acquérir la liberté dont elles jouissent. Il suffit, pour s'en convaincre, de rappeler la Révolution de 1848 qui reste gravée en lettres de feu dans la mémoire des Français.

L'attitude de la France lors des contestations qui ont gagné ses colonies à la veille des indépendances prouve à suffisance qu'elle n'entend pas offrir la liberté aux peuples. Elle ne peut céder que si la pression est forte et qu'elle n'a pas d'autre choix. Il faut réaliser que même sous pression, elle a usé de ruse pour donner l'impression que ses colonies étaient libres alors qu'elle a vite fait de mettre le néocolonialisme en œuvre. C'est l'illusion de la liberté qu'elle a fait miroiter à ses anciennes colonies. Si les Africains veulent accéder à la vraie liberté, il faut s'organiser à nouveau comme au temps de la colonisation. Sachant que la liberté de se donne pas, il faut refuser de prêter attention aux discours destinés à amadouer les peuples, les empêchant ainsi de lutter pour réclamer ce qui leur est dû. La promesse de la liberté, un opium dont il faut se méfier, fait sombrer ceux qui y prêtent attention dans une léthargie qui donne du temps aux oppresseurs.

La preuve que l'indépendance des anciennes colonies africaines est loin d'être accomplie, c'est que le cinquantenaire de la prétendue indépendance est préparé depuis Paris et non dans

---

[35] C. Wargny, *Haïti n'existe pas, 1804-2004 : deux cents ans de solitude*, Collection Frontières Paris, Autrement, 2004.

les capitales africaines. Il a fallu nommer une personnalité particulière en France pour s'occuper de la célébration de ce cinquantenaire. Si ces pays étaient vraiment libres, comment justifierait-on la nomination de Jacques Toubon, ancien ministre de la Culture et de la Justice de Jacques Chirac, en qualité de maître des cérémonies françafricaines ? Il s'agit en réalité d'une façon pour Paris de montrer que ses anciennes colonies restent toujours sous sa férule et ne peuvent disposer de leur destinée. Il s'agit d'une situation qui énerve les vrais patriotes. Les dirigeants de ces pays sont loin d'afficher une volonté de rupture par rapport à la sujétion de leurs pays à la France. Preuve en est que lorsque Jacques Toubon a annoncé l'invitation adressée aux 14 chefs d'État africains à prendre part à un « sommet familial » le 14 juillet 2010, exception faite de Laurent Gbagbo de la Côte d'Ivoire, tous y ont répondu favorablement. Quelle humiliation de vouloir célébrer le cinquantenaire des indépendances africaines à Paris et de surcroît déplacer les militaires de ces pays pour défiler sur Champs-Élysées ? Il ne serait pas osé de se demander s'il s'agit là de célébrer la colonisation ou l'indépendance.

Il est curieux de constater l'aide financière de la France destinée à aider à l'organisation de la célébration du cinquantenaire de l'indépendance ait été acceptée par les pays africains. Même s'il est de notoriété publique que l'Afrique est championne dans la réception des aides, le sens de dignité aurait voulu que l'argent nécessaire à la célébration d'un évènement aussi important dans la vie des différents peuples sorte de ses coffres. S'il s'agit réellement de célébrer l'indépendance qui devrait normalement être considérée comme la victoire des colonisés sur les colons, comment peut-on comprendre l'organisation d'une telle commémoration par les vaincus ? Par contre, s'il s'agit de célébrer le néocolonialisme, pourquoi l'Afrique devrait être représentée à la commémoration d'un évènement qui la prive jusqu'aujourd'hui de ses droits les plus fondamentaux ? Quoi qu'il en soit, non seulement il est maladroit pour la France de s'occuper de l'organisation de la célébration du cinquantenaire des indépendances des pays africains, mais il serait hasardeux de vouloir déformer l'histoire, car l'indépendance n'a pas été un don de la France à ses colonies, mais le résultat d'une longue et rude lutte des dignes fils et filles d'Afrique dont plusieurs ont accepté de se sacrifier pour la liberté de leur peuple. C'est une honte pour l'Afrique francophone de montrer au monde entier sa soumission à l'impérialisme français qui continue de plus belle même si dans le discours officiel on entend un autre son de cloche. Il s'agit de la pérennisation du béniouiouisme !

Il ne serait pas fastidieux de rappeler que c'est depuis les capitales européennes que les décisions qui ont marqué de façon déterminante le destin de l'Afrique ont été prises. Lorsque les puissances européennes ont estimé que le temps était venu de soumettre l'Afrique au colonialisme, la décision fut prise en 1885 à Berlin de se la partager. Ne pouvant plus supporter les revers des guerres d'indépendance, elles furent dans l'obligation de céder aux revendications légitimes des peuples méprisés, spoliés, exploités et chosifiés depuis plusieurs de décennies. C'est aussi depuis les capitales occidentales que la manœuvre consistant à soumettre les anciennes colonies à un nouveau mode d'exploitation appelé néocolonialisme a été mise au point. Le soleil des indépendances n'a donc brillé que de façon éphémère. Il s'agit en réalité d'une indépendance vis-à-vis de l'ancien régime, mais d'une dépendance vis-à-vis du nouveau système de domination. L'Afrique se trouve dans cette nouvelle forme d'exploitation depuis près de 50 ans. L'état actuel de l'Afrique doit beaucoup au néocolonialisme. L'invitation de Paris adressée aux anciennes colonies françaises de commémorer les indépendances soulève plus d'une question dont celle-ci : quelle est la nature de l'évènement qu'on commémore ? Les dirigeants des pays africains devraient saisir l'occasion de dire la vérité au peuple et faire leur mea culpa de lui avoir fait croire qu'il est libre alors qu'il n'en est rien. Ce qui est au moins certain c'est que ce n'est pas de Paris que cela peut et doit se faire. C'est plutôt de Libreville, de Bangui, d'Abidjan, de Yaoundé, de Cotonou, etc. que cela devrait se faire. Si par le passé, les puissances occidentales se sont arrogé le droit de décider du destin de l'Afrique, de grâce au troisième millénaire, les Africains doivent avoir le courage de résister à l'imposture et se dire qu'ils vont pour une fois décider de ce qui concerne leur histoire en toute autonomie et sans ingérence étrangère. S'il est vrai qu'ils n'ont pas le pouvoir d'influencer de façon décisive les décisions des institutions de Bretton Woods, il n'en demeure pas moins vrai qu'il relève de leur compétence dans le contexte actuel de refuser que l'histoire de leur peuple continue d'être écrite depuis les capitales occidentales. Il n'est pas acceptable que ce soit Paris qui décide de ce que l'Afrique doit être dans les années à venir. Il ne faut surtout pas compter sur Paris pour reconnaître l'illusion des indépendances et l'échec total de la « coopération ».

Le président français Nicolas Sarkozy qui invite les dirigeants français et les soldats issus de ces pays incarne la ligne dure de la politique d'immigration vis-à-vis des Africains. Il suffit de rappeler l'imposition du test d'ADN dans le cadre du processus de regroupement familial et le caractère impitoyable d'expulsion des jeunes Africains qui ont fui une Afrique spoliée et exploitée à la recherche d'une vie meilleure. L'imposition du test d'ADN est non seulement une humiliation qui rapproche des hommes honnêtes des criminels, mais une remise en cause de l'honnêteté des immigrés, ce qui est offusquant. Comment imaginer des soldats issus des pays dont les ressortissants sont humiliés et chosifiés par la France défiler sous le drapeau tricolore ? Autrement dit, n'est-ce pas une façon de cautionner ces pratiques humiliantes que de demander aux soldats africains d'aller défiler sur les champs Élysées ? L'Afrique se doit de se mobiliser contre cette fatalité qui lui est imposée de l'extérieur.

Il est nécessaire d'organiser la guerre contre ce monstre connu sous le nom de néocolonialisme. Une rupture épistémologique dans cet univers néocolonialiste où l'aliénation et le défaitisme semblent avoir atténué l'ardeur de quelques personnes de bonne volonté est nécessaire.

Le Martiniquais Frantz Fanon qui a sympathisé avec le Front de Libération Nationale (FLN) de l'Algérie dans sa quête de la liberté est une source d'inspiration pour les intellectuels d'aujourd'hui appelés à lutter pour la « dé-néocolonisation » de l'Afrique. Il affirme ceci : « Encore une fois, l'objectif du colonisé qui se bat est de provoquer la fin de la domination. Mais il doit également veiller à la liquidation de toutes les non-vérités fichées dans son corps par l'oppresseur[36]. » La lutte actuelle ne vise pas des personnes, mais une idéologie de domination et d'exploitation de l'homme par l'homme. Il n'est pas question de prendre les armes pour organiser le maquis comme au temps de la lutte d'indépendance. Le maquis était probablement justifié à cette époque, mais dans le contexte du néocolonialisme, les armes à feu ne sont pas nécessaires. La lutte se situe tout d'abord au niveau des idées, ce qui veut dire qu'une bonne partie de cette lutte incombe aux intellectuels chargés de conscientiser les « opprimés » ou les « damnés » si on veut rester dans la terminologie de Fanon, sur leur situation réelle. Comme le dit si bien Jean-Marc Ela, « L'homme qui est passé par l'école doit être porteur d'une culture qui doit lui servir d'arme dans les luttes contre le sous-développement[37]. »

Il revient aux intellectuels d'aider les masses à sortir de l'aliénation, de l'illusion et de l'ignorance qui sont les armes des artisans du néocolonialisme. Il faut dévoiler la vérité sur l'hypocrisie de ceux qui parlent de coopération qui en réalité n'est autre que l'exploitation et la domination. Il faut oser dire la vérité qui dérange, inventer les âmes comme le disait Césaire, soulever au besoin le peuple, lui apprendre à dire non, car le non est un pouvoir. Il s'agit d'une colère maîtrisable qu'on peut transformer en une force positive et non pas d'une colère négative qui rend malheureux et qui pousse à la destruction. Cette colère se veut un catalyseur qui donne de l'énergie pour agir en vue du bien social. Elle traduit une volonté de résistance à l'injustice et d'attachement à la justice sociale. C'est une telle colère qui a rendu possibles les plus grandes révolutions de l'histoire de l'humanité.

Il faut passer de la résignation à la critique ainsi que l'écrit Karl Marx :

---

[36] F. Fanon, *Les Damnés de la terre*, préface de J.-P. Sartre (1961), préface de Alice Cherki (2002), postface de M. Harbi (2002), Paris, La Découverte, 2002, p. 297.

[37] J.-M. Ela in : Y. Assogba, *Jean-Marc Ela : le sociologue et théologien africain en boubou*, Paris, L'Harmattan, 1999, p. 76. Pour mieux cerner la contribution de J.-M. Ela sur ce sujet, il est recommandé de lire son ouvrage intitulé *La plume et la pioche*, Yaoundé, Éd. Clé, 1971.

> La critique dépouille les chaînes des fleurs imaginaires qui les recouvrent. Non pour que l'homme porte des chaînes sans fantaisies, désespérantes, mais pour qu'il rejette les chaînes et cueille la fleur vivante. La critique (...) détruit les illusions de l'homme pour qu'il pense, agisse, façonne sa réalité comme un homme désillusionné parvenu à l'âge de raison, pour qu'il gravite autour de lui-même comme de son soleil réel[38].

Il est nécessaire de désaliéner le peuple habitué à la domination, de déconstruire le discours euro-centriste et afro-pessimiste gravé dans la conscience du peuple et de permettre à la masse de retrouver sa voix, ses chants et ses symboles. Il s'agit aussi dans cette éducation d'inciter le peuple à annihiler les rapports de force sur lesquels le colonisateur s'appuyait, de déstabiliser les échanges inégaux et d'instaurer l'auto-administration et l'autodétermination de son destin[39]. Cette lutte se fixe comme but de restaurer au peuple sa dignité qui est malmenée.

Pour s'assurer la victoire dans cette lutte pour la liberté, il est nécessaire pour les masses d'opérer un mouvement de l'apathie vers une conscience libératrice. Le défaitisme ayant gagné une bonne partie de ceux sur qui on peut compter, la tâche n'est pas des plus faciles. Bousculer l'imaginaire populaire en supplantant le défaitisme par l'espoir de la liberté et du mieux-être devient une tâche indispensable. L'éducation devrait déboucher sur la foi en une meilleure vie dans un monde meilleur où le citoyen participe activement à la vie sociopolitique et jouit des richesses de son pays sans l'ingérence des puissances étrangères. Il ne faut ni remettre le changement à demain, ni penser que c'est aux autres de s'en occuper. Ces paroles du Président américain Barack Obama sont révélatrices : « Le changement ne viendra pas si nous l'attendons de quelqu'un d'autre ou à un autre moment.

---

[38] K. Marx, *Critique du droit politique de Hegel,* Paris, Éd. sociales, 1975, p. 198.
[39] J. Ziegler, *Main basse sur l'Afrique*, Paris, Seuil, 1978, p. 196.

Nous sommes ceux que nous attendions. Nous sommes le changement que nous cherchons[40]. »

Après 50 ans de parcours depuis l'indépendance, les pays d'Afrique ne peuvent se permettre de remettre le changement à plus tard. L'espérance de vie dans la plupart des pays africains étant en deçà de 50 ans, il est alarmant de constater qu'en une génération, l'Afrique n'a pas évolué. Au contraire, elle a continué à se faire spolier, exploiter, piller et malmener.

Ce n'est plus le temps des discours. Il faut passer à l'action. En 50 ans, on a produit des tonnes de théories de développement de l'Afrique. L'état actuel de celle-ci qui semble donner raison aux Afro-pessimistes[41], atteste que soit ces théories n'ont pas été mises en œuvre, soit elles n'ont pas fonctionné. Comment pouvait-on penser que l'Afrique néo-colonisée, c'est-à-dire pas libre de ses décisions, pouvait-elle décoller ? L'échec du développement de l'Afrique peut être vu aussi sous l'angle de la collusion qui existe entre les classes dirigeantes africaines corrompues et dictatoriales et les stratégies globales des puissances impérialistes. Il suffit de penser un instant au soutien sans réserve de l'Occident à Mobutu du Zaïre (maintenant RDC), à Banda du Malawi, à Kenyatta et Moi du Kenya, entre autres, nonobstant leur despotisme et leur corruption notoire[42]. On pouvait à l'époque se cacher derrière l'excuse qu'il était question de barrer la voie au communisme, mais le problème c'est que ce

---

[40] « Change will not come if we wait for some other person or some other time. We are the ones we've been waiting for. We are the change that we seek. » Extrait d'une allocution prononcée le 05 février 2008.

[41] Je dois préciser que je n'adhère pas du tout à la thèse des afro-pessimistes qui ne voient aucun espoir pour l'Afrique. Je crois au contraire que les fils et les filles de l'Afrique sont capables de renverser la vapeur. J'espère et crois fermement que cette capacité se traduira dans l'action dans un avenir proche, car le temps présent est favorable au changement tant attendu. Alors que par leur cynisme les afro-pessimistes découragent ceux qui peuvent faire quelque chose pour que l'Afrique estimant que tout effort n'aboutit à rien, les afro-optimistes par leur attitude font appel à la responsabilité des uns et des autres afin que des actes concrets soient posés en vue d'un réel changement qui, loin d'être chimérique ou utopique est bel et bien possible.

[42] S. Amin, *Les défis de la mondialisation*, Paris, Forum du Tiers-Monde, L'Harmattan, 1996, p. 274-275.

soutien aux dictateurs est une réalité contemporaine bien que le monde ne soit plus bipolaire. Un réel développement ne peut être une réalité si les classes dirigeantes et leurs protégés peuvent se servir allègrement dans les caisses de l'État et si les principes démocratiques sont méprisés.

En partant de l'hypothèse que la théorie des étapes de développement de W. W. Rostow qui veut que toute société passe par cinq phases que sont la tradition, la transition, le décollage, la maturité et la consommation intensive[43] est applicable à l'Afrique, on constate que l'Afrique est bloquée au niveau du décollage[44]. Comment pourrait-elle décoller sans disposer de ses propres richesses, sans avoir la possibilité de vendre ses richesses à un prix raisonnable, sans bloquer ce transfert de plus-value vers le centre, sans freiner le dumping européen qui asphyxie les producteurs africains ? Tout compte fait, la théorie du développement de l'Afrique est bien étoffée. L'une des tâches les plus urgentes consiste à libérer l'Afrique de la férule de ses anciens colonisateurs pour qu'elle soit à même de prendre les décisions qui engagent son destin.

L'être humain ne vient au monde ni pour être asservi, ni pour être exploité, ni pour souffrir, mais pour être heureux, ce qui n'est pas possible sans la liberté. L'éducation s'oppose inéluctablement au discours euro-centriste et afro-pessimiste qui se fixe comme but ultime de montrer qu'il n'y a plus d'espoir pour les Africains prétextant que tout a été essayé, mais rien n'a marché. Déconstruire ce genre de discours revient à redonner l'espoir au peuple africain en se disant « aussi longtemps qu'on vit, il y a de l'espoir ». Il relève de la responsabilité de chaque intellectuel de s'acquitter de ce devoir d'éducation. C'est bien dans ce sens qu'abonde Frantz Fanon lorsqu'il dit : « Être responsable dans un

[43] W. W. Rostow, Les étapes de la croissance économique, trad. M.-J. du Rouret, Paris, Éditions du Seuil [c1963].

[44] Il s'agit ici d'une simple hypothèse, car la réalité est qu'en raison de la dépendance des pays du Sud des pays industrialisés, le décollage est presque utopique. S. Amin et A.-G. Frank ont opposé une véritable réplique à la théorie de développement conçue et vulgarisée par Rostow. Cf. A.-G. Frank, *Le Développement du sous-développement. L'Amérique latine*, trad. Christos Passadéos, Paris, F. Maspero, 1970.

pays sous-développé, c'est savoir que tout repose en définitive sur l'éducation des masses, sur l'élévation de la pensée, sur ce qu'on appelle trop rapidement la politisation[45]. »

Dénoncer la démagogie, l'hypocrisie et le mensonge de ceux qui disent que l'Afrique va très bien, c'est adhérer à l'humanisme pratique qui vise la réalisation de tout l'homme et qui s'oppose à toutes les forces aliénatrices qui font obstacle à son épanouissement. Éduquer la population africaine sur ses droits, son devoir et ses responsabilités face à son destin, c'est refuser de participer à l'aliénation de son propre peuple. Il faut s'inventer un destin collectif qui opère non pas en comptant sur ce que les autres peuvent faire, mais sur ce que les Africains eux-mêmes peuvent faire à la dimension de l'histoire. Il est question de se préparer à asséner un coup de grâce au néocolonialisme. L'urgence et la nécessité de procéder à la conscientisation des masses populaires en vue de les sortir du labyrinthe de l'exploitation néocoloniale n'est plus à démontrer.

Le peuple a le droit de réclamer ce qui lui est cher, c'est-à-dire sa liberté. Cette lutte est dirigée contre tout ce qui avilit l'être humain et l'empêche d'être ce qu'il devrait être. « Il ne faut pas seulement combattre pour la liberté de son peuple. Il faut aussi pendant tout le temps que dure le combat réapprendre à ce peuple et d'abord à soi même la dimension de l'homme. Il faut remonter les chemins de l'histoire, de l'histoire de l'homme damné par les hommes et provoquer, rendre possible la rencontre de son peuple et des autres hommes[46]. » La création d'une conscience nationale dans chaque pays dominé et d'une conscience africaine devient nécessaire, car le dénominateur commun dans ce cas, c'est la chosification que toute personne éclairée ne peut que refuser. L'isolement de toutes les personnes qui protègent les intérêts des dominateurs se veut nécessaire. Si les populations sont mobilisées dans chaque pays et intentent des actions pacifiques mais résolues pour exiger des autorités la fin de la comédie, la victoire ne serait qu'une question de temps. La pression populaire aura finalement

[45] Fanon, *Les Damnés de la terre*, p. 187.
[46] *Ibid.*, p. 283.

raison de la Françafrique qui n'est autre qu'une farce cynique mais qui malheureusement continue d'avoir des défenseurs[47]. Frantz Fanon déclare :

> Moi, l'homme de couleur, je ne veux qu'une chose : que jamais l'instrument ne domine l'homme. Que cesse à jamais l'asservissement de l'homme par l'homme. C'est-à-dire de moi par un autre. Qu'il me soit permis de découvrir et de vouloir l'homme, où qu'il se trouve. Le nègre n'est pas. Pas plus que le Blanc. Tous deux ont à s'écarter des voies inhumaines qui furent celles de leurs ancêtres respectifs afin que naisse une authentique

---

[47] Jacques Foccart, bras droit de Charles de Gaulle, était l'architecte de la Françafrique. En accordant l'indépendance aux pays africains sous la pression des mouvements nationalistes, de Gaulle décrétait ainsi une légalité internationale. Inversement, la Françafrique qui est un mécanisme dont le but est de maintenir la mainmise sur ces mêmes pays qu'il a fait mettre en place par Foccart se situe dans l'illégalité, d'où son caractère occulte. C'est Foccart qui a créé les réseaux mafieux qui liaient et lient encore la France à son pré-carré. Certains auteurs comme Louis Dominici et Francis Dominici estiment qu'on ne devrait pas percevoir Foccart du seul point de vue de « l'homme des réseaux ». Aussi affirment-ils : « Jacques Foccart fut ainsi présenté systématiquement comme « l'homme des réseaux » et des amitiés avec les despotes. Cette réputation sulfureuse occultait la vérité de cet homme d'État, fondateur avec le Général de Gaulle de la Communauté, ardent défenseur de l'aide au développement, de la paix et du progrès, artisan infatigable de l'amitié entre le peuple français et les peuples d'Afrique. » (L. Dominici et F. Dominici, *France Afrique : Échecs et renouveau*, p. 88-89.) Le problème que pose ce point de vue, c'est que les termes du genre « aide au développement » et « amitié » que les auteurs veulent bien qu'on reconnaisse à Foccart dont l'ambivalence est évidente cachent le côté occulte de la Françafrique. Ce point de vue est d'ailleurs non conciliable avec la déposition de Charles de Gaulle, allié de Foccart, selon laquelle « les États n'ont pas d'amis, mais des intérêts ». Il faut conclure en toute objectivité que l'œuvre de Foccart était essentiellement guidée par la recherche des intérêts français. C'est vraiment choquant pour les Africains qui connaissent leur histoire et les ravages du néocolonialisme de lire ces premières lignes du livre des frères Dominici qui stipulent : « Au lendemain des indépendances, la France, sous l'impulsion du Général de Gaulle, a engagé une coopération admirable avec les pays d'Afrique noire francophone et Madagascar. » Une telle lecture de l'histoire est inadmissible et rappelle la malheureuse tentative des parlementaires français convertis en historiens voulant à tout prix présenter la colonisation comme une entreprise louable.

communication. Avant de s'engager dans la voie positive, il y a pour la liberté un effort de désaliénation[48].

Non aux accords secrets de défense

Il est plus que jamais temps de s'interroger sérieusement sur ce que serait l'Afrique francophone sans « coopération » avec la France. L'observateur attentif et critique s'apercevra que l'Afrique a plus perdu qu'elle n'a gagné en 50 ans de « coopération » avec la France qui n'est rien de moins qu'une amère déconvenue. Dans cette perspective, il y a lieu de penser l'avenir de l'Afrique sans la France. Inutile de se poser la question de savoir si la France tient au développement et à la démocratisation de l'Afrique. Cette question étant rhétorique, il est conséquemment sans importance d'y répondre. Dans le dossier de la coopération militaire, la France a su dès le départ bien justifier sa raison d'être. Il était question de soutenir l'idée que le développement ne peut se concevoir sans la sécurité ; une thèse qui est défendable dans la réalité. Et pour s'assurer que ce trompe-l'œil est bien présenté, les accords de défense étaient sous la juridiction du ministère de la coopération et non pas de la défense ou des affaires étrangères. La vérité n'allait pourtant pas tarder à se révéler, car entre la théorie et la pratique, on pouvait dès le départ noter l'existence d'un très grand fossé. R. Luckham a parfaitement raison d'affirmer que la coopération militaire française, au lieu d'apporter la sécurité, a plutôt eu des effets contraires dans bien de cas comme celui du Tchad et de la Centrafrique[49]. Il ajoute « Même là où la France a créé une réelle stabilité, il s'agit de la stabilité d'une classe dirigeante bien précise et d'une voie de développement dans la dépendance[50]. » C'est aussi l'avis de Bangoura Dominique qui écrit :

> Cet héritage colonial, combiné à l'exercice dictatorial du pouvoir entraîne une confusion entre mission de défense

[48] F. Fanon, *Peau noire, masques blancs*, Préface et Postface de F. Jeanson, Paris, Seuil, 1952, p. 207.
[49] Luckhman, « Le militarisme français en Afrique », p. 47. Notons qu'il s'agit ici d'un article écrit dans les années 80, c'est-à-dire il y a 30 ans. Force est de constater que l'attitude de la France est restée la même.
[50] R. Luckhman, p. 47.

et de sécurité : d'une part, les forces armées sont détournées de leur mission de défense extérieure et intérieure au profit d'une mission de sécurité de la minorité dirigeante. Elles sont réduites à la répression des forces sociales, aux côtés des forces de l'ordre ; d'autre part, ces forces, dites de sécurité (police, gendarmerie) agissent en fonction des mêmes objectifs, au détriment de la protection des personnes et des biens[51].

Jean Ziegler dresse une liste des interventions de la France destinées à sauver le fauteuil présidentiel de ses protégés dont plusieurs dictateurs au pouvoir au lendemain des indépendances. L. S. Senghor du Sénégal, Léon M'Ba du Gabon, François Tombalbaye du Tchad, Mobutu de l'ex-Zaïre, Ould Daddah de la Mauritanie et Mallum du Tchad[52], entre autres, ont été maintenus au pouvoir grâce à l'intervention militaire de la France contre ceux qui menaçaient leur pouvoir.

Les accords de coopération militaires entre la France et ses ex-colonies ainsi que ceux qui liaient d'autres pays africains à leurs anciennes métropoles[53] étaient déjà perçus comme une menace par Kwame Nkrumah, le père du panafricanisme[54]. Il proposait la

---

[51] D. Bangoura, « Les nouveaux enjeux socio-politiques et stratégiques de la coopération militaire française en Afrique », *Rapport de l'Observatoire permanent de la coopération française, 1996,* Paris, Desclée de Brouwer, p. 118.

[52] Ziegler, *Main basse sur l'Afrique*, p. 226-227.

[53]Il convient de noter que les anciennes métropoles n'avaient pas totalement digéré la défaite des indépendances et cherchaient à garder un droit de regard sur la gestion de leurs ex-colonies. La Grande-Bretagne est intervenue militairement dans plusieurs de ses anciennes colonies après les indépendances. On sait par exemple qu'en 1964, elle est intervenue au Kenya, en Ouganda et en Tanzanie militairement pour mater les mutins au profit des régimes en place. Le Portugal n'a pas non plus totalement lâché les pays lusophones. Il en est de même de la politique belge au Zaïre (aujourd'hui RDC). Il ne serait sûrement pas fastidieux de souligner au passage que de toutes ces anciennes métropoles, l'interventionnisme français est resté sans égal.

[54] Kwame Nkrumah est appelé par défaut « père du panafricanisme », car c'est lui qui a donné une impulsion à ce mouvement sur le continent africain. Dans la réalité, le véritable père du panafricanisme est le distingué afro-américain W. E. B. du Bois. C'est lui qui a jeté les bases de ce mouvement bien avant

création d'un haut commandement unifié d'une force armée panafricaine. Cet appel n'a malheureusement pas été entendu, car les différents États ont voulu plus faire confiance aux anciennes métropoles plutôt qu'à une force militaire africaine. Il ne faudrait pas non plus perdre de vue le fait que l'idée même du panafricanisme était non seulement découragée par l'Occident qui voyait ses espoirs d'exploitation de l'Afrique s'évanouir au cas où ce grand projet se réalisait, mais aussi par une opposition interne[55]. Dans le pré-carré français en Afrique, seul le Guinéen Sékou Touré a eu le courage de se démarquer de ses collègues chefs d'État africains pour dénoncer la nouvelle forme de domination africaine par la France. Le « non » au référendum constitutionnel de 1958 lui avait attiré la colère de L. S. Senghor et de Houphouët Boigny, respectivement présidents du Sénégal et de la Côte d'Ivoire d'alors qu'il a accusés à son tour d'être au service de la France. Ce courage de dire non au néocolonialisme n'était valable que du temps de Sékou Touré, car en 1985 sous Lansana Conté, un accord militaire a été conclu entre la Guinée et la France. Il convient de noter qu'il relève de la responsabilité des masses de dénoncer les accords de coopération militaire conclus avec les anciennes métropoles, car pour nombre de dirigeants africains, ils sont un manque à gagner dans la mesure où en cas de menace, ils pourront y recourir pour ne pas perdre leur

---

que cela ne prenne racine sur le continent africain. Cela dit, on n'oubliera pas qu'historiquement, le mérite revient à l'avocat antillais Henry Sylvester-Williams de Trinidad d'avoir été le premier à concevoir l'idée même du panafricanisme.

[55] Frantz Fanon se sert de diverses expressions pour désigner Houphouët-Boigny : « l'homme de paille du colonialisme français », « le commis-voyageur du colonialisme français ». Il ajoute : « Lorsqu'un colonisé comme M. Houphouët-Boigny, oublieux du racisme des colons, de la misère de son peuple, de l'exploitation éhontée de son pays en arrive à ne pas participer à la pulsation libératrice qui soulève les peuples opprimés et que, en son nom, tous pouvoirs sont donnés aux Bigeard et autres Massu, nous ne devons pas hésiter à affirmer qu'il s'agit ici de trahison, de complicité et d'incitation au meurtre. » F. Fanon, *Pour la révolution africaine*, « Lettre à la jeunesse africaine », *Cahiers libres* N°53-54, Paris, François Maspero, 1964, p. 139-140. En pleine guerre froide, Houphouët-Boigny assurait les États-Unis d'un bon contrôle de toute tentative d'infiltration du communisme dans la région. Cf. Bangayoko-Penone, *Afrique : les stratégies française et américaine*, p. 69.

fauteuil. Évidemment si l'intérêt supérieur de la nation était mis en avant, ils les auraient dénoncés il y a belle lurette, mais comme les intérêts personnels semblent primer dans bien de cas, on peut comprendre le statu quo.

On peut jusqu'à un certain point comprendre qu'au lendemain des indépendances, les jeunes États n'ayant pas une armée formée, l'assistance militaire de la France était probablement souhaitée[56], mais 50 ans après les indépendances, cet argument ne peut plus être évoqué de façon concluante. Par conséquent, il revient au peuple de réclamer la fin de ces accords désuets, anachroniques.

Ce que les Africains avertis attendent n'est pas la renégociation ou la révision des Accords signés au lendemain des indépendances, mais plutôt leur révocation. Ensuite se posera la question de savoir si un Accord de défense est nécessaire pour tel ou tel du continent. Au lendemain des indépendances, on a pris comme prétexte que les jeunes États avaient besoin de se mettre sous la protection d'un État plus puissant pour parer à toute agression. De ce fait, on a créé une sorte de psychose dans l'air qui se traduisait par la méfiance vis-à-vis de son voisin. Il était question d'une vision qui s'opposait diamétralement à celle du panafricanisme qui cherchait à ce que les Africains cultivent l'idée qu'ils sont frères et qu'il fallait tendre vers une gestion commune de la question africaine. Très tôt Nkrumah a émis l'idée de constituer une force d'interposition africaine, une idée à laquelle les impérialistes étaient réfractaires, car le succès de cette idée aurait énormément réduit leur influence sur le continent. De la même manière que le seigneur féodal exigeait de son vassal des avantages en échange de la protection qu'il lui accordait, la France attendait de ses ex-colonies des avantages qui ont été classés top secrets, ce qui convainc de leur caractère honteux et immoral. On dit que ces accords ont été renégociés avec certains

---

[56] J. Basso et J. Nechifor, « Les accords militaires entre la France et l'Afrique sub-saharienne » in : L. Balmond (sous dir.), *Les interventions militaires françaises en Afrique*, Centre d'étude et de recherche sur la défense et la sécurité, Coll. Travaux et recherches de l'Institut de droit de la paix et du développement de l'Université de Nice-Sophia Antipolis, Paris, Pédone, 1998, p. 151-167.

pays, dont le Cameroun. Pourquoi ne les a-t-on pas rendus publics ? On dit de ceux qui ont été renégociés avec la RCA qu'ils seront bientôt rendus publics. Qu'attend-on donc ? Compte tenu de la gravité de la situation résultant des Accords signés au lendemain des indépendances, il aurait été nécessaire de consulter le peuple avant tout nouvel accord avec l'oppresseur d'hier. On pourrait même se demander à juste titre en quoi un accord de défense est utile pour un pays comme le Cameroun ? Deby en a peut-être besoin face aux mouvements de rébellion qui fusent de toutes parts, sauf que s'il consulte son peuple, celui-ci ne trouvera pas nécessaire de conclure un Accord de défense avec la France, car son seul objectif sera d'aider le chef de l'État à conserver son fauteuil. L'autre question qui n'est pas de moindre importance est la suivante : même s'il arrivait qu'un pays décide de solliciter la protection d'une grande puissance, il serait tout à fait normal de se demander pourquoi ne pas signer un Accord avec un pays autre que la France dans la mesure où en 50 ans, celle-ci n'a pas été à mesure ou qu'elle n'a simplement pas voulu mettre un terme aux guerres civiles, aux putschs et qu'elle a apporté son soutien aux tyrans qui ont garanti ses intérêts mesquins. Il est nécessaire de travailler en vue de la constitution d'une force d'interposition panafricaine et de tourner le dos définitivement à la vassalisation de l'Afrique. Les pays africains se doivent de cesser de jouer le rôle de clients pour ses colonisateurs d'hier et de constituer de ce fait un cortège d'États clients à l'ONU[57]. Ils se doivent de cesser de leur accorder un accès libre et presque gratuit aux matières

[57] Le principe de se constituer des États clients à l'ONU est propre aux grandes puissances. Le témoignage fracassant de l'auteur John Perkins atteste que les États-Unis ont développé aussi une façon de se constituer des États clients. Ayant été lui-même un assassin financier, il rapporte les propos de sa formatrice qui stipulent : « Nous sommes payés, et fort bien, pour escroquer des milliards de dollars à divers pays du globe. Une bonne partie de votre travail consiste à encourager les dirigeants de divers pays à s'intégrer à un vaste réseau promouvant les intérêts commerciaux des États-Unis. Au bout du compte, ces dirigeants se retrouvent criblés de dettes, ce qui assure leur loyauté. Nous pouvons alors faire appel à eux n'importe quand pour nos besoins politiques, économiques ou militaires. » J. Perkins, *Les Confessions d'un assassin financier. Révélations sur la manipulation des économies du monde par les États-Unis*, trad. Louis Royer, Outremont, alTerre, 2005, p. 19.

premières en réponse aux Accords de défense. Ils se doivent aussi de mettre un terme au financement des partis politiques, car le peuple africain a désespérément besoin de cet argent pour relever les défis de l'heure.

En partant du but que la coopération française s'est fixé qui était de garantir la paix en vue du développement, on peut déduire la cuisante défaite de cette politique dans la mesure où après 50 ans, il n'y a ni sécurité, ni développement réel en Afrique. Aussi longtemps que durait la guerre froide, la présence française a été justifiée par le prétexte que l'URSS menaçait les intérêts occidentaux en Afrique à travers les mouvements rebelles. On se souviendra que l'UPC au Cameroun était accusée d'être communiste. La question qui se pose présentement est celle de savoir ce que font les troupes françaises en Afrique depuis la chute de l'URSS et du mur de Berlin ? Le maintien de ces troupes corrobore la thèse que l'argument utilisé pour justifier la présence des bases militaires françaises en Afrique n'était qu'un alibi et un mensonge.

Les Accords signés entre la France et ses ex-colonies au lendemain des indépendances n'ont pas besoin d'être renégociés, mais purement et simplement supprimés. Ces accords de coopération n'ont en rien aidé l'Afrique depuis 50 ans. Ils n'ont pas empêché qu'il y ait des coups d'État et la prolifération des mouvements armés en Afrique. Au contraire, dans certains cas, on voit plutôt la main invisible de la France derrière la prise de pouvoir par la force. Les exemples sont pléthores : Jean-Bedel Bokassa a été renversé par David Dako en RCA avec l'aide de la France[58], c'est depuis ce même pays que Bozizé dirigeait sa rébellion lorsqu'il cherchait à renverser Ange-Félix Patassé. C'est aussi avec l'aide de la France qu'Idriss Déby a pris le pouvoir au Tchad chassant Hissène Habré. L'aide accordée par la France à Denis Sassou Nguesso au détriment de Pascal Lissouba au Congo n'est qu'un secret de polichinelle. C'est aussi avec la bénédiction de la France que les artisans de la Françafrique se sont débarrassés de Thomas Sankara. Autant d'exemples qui montrent que les accords n'avaient pas pour but de renforcer le pouvoir de

[58] L'opération était dénommée Barracuda.

l'État et l'intégrité du territoire. Ils n'ont que permis à la France de faire la pluie et le beau temps. En plus, ils lui ont accordé le droit de continuer à disposer du sol et du sous-sol de ses ex-colonies, pillant les richesses comme au temps de la colonisation, à la seule différence que le pillage de la postcolonie se fait dans l'hypocrisie et en cachette.

La spoliation et le pillage de l'Afrique ne sont pas de fausses accusations. Preuve en est que l'ancien Président français Jacques Chirac le reconnaît sans ambigüité :

> On oublie seulement une chose, c'est qu'une grande partie de l'argent qui est dans notre porte-monnaie vient précisément de l'exploitation depuis des siècles de l'Afrique, pas uniquement, mais beaucoup, vient de l'exploitation de l'Afrique. Alors, il faut avoir un petit peu de bon sens. Je ne dis pas de générosité ; de bon sens ; de justice, pour rendre aux africains, je dirais... ce qu'on leur a pris. D'autant que c'est nécessaire si l'on veut éviter les pires convulsions ou difficultés avec les conséquences politiques que ça comporte dans le proche avenir[59].

Il s'agit ici d'un aveu à prendre très au sérieux. On ne peut s'empêcher de s'interroger sur le mobile de M. Chirac. Il mérite d'être félicité pour les œuvres de bienfaisance que fait sa Fondation. Mais on ne peut pas ne pas se demander pourquoi ce n'est que lorsqu'il n'est plus aux affaires qu'il fait de telles déclarations. Autrement dit, pourquoi n'a-t-il pas tenu de tels discours lorsqu'il était Président de la France, avec les prérogatives dont il jouissait pour changer les choses ? Pourquoi pense-t-il que ce sont les autres qui doivent prendre la responsabilité politique de rendre aux Africains ce que la France leur a volé et non pas lui ?

Réviser les accords qui lient la France à ses ex-colonies serait une grave erreur. La seule chose à faire est de les invalider purement et simplement. Même si certains pays devaient décider d'avoir des accords de vraie coopération avec la France, cela doit

---

[59] Jacques Chirac, mai 2008, transcription d'un discours prononcé dans le cadre de la promotion des activités de sa Fondation.

se faire sur une nouvelle base, sans rapport avec les fameux accords signés au lendemain des indépendances. Si accords il y a, les pays africains ne doivent pas les signer en position de faiblesse, mais plutôt dans le cadre d'un vrai partenariat.

L'impératif de tourner le dos à la France pour tenter une nouvelle expérience dans les 50 années à venir ne viendra sûrement pas des dirigeants en place, mais plutôt de ceux qui détiennent le vrai pouvoir de décision, c'est-à-dire le peuple. Sachant que la France n'agit qu'en fonction de ses intérêts, les pays africains devraient orienter leur praxis en fonction des leurs. Ce que les élus du peuple ont refusé de faire depuis 50 ans, le peuple est capable de l'accomplir.

Chapitre 2 : Freins au développement

L'Afrique se heurte à plusieurs difficultés qui font entrave à son développement. Ces obstacles sur lesquels se penchera ce chapitre sont en rapport avec la gestion des affaires de la cité. Hormis quelques rares pays qui se distinguent de par leurs avancées notables sur la voie de la démocratie, la plupart des pays d'Afrique sombrent dans des vices tels la mauvaise gouvernance, l'absence de redevabilité, la gabegie, le détournement des deniers publics, la corruption, les coups d'État et les dérives dictatoriales. La conséquence est que les gouvernants et leur entourage qui s'érigent en une bande de resquilleurs sans vergogne s'enrichissent au détriment de l'écrasante majorité de la population qui vit sous le seuil de pauvreté. Dans ces conditions, le développement tant souhaité ne peut être une réalité, d'où la nécessité d'une sérieuse prise de conscience et d'une rupture d'avec ces habitudes vicieuses.

Démocratie en panne

Lors de sa 161e session, le Conseil interparlementaire a promulgué la Déclaration universelle sur la démocratie en date du 16 septembre 1997 au Caire qui stipule :

> 1. La démocratie est un idéal universellement reconnu et un objectif fondé sur des valeurs communes à tous les peuples qui composent la communauté mondiale, indépendamment des différences culturelles, politiques, sociales et économiques. Elle est donc un droit fondamental du citoyen, qui doit être exercé dans des conditions de liberté, d'égalité, de transparence et de responsabilité, dans le respect de la pluralité des opinions et dans l'intérêt commun.
>
> 2. La démocratie est à la fois un idéal à poursuivre et un mode de gouvernement à appliquer selon des modalités traduisant la diversité des expériences et des particularités culturelles, sans déroger aux principes, normes et règles internationalement reconnus. Elle est donc un état, ou une condition, sans cesse perfectionné et toujours perfectible

dont l'évolution dépend de divers facteurs, politiques, sociaux, économiques et culturels.

3. En tant qu'idéal, la démocratie vise essentiellement à préserver et promouvoir la dignité et les droits fondamentaux de l'individu, à assurer la justice sociale, à favoriser le développement économique et social de la collectivité, à renforcer la cohésion de la société ainsi que la tranquillité nationale et à créer un climat propice à la paix internationale. En tant que forme de gouvernement, la démocratie est le meilleur moyen d'atteindre ces objectifs ; elle est aussi le seul système politique apte à se corriger lui-même[1].

Plusieurs éléments clés ressortent de cette définition de la démocratie :

- Dans la mesure où la démocratie fait appel aux « valeurs communes à tous les peuples », la culture, la tradition, la religion, les conditions économiques ou sociales ne devraient pas être invoquées pour justifier un retard dans le processus de démocratisation.
- La démocratie se veut un « droit fondamental du citoyen ». Elle n'est pas une faveur que les dirigeants d'un pays accordent à leurs concitoyens. Ce droit avec lequel le citoyen ne transige pas fait appel au respect de la liberté, de l'égalité et de la dignité du citoyen.
- La démocratie implique l'existence d'une société civile dont la gouvernance se fait dans la plus grande transparence, ce qui sous-entend que les dirigeants répondent de leur gestion des affaires de la cité devant le peuple.
- La démocratie en tant que forme de gouvernement promeut la paix et consolide la cohésion dans une société plurielle.
- La démocratie vise l'intérêt commun.
- Dans ce court passage, le mot idéal revient trois fois. La démocratie se veut un idéal vers lequel on tend. Dans ce sens, elle est constamment actualisée. Par conséquent, dans les faits, il n'existe pas de démocratie parfaite.

---

[1] http://www.ipu.org/Cnl-f/161-dem.htm consulté le 29 décembre 2009.

La preuve c'est qu'aux États-Unis, il est pratiquement impossible pour les dirigeants de prendre des décisions qui rallient tous les Américains. Georges W. Bush a régné pendant huit ans dans le pays qui se veut le plus démocratique, mais le plus souvent, ses politiques étaient appréciées par moins de la moitié de ses concitoyens. Cette situation n'a pourtant pas empêché qu'on dise des États-Unis qu'il est un pays démocratique, sinon le plus démocratique. Sa première élection contre Al Gore est la preuve qu'il n'existe pas de démocratie parfaite. Il est certain que c'est la mort dans l'âme que son challenger lui a concédé la victoire.

Il faut pourtant noter que le système américain est tel qu'il ne permet pas qu'un président se comporte comme un monarque. En effet, tout en reconnaissant au président un droit de véto auquel il n'a recours que dans des cas exceptionnels, le système américain prévoit deux chambres à savoir le Sénat et le Congrès auxquels le président doit recourir pour les décisions importantes. Parallèlement, la séparation des pouvoirs à savoir l'exécutif, le judiciaire et le législatif apporte un appui sans réserve à la démocratie. Et c'est bien là la force de la démocratie américaine. Mais cette démocratie qu'on n'hésite pas à présenter comme le meilleur au monde[2] a des failles évidentes. Il suffit pour s'en convaincre de recourir aux élections de 2000 et à ceux de 2004. En effet, en 2000, on n'a pas hésité à éliminer systématiquement des voix noires en Floride. La même chose s'est produite en Ohio en 2004. À cela il faut ajouter la ploutocratie et les réseaux qui jouent un rôle de choix dans les élections aux États-Unis[3]. Ces

---

[2] Je renvoie le lecteur au discours prononcé par Georges W. Bush lors de l'inauguration de son deuxième mandat en 2004 où il se réfère à la démocratie américaine comme étant un feu « qui brûle ceux qui luttent contre son progrès ». Plus loin il ajoute qu' « un jour, ce feu sauvage de la liberté se répandra jusqu'aux coins les plus sombres du monde. »

[3] Les professeurs Alan I. Abramowitz, Brad Alexander et Matthew Gunning du Department of Political Science de l'Emory University attestent que lors des élections, le taux de 99% de réélection à la Chambre des représentants aux États-Unis en 2002 et en 2004 s'explique par le fait que les challengers n'avaient pas autant de moyens financiers que les titulaires de postes. Cf. A. I. Abramowitz *et al.*, « Incumbency, Redistricting, and the Decline of

remarques sur la plus grande démocratie du monde permettent de conclure que la démocratie parfaite relève de l'illusion. Cela dit, ce serait une erreur de perdre de vue le fait que les États-Unis sont un pays de paradoxe. L'écart qui sépare sa démocratie de l'idéal démocratique ne l'a pas empêché d'élire un homme issu d'un milieu modeste et de surcroît un Noir comme président en 2008.

La démocratisation en Afrique est un véritable parcours de combattant. Les dirigeants africains se sont illustrés dans l'écrasante majorité des cas par le refus de respecter les principes démocratiques. Les maigres changements qu'on observe çà et là sont le fait de la pression sociale et des revendications populaires. Le peuple ne réclame rien de moins qu'un État de droit dans le sens d'une égalité de tous devant la loi[4].

Depuis 1989, la littérature regorge de plus en plus de réflexions sur les conditions de possibilités et la nécessité pour l'Afrique de prendre le virage de la démocratie[5]. Les exigences des conférences nationales obligeaient jusqu'à un certain point les dictateurs de l'époque à se mettre à l'écoute du peuple qui veut dire son mot sur la gestion des affaires de la cité[6] et la liberté tout court. Un peu partout en Afrique subsaharienne, il y a eu dans les années 90 du siècle dernier des villes mortes, des grèves, des sit-in, etc. Dans ce sens, les revendications ont pris l'allure d'une révolution dans la mesure où selon les exigences du peuple, il était nécessaire de revoir de fond en comble les principes de gouvernance[7]. De nouvelles constitutions sont apparues dans plusieurs pays avec des références au multipartisme, aux élections au suffrage universel, à la décentralisation, à

Competition in U.S. House Elections », consulté en ligne le 28 décembre 2009, http://www.emergingdemocraticmajorityweblog.com/spsa/spsa.html

[4] A. A. Diouf, « Les garanties judiciaires de l'État de droit » in : *Démocraties africaines*, vol.3, 10, 1997, p. 14.

[5] M. Diouf, *Libéralisations politiques ou transitions démocratiques : Perspectives Africaines*, CODESRIA, Dakar, 1998.

[6] G. Conac, (dir.) *L'Afrique en transition vers le pluralisme politique*, Paris, Economica, 1990.

[7] W. I. Zartman, (ed.) *Governance as Conflict Management. Politics and Violence in West Africa*, Washington, D.C., Brookings Institution Press, 1997, p. 48.

l'affranchissement des pouvoirs judiciaire et législatif de la férule de l'exécutif, aux élections transparentes et à l'instauration d'une commission nationale indépendante chargée de les organiser et de les superviser, entre autres. Il s'agit là d'une démocratie populaire qui, non seulement est le fruit des revendications du peuple, mais aboutit à une participation politique à tous les niveaux de l'organisation sociopolitique de la société. La démocratie libérale par contre, qui semble être plus perçue comme le fruit de la pression extérieure, focalise sur la mise en œuvre des Programmes d'ajustement structurel[8]. La démocratie populaire et la démocratie libérale ne devraient pas être nécessairement dissociées, car chacune apporte à sa manière sa contribution à la consolidation d'une vraie démocratie en Afrique. La difficulté c'est que, dans le contexte africain, la mise en place des institutions démocratiques est accompagnée d'éléments culturels et éthiques qui sont inconciliables avec les exigences des institutions d'un État véritablement moderne. Il est regrettable que certains invoquent ces éléments pour justifier la réticence de certains dirigeants africains à mettre en place des institutions viables et propres à un véritable État démocratique. Un exemple qu'on pourrait citer, c'est le refus de certains d'entre eux à mettre en place une commission nationale réellement indépendante chargée de superviser les élections. Dans plusieurs pays de l'Afrique subsaharienne, les responsables de ces commissions sont des sympathisants du parti au pouvoir s'ils n'en sont pas ouvertement membres, ce qui enlève à ces commissions leur indépendance vis-à-vis du parti au pouvoir. Dans ce cas, la manipulation des élections est garantie par l'absence d'une institution libre de toute pression. L'apprentissage du partage du pouvoir est une école qui s'est révélée très difficile pour plusieurs dirigeants africains qui ont plus tendance à diriger comme des monarques plutôt que comme des élus du peuple qui rendent compte à ceux qui les ont portés au pouvoir.

---

[8] R. Sandbrook, « Economic Liberalization versus Political Democratization : A Social-Democratic Resolution », *Canadian Journal of African Studies*, vol.31,3, 1997, p. 484-86.

La démocratie africaine est jeune comparativement aux grandes démocraties de l'Europe de l'Ouest ou de l'Amérique du Nord. Les pays africains n'ont eu leur indépendance que dans les années 60 du siècle dernier. C'était le temps du monopartisme avec son corollaire de dictature. En Afrique subsaharienne, ce n'est que dans les années 90 que le vent du multipartisme et de la démocratisation a soufflé. Autrement dit, la démocratie subsaharienne n'a que deux décennies d'existence. Vouloir que la démocratie africaine ait la même maturité que celle de l'Occident est un non-sens. Cet argument ne devrait toutefois pas être utilisé avec abus au point de justifier les bavures qu'on constate çà et là dans plusieurs pays d'Afrique. Le progrès réel qu'on constate dans des pays comme le Mali, le Bénin, le Sénégal, le Botswana, le Ghana, l'île Maurice et l'Afrique de Sud jette un discrédit sur les dirigeants des pays qui mettent sérieusement la démocratie en péril ou qui tardent à l'instaurer. L'Afrique ne doit pas se complaire dans la médiocrité. Elle doit au contraire faire appel au sens de la dignité et de la fierté. Ces vertus sont bel et bien africaines et il n'y a aucune raison que les dirigeants des pays africains les ignorent.

Absence de redevabilité

La redevabilité engage la responsabilité du dirigeant pendant et après son mandat à la tête de son pays. Or, la plupart des dirigeants africains règnent comme s'ils n'avaient de comptes à rendre à personne, même pas à ceux qui les ont portés au pouvoir. Le système présidentiel ou semi-présidentiel que l'on rencontre dans la plupart de ces pays favorise jusqu'à un certain point une gouvernance monarchique et dictatoriale.

Le cas du tristement célèbre ex-président tchadien Hissène Habré est un exemple frappant. Après avoir régné dans son pays avec une main de fer, terrorisé ses compatriotes, tué bon nombre d'opposants et créé une terreur qui est telle que le Tchadien avait peur de son ombre, il jouit de sa liberté alors qu'il devrait répondre de ses actes devant la justice. Et pourtant, la décision de l'Union africaine de le juger en Afrique avait été bien accueillie d'autant plus que l'envoyer au CPI (Europe) donnait une image du Noir incapable de se prendre en charge.

Mais force est de constater que depuis que cette décision a été prise, il n'est toujours pas jugé. Le président du Sénégal, pays où il réside actuellement, tire sur la corde du temps en invoquant tantôt l'incompétence de la justice de son pays pour le juger, tantôt un manque de moyens financiers. Petit à petit, les témoins s'éteignent, et le risque de ne plus retrouver des témoins oculaires est grandissant. Il se pourrait même, comme ce fut le cas avec Idi Amin Dada, qu'il disparaisse sans avoir à répondre de ses actes devant la justice.

Gabegie

Le Tchad est connu pour être l'un des pays les plus pauvres de la planète. Lorsque le pétrole a été découvert dans ce pays, les humanistes en général et les Tchadiens en particulier ont espéré que le début de l'exploitation de l'or noir allait inaugurer une ère nouvelle en soulageant la souffrance des habitants de ce pays. Aussi aberrant et surprenant que cela puisse paraître, les autorités de ce pays ont montré que leurs priorités étaient ailleurs. Et pour preuve, au lieu de construire les routes, les écoles, les hôpitaux, de former les médecins, des spécialistes des nouvelles technologies, d'alimenter les villes et villages en électricité et en eau potable, le président tchadien est allé s'acheter un hélicoptère de guerre. On sait que le pouvoir de M. Idris Deby était la cible des mouvements rebelles qui voulaient à tout prix le déloger de son fauteuil. Pour garantir sa place à la tête du pays, il s'est servi de l'argent du pétrole tchadien pour s'acheter un arsenal militaire au détriment des programmes sociaux qui auraient pu améliorer les conditions de vie de ses concitoyens dont la majorité vit sous le seuil de pauvreté. Les montants affectés à cet achat n'étaient pas prévus dans les accords signés entre la Banque mondiale et les autorités tchadiennes le 11 janvier 1999 portant sur la gestion de l'argent du pétrole[9]. Au lieu que le revenu du pétrole soit signe

---

[9] http://www.jeuneafrique.com/Article/ARTJAJA2525p038-040.xml0/-petrole-pauvrete-Idriss-Deby-Itno-Banque-mondiale-O&
Dans le cas précis du Tchad, on dénonce non seulement le détournement du revenu pétrolier pour s'acheter un arsenal militaire, mais toute la malversation financière qui entoure ce revenu au mépris du peuple qui attend avec

de vie, il est plutôt signe de mort. Nul n'ignore qu'en cas de guerre, ceux qui payent le plus lourd tribut, ce ne sont pas les combattants, mais les civils. On comprend que ce n'est pas dans un premier temps le bonheur de ses concitoyens qui intéresse le président tchadien, mais la consolidation de son pouvoir. Quelle honte !

M. Thomas Sankara, président du Burkina Faso a pourtant mis les chefs d'État africains en garde contre la course aux armements depuis 1987 dans une allocution solennelle :

> En particulier nous éviterons d'aller nous endetter pour nous armer, car un pays africain qui achète des armes ne peut l'avoir fait que contre un Africain. Ce n'est pas contre un Européen, ce n'est pas contre un pays asiatique. Par conséquent, nous devons également dans la lancée de la résolution de la question de la dette trouver une solution au problème de l'armement.
>
> Je suis militaire et je porte une arme. Mais Monsieur le Président, je voudrais que nous nous désarmions. Parce que moi je porte l'unique arme que je possède. D'autres ont camouflé les armes qu'ils ont (...) Monsieur le président : Faisons en sorte que nous mettions au point ce Front uni d'Addis-Abeba contre la dette. Faisons en sorte que ce soit à partir d'Addis-Abeba que nous décidions de limiter la course aux armements entre pays faibles et pauvres. Les gourdins et les coutelas que nous achetons sont inutiles[10].

Le 23 novembre 2009, la sénatrice belge Els Schelfhout s'est rendue en Afrique centrale, particulièrement à l'est de la RDC, dans le cadre de ses activités parlementaires pour se faire une idée exacte de la situation qui y prévaut. À la fin de cette mission,

---

impatience que le pétrole soit une bénédiction et non une malédiction. Cf. *L'Humanité*, 20 septembre 2003.

[10] Allocution prononcée par M. Thomas Sankara, Président du Burkina Faso le 29 juillet 1987 *à Addis-Abeba aux travaux de la vingt-cinquième Conférence au sommet des pays membres de l'OUA.* Cf. Thomas Sankara, *Oser inventer l'avenir. La parole de Thomas Sankara*, textes rassemblés par David Gakunzi, Paris, l'Harmattan / Pathfinder, 1988, p. 251-252.

elle a fait des révélations fracassantes qui témoignent d'une situation catastrophique au Congo. Selon elle, en 2008, le gouvernement congolais aurait récolté 92 millions de dollars de revenus provenant de l'exploitation des ressources contre 450 millions de dollars perdus dans le défaut d'enregistrement, le trafic, la fraude et l'évasion fiscale. Le gouvernement ne se contente que de 22% des 74,73 millions de dollars de taxes. Pire, selon la sénatrice, un minimum de 90% de l'or extrait est illégalement exporté[11]. C'est scandaleux d'apprendre des informations pareilles. La première question qu'on est en droit de se poser porte sur le rôle des autorités dans ce cafouillage qui ne devrait se passer que dans une société anarchique. Pourrait-on imaginer ce que serait le pays si toute cette richesse profitait aux Congolais ? Il va sans dire que le Congo pourrait se passer de l'aide internationale et être en bonne santé économique. Cette remarque concerne bien d'autres pays africains dans la mesure où le scandale congolais est loin d'être une exception en Afrique.

Corruption et détournements

Le Cameroun offre un excellent exemple de détournement de deniers publics comme caractéristique de l'abus de pouvoir. Une opération anticorruption dénommée « épervier » destinée à assainir les finances publiques et qui traque sans relâche plusieurs hauts cadres soupçonnés d'avoir détourné les deniers publics est mise en œuvre depuis 2006 au Cameroun. Il était difficile avant le lancement de l'opération dite « épervier » de prouver que le détournement des deniers publics s'organisait au plus haut sommet de l'État, mais depuis qu'elle est opérationnelle, ce n'est plus un secret pour personne. La liste des personnes arrêtées et écrouées jusque-là est longue et les montants qu'on leur reproche d'avoir détournés sont herculéens.

Rappelons tout d'abord qu'en 1998 et 1999, le Cameroun tenait le haut du pavé du pays le plus corrompu du monde selon le classement de l'indice de perception de la corruption publié par Transparency International, un bilan tristement célèbre. Ce verdict a convaincu les autorités camerounaises de la mise en

[11] http://www.elsschelfhout.be/index.php?id=190 consulté le 07 janvier 2009.

place de quelques structures au nombre desquelles on compte le Programme national de gouvernance (PNG), le Comité national anticorruption (CONAC), des cellules ministérielles et l'Agence nationale d'investigation financière (ANIF) dans le but de s'attaquer au fléau qu'est la corruption[12]. Une étude réalisée huit ans plus tard, soit en 2008, par des universitaires camerounais fit le constat que toutes les mesures prises pour enrayer la corruption n'ont pas produit le résultat attendu et conclut qu'« au Cameroun, c'est l'état de corruption qui est une situation normale, et l'honnêteté, un délit[13]. » Ce constat est fait alors que la lutte anti-corruption s'était intensifiée depuis 2006 sous l'égide du ministre de la Justice et Garde des Sceaux, vice-premier ministre, Amadou Ali à travers l'opération dite « épervier ». Les institutions de Breton Woods on dû mettre la pression sur les autorités camerounaises pour que les fruits de cette lutte soient palpables en misant sur l'exigence de voir cette lutte contre la corruption avancer au risque pour le Cameroun de perdre le privilège de l'allègement de la dette en tant que pays pauvre et très endetté. Washington a aussi fait pression à travers son ambassadeur à Yaoundé, Niels Marquardt, qui affirmait en février 2006 que le tout n'était pas d'afficher les noms des personnes soupçonnées d'être corrompus ou de les relever de leurs fonctions. « Elles doivent être inculpées, poursuivies et condamnées[14] », affirmait-il. La même année, dans sa présentation du baromètre 2006 de la corruption, Transparency International signalait que la police est l'institution la plus corrompue au Cameroun. Il s'agit-là d'une situation d'une énorme gravité, car c'est normalement sur sa police qu'un pays doit compter pour enrayer un fléau comme la corruption. Dès lors que celle-ci est la plus corrompue de tous les secteurs, à quel saint devra-t-on se vouer pour en découdre avec ce vice qui mine la vie de tout une nation ? La rupture du lien de confiance entre la police et la population a débouché sur la justice populaire exercée dans certaines villes du Cameroun. On a

[12] Cf. « La corruption : une malédiction camerounaise ? », *Mutations*, 31 janvier 2008.

[13] « La corruption : une malédiction camerounaise ? », *Mutations*, 31 janvier 2008.

[14] *Panapress*, 25 février 2006.

souvent entendu parler des voleurs qui sont lynchés par la population qui refuse de les livrer à la police convaincue qu'une intervention suffirait pour qu'ils soient libérés.

À en croire Blaise Pascal Talla, les autorités de Yaoundé ont dû faire appel aux services du FBI pour traquer les corrompus camerounais. Voici ce qu'il en dit :

> Il y a quelques mois, les autorités de Yaoundé ont adressé au directeur du bureau des affaires internationales du ministère américain de la Justice une très longue lettre confidentielle, portant le sceau du secret sur chacune de ses pages. La lettre demandait l'appui des services américains d'enquêtes et de recherche (notamment le très redouté Bureau fédéral d'investigation, plus connu sous ses initiales FBI) pour engager des poursuites et finaliser des dossiers d'instruction contre un certain nombre de personnalités camerounaises accusées de détournement de fonds publics et de malversations financières[15].

Hormis la police, les secteurs les plus touchés par la corruption au Cameroun sont la douane, la santé et la justice. Les douaniers par exemple figurent parmi les fonctionnaires et agents de l'État les mieux traités dans la mesure où ils ont droit à de nombreux avantages, dont la prise en charge médicale ainsi que des primes de rendement qui s'élèvent à 10% des fonds récupérés. Malgré ces avantages exceptionnels, la douane figure parmi les corps de métiers les plus corrompus au Cameroun[16]. La corruption généralisée au Cameroun a un aspect sadique : ce sont les plus nantis qui dépouillent les moins nantis du peu qu'ils ont au nom de la sacrée loi inédite de la corruption.

Jeune Afrique l'Intelligent a répertorié de son côté 14 différentes affaires dont quelques-unes ont été mises à jour dans le cadre de l'opération épervier et chiffre les sommes détournées à 215 milliards de FCFA[17]. Plusieurs ex-ministres et directeurs

[15] *Jeune Afrique économie*, été 2008.

[16] Cf. Manga Massina, *Cameroon Tribune*, 27 janvier 2006.

[17] Jeune Afrique, édition du 15 décembre 2009, consulté le 03 janvier 2010, http://www.jeuneafrique.com/Article/ARTJAJA2553p032-035.xml2/-justice-

des sociétés publiques font partie des personnes soupçonnées de détournement des deniers publics ou emprisonnées. Il est évident que la liste est loin d'être exhaustive. S'il est prouvé que les accusés dont certains sont déjà pensionnaires à Kondengui, une prison devenue célèbre à cause de ces grandes personnalités qui s'y trouvent, il faudrait conclure que l'ampleur du mal causé à la population camerounaise irrite et révolte. Dans un premier temps, il faut féliciter les autorités camerounaises décidées enfin à mettre la main sur des voleurs invétérés qui causent du mal à aux Camerounais et qui font la honte de l'Afrique en général et du Cameroun en particulier. Mais on est en droit de se demander pourquoi on a d'abord laissé ces personnes se servir allègrement dans les caisses de l'État, prendre le soin de disposer de ces sommes faramineuses et s'assurer que leur patrimoine est en sécurité avant de les faire arrêter. Cette situation témoigne d'un laisser-aller au niveau de l'administration et d'une faille sérieuse au niveau du contrôle supérieur de l'État. Les faits semblent donner raison à Jean-Marc Ela qui estimait qu'au Cameroun, la corruption est devenue une « méthode de gouvernement[18] ».

Tout en reconnaissant le côté positif de la mise en place de l'opération épervier qui a conduit à l'arrestation et à la condamnation de plusieurs hauts cadres de l'administration camerounaise, on ne peut pas ne pas reconnaître qu'il reste des questions insolubles liées au mandat de cette opération. Premièrement, dans la mesure où dans la plupart des pays d'Afrique l'exécutif empiète le législatif et le judiciaire, peut-on garantir l'indépendance du judiciaire dans l'opération épervier ? Deuxièmement, sachant que la corruption est très répandue au Cameroun au point où beaucoup de personnes n'ont même plus un problème de conscience lorsqu'ils corrompent ou se laissent corrompre, peut-on s'imaginer que l'opération épervier puisse mettre la main sur tous ceux qui ont détourné les deniers publics ? Troisièmement, peut-on garantir que cet organe de lutte contre la corruption ne pourra en aucun cas être instrumentalisé à des fins

condamnation-detournement-de-fonds-Urbain-Olanguena-Awono-Detournements-14-affaires-215-milliards-de-F-CFA.html

[18] Jean-Marc Ela, « Refus du développement ou échec de l'Occidentalisation ? Les voies de l'afro-renaissance », *Le Monde diplomatique*, octobre 1998.

politiques ? Quatrièmement enfin, compte tenu de l'étendue de la corruption dans la société camerounaise, n'aurait-il pas été mieux de mettre en place une commission d'enquête publique présidée par un juge indépendant dont la mission serait de démonter le système de corruption dans le pays ? Toute personne détenant une quelconque information susceptible d'aider à démasquer ce système irait témoigner devant cette commission. À la fin du processus, des poursuites seraient engagées contre les personnes soupçonnées de s'être servies de ce système d'une part, et des recommandations pourront être faites pour mettre un terme au système mafieux ainsi que pour prévenir ce genre de situation dans l'avenir, d'autre part.

La presse fait état des condamnations dont certaines à vie comme peine réservée par les tribunaux aux détourneurs de deniers publics. Mais rien n'est dit sur les mesures destinées à recouvrer ces sommes volées. Ce dont le pays a besoin, ce n'est pas l'emprisonnement de ces personnes, mais le recouvrement de ces sommes qui devront être rapidement remises dans le trésor public et utilisées pour financer des programmes concrets en vue d'améliorer les conditions de vie de la population. Ces personnes qui se sont rendues coupables de détournement de fonds ne sont pas dupes. Elles ont pris le temps de sécuriser ces biens mal acquis en les plaçant dans des paradis fiscaux en de noms de diverses personnes de leurs familles : épouse, enfants, cousins, cousines, entre autres. Pour rendre justice à la population, une fois qu'une personne est accusée pour détournement des deniers publics, l'enquête ne doit pas seulement porter sur les preuves de malversations financières, mais aussi sur l'itinéraire de l'argent volé. Il est nécessaire d'étendre les enquêtes aux membres de la famille des accusés pour s'assurer qu'aucun d'entre eux n'est propriétaire d'un compte crédité d'un montant exorbitant. Lorsque c'est le cas, il devient indispensable que l'intéressé justifie la source de ses revenus. Il ne s'agit pas ici de porter atteinte à la vie privée et au droit des membres de la famille des détourneurs de deniers publics, mais plutôt de rendre justice aux populations privées de leur dû.

Dans des pays où la majorité de la population vit avec moins d'un dollar par jour, il est nécessaire de veiller à ce que chaque sou qui sort des caisses de l'État aille à la bonne place, sinon on ne doit pas lésiner sur les moyens de retrouver ce sou et de réorienter son itinéraire. Ce ne sont pas les exemples de pillage des biens des pays à l'échelle familiale qui manquent. Un compte bien fourni de la défunte épouse d'Omar Bongo a été révélé dans la Principauté de Monaco considérée comme un paradis fiscal. On n'oubliera pas non plus les 38 valises remplies de dollars et de livres sterling en possession de l'épouse du despote Sani Abacha, la nommée Mariam Abacha, qui a été arrêtée en juillet 1998, au lendemain de la mort de son mari. En outre, le fils de Sani Abacha, le nommé Abba Abacha, est lui aussi impliqué dans les malversations financières. Il a été accusé d'avoir pris part au pillage de son pays lorsque son père était au pouvoir, et condamné en novembre 2009 par voie d'ordonnance à une peine de prison par un juge suisse[19].

Les pays occidentaux, les institutions de Bretton Woods ainsi que les différents clubs qui négocient des prêts aux dirigeants africains devraient faire montre d'un minimum de sens éthique. Plusieurs dirigeants en poste actuellement sont soupçonnés de détournement des biens de leurs pays au profit personnel et celui de leurs proches. C'est le cas du président angolais Eduardo Dos Santos à qui on reproche d'avoir détourné entre 1997 et 2001 une somme d'environ 1,7 milliard de dollars par an[20]. Bien que les prêteurs occidentaux savent que l'argent angolais n'est pas bien géré, ceux-ci continuent à négocier des prêts avec le président Dos Santos. On n'oubliera pas l'affaire de l'Angolagate qui a récemment fait tomber des têtes en France. Global Witness estime que l'Angolagate n'est rien de moins qu'une « privatisation de la guerre en Angola » ainsi que « l'organisation du pillage des avoirs de l'État[21] » qu'on peut rapprocher des cas du Zaïrois Mobutu et du Nigérian Abacha. Ce qui est certain, c'est que le remboursement ne sera pas réclamé aux dirigeants

[19] www.swissinfo.ch

[20] Le Monde du 25 mars 2004. En ce qui concerne toute la mafia qu'il y a autour du pétrole angolais, consulter Global Witness, *Tous Les Hommes des Présidents : L'histoire accablante du pétrole et des affaires bancaires dans la guerre privatisée de l'Angola*, mars 2002.

[21] Global Witness, *Tous Les Hommes des Présidents*, mars 2002.

qui sont les véritables responsables de ces malversations financières, mais à la population angolaise qui est finalement une victime. Serait-ce une exagération de parler de complot contre le peuple angolais ?

Il est justifié aussi de s'interroger sur les mesures préventives de ces détournements massifs. Autrement dit, est-on certain que d'autres ne se servent pas au moment où on traque ceux qui sont tombés en disgrâce ? Il ne serait pas fastidieux de noter que la corruption ne sévit pas seulement l'Afrique. Récemment au Canada qui est pourtant un pays qui fait partie des grandes démocraties du monde, le scandale des commandites a défrayé la chronique. En effet, on a mis à jour un grand réseau de fraudes qui a éclaboussé plusieurs hauts dirigeants du parti libéral qui a été au pouvoir pendant plus de 10 ans. S'il est vrai que cette affaire a terni l'image du parti libéral et jusqu'à un certain point celle de plusieurs ex-dirigeants du pays, il n'en demeure pas moins vrai que le souci de la transparence ne peut pas ne pas impressionner. Notons tout d'abord que c'est un premier ministre libéral qui a demandé qu'une commission d'enquête publique soit mise en place. Le premier ministre de l'époque, M. Paul Martin, a accepté d'aller témoigner devant la commission que présidait le juge John Gomery. À la fin de ces témoignages tous azimuts devant cette commission, un rapport contenant des recommandations au gouvernement pour prévenir de telles pratiques et insister sur la nécessité de la transparence dans l'administration publique a été préparé. Si des mesures draconiennes ne sont pas mises en place au Cameroun pour prévenir les détournements, l'opération épervier n'aurait servi à rien, sinon qu'à la diversion pour tromper la vigilance de la population camerounaise et de la communauté internationale.

Le Cameroun n'est qu'un exemple parmi tant d'autres en Afrique. En 2005, l'Indice de Perception de la Corruption de Transparency International indiquait que l'Afrique est le continent le plus atteint par la corruption. Sur 44 pays africains qui ont participé à l'enquête, seul le Botswana a eu une note supérieure à la moyenne en se classant 32e sur le plan mondial. Sur les 44 pays, 10 seulement ont obtenu une note supérieure à 3 sur 10. Le dernier rang sur le plan mondial a été remporté par le

Tchad classé 158e sur 158 pays qui ont fait l'objet de l'étude. Au pays des aveugles, les borgnes sont rois dit un adage bien connu. Le Nigeria a enregistré une légère progression, en passant de 1,6 en 2004 à 1,9 en 2005[22]. D'autres pays comme le Burkina Faso ont carrément refusé de fournir les données. La conclusion est facile à tirer. Le pays des hommes intègres a malheureusement peur de se soumettre à une étude devant mettre à jour son état de corruption. Peter Eigen, président de Transparency International déclarait :

> La corruption est une cause majeure de la pauvreté ainsi qu'un obstacle pour la contrer. Ces deux fléaux s'alimentent réciproquement, enfermant les populations dans le cycle de la misère. La corruption doit être combattue avec vigueur pour que toute aide allouée puisse provoquer une vraie différence pour libérer les gens de la pauvreté[23].

En 2006, c'est Haïti qui a pris la dernière place dans le classement de Tranparency International avec 1,8 sur 10, précédé par la Guinée qui occupe l'avant dernier rang avec une note de 1, 9. Dans le but d'en découdre avec la corruption qui hisse son pays au palmarès d'un des pays les plus corrompus du monde, l'ex-président nigérian Olusegun Obasanjo a mis en place l'« Economic and Financial Crimes Commission » (EFCC). Selon le président de l'EFCC Mallam Nuhu Ribadu, la mission de cette Commission n'était rien de moins qu'une croisade engagée contre la corruption. À ses dires, depuis les indépendances, l'Afrique s'est rendue coupable du détournement de 500 milliards de dollars américains, ce qui représente 25% de son Produit intérieur brut. Une partie importante de ce montant faramineux a été détournée au Nigeria[24]. La Commission dit avoir condamné 250 personnes pour corruption et recouvré une somme dépassant 500 millions de dollars (USD) en cinq ans

---

[22] http://www.transparency.org/policy_research/surveys_indices/cpi/2005 consulté le 03 janvier 2010.

[23] http://terranova.blogspirit.com/list/bibliotheque/transparency_international200064357.pdf, consulté le 03 janvier 2010.

[24] *This Day*, 17 avril 2007, éditorial.

d'activité[25]. Ibrahim Lamorde, directeur par intérim de l'EFCC dira plus tard qu'un minimum de 1000 cas litigieux était en cours d'instruction et que les plaintes s'élevaient à environ 300 par jour[26]. The *Economist* affirmait en 1999 que le Nigeria est « la première kleptocratie mondiale, où le crime n'est pas aux marges de la société mais dans son centre profond[27]. » Il n'est donc pas exagéré de constater que la corruption est incrustée dans la structure économique du Nigeria. Nous en voulons pour preuve le fait que l'économie informelle, c'est-à-dire non fiscalisée, qui est estimée à 75% du PNB. Cette situation crée un terrain favorable à la corruption à l'échelle du pays[28]. À en croire Guy Nicolas, le « terme mafia » décrit suffisamment la situation économique du Nigeria. Il affirme :

> Elle [la société nigériane] se constitue autour de grandes figures polaires, personnages illustres ou noyaux plus collégiaux, contrôlant d'immenses réseaux concurrents infiltrés dans tous les espaces collectifs existants et poursuivant des objectifs hégémoniques. La base de leur pouvoir est économique (…) C'est ainsi que l'on peut tenir une lecture de la vie politique du pays en termes de mafias : Kaduna mafia (…), Ikenne mafia (…), Enugu mafia (…), Langtang mafia ou Bida old boys (…), ou Kuru mafia (...)[29].

Comment veut-on que le pays se développe dans de telles conditions ? Il n'est dès lors pas surprenant que sa population pauvre ait doublé entre 1981 et 2004 atteignant ainsi 70%. Pourtant, le pays est classé 5e parmi les producteurs de pétrole au sein de l'Organisation des pays exportateurs de pétrole (OPEP) et occupe le 12e rang mondial, avec une production de 2 millions de

[25] *Pana* (Lagos), 14 avril 2008.
[26] *Ibidem.*
[27] « Crime without punishment », *The Economist,* 352, 1999, pp. 17-20
[28] O. Vallée, *La police morale de l'anticorruption. Cameroun, Nigeria*, Paris, Karthala, 2010, p. 110.
[29] G. Nicolas, « Le Nigeria: dynamique agonistique d'une Nation à polarisation variable », *Cultures & conflits*, 1, 1990.

barils en moyenne par jour[30]. Le pétrole représente 95% des recettes d'exportations et 80% du revenu du pays. En 2006, il s'élevait à 34 milliards d'euros[31].

Dans son allocution aux Africains depuis Accra, le président américain Barack Obama fait des remarques pertinentes qui décrivent les maux qui minent l'Afrique. Il affirmait :

> Aucun pays ne peut créer de richesse si ses dirigeants exploitent l'économie pour s'enrichir personnellement, ou si des policiers peuvent être achetés par des trafiquants de drogue. Aucune entreprise ne veut investir dans un pays où le gouvernement se taille au départ une part de 20%, ou dans lequel le chef de l'autorité portuaire est corrompu. Personne ne veut vivre dans une société où la règle de droit cède la place à la loi du plus fort et à la corruption. Ce n'est pas de la démocratie, c'est de la tyrannie, même si de temps en temps on y sème une élection çà et là, et il est temps que ce style de gouvernement disparaisse[32].

Une prise de conscience se veut nécessaire pour prendre le dessus sur ces vices qui bloquent le développement réel de l'Afrique empêchant ainsi la rupture d'avec le sempiternel cycle de pauvreté dans lequel elle s'est empêtrée. En Afrique, accéder au pouvoir est synonyme d'enrichissement. L'exemple du Cameroun cité plus haut où plusieurs hauts cadres se retrouvent derrière les barreaux pour détournement de deniers publics n'est pas un cas isolé. Et lorsque la haute administration est corrompue, on ne peut pas s'attendre à ce que les subalternes fassent mieux. Ainsi se vérifie l'adage qui dit que le poisson commence à pourrir par la tête. La solution ne peut pas venir de l'extérieur. Il revient à la masse laborieuse de manifester son mécontentement vis-à-vis des hauts cadres qui confisquent les richesses du pays et exposent la plus grande partie de la population à la disette. Il est important

---

[30] Energy Information Administration (EIA), International Energy Annual (2000-2004), International Petroleum Monthly (2005-2006).

[31] *National Geographic*, « La malédiction de l'or noir », février 2007, p. 76.

[32] Allocution du président Obama au Ghana, 11 juillet 2009, The White House Blog, consulté le 08 avril, 2010.

de se révolter aussi contre les dirigeants qui donnent le mauvais exemple en refusant de gérer sainement les biens de la cité[33].

Fossé entre riches et pauvres

Biyidi Alexandre critiquait le contraste entre les quartiers chics habités par les colons et les quartiers pauvres habités par les Africains à l'époque de la colonisation de l'Afrique dans son roman bien connu, *Ville cruelle* (1954)[34]. On se souviendra de sa célèbre formule : « Deux Tanga…deux mondes…deux destins[35] ! ». Il s'intéresse à l'Autre qui n'est plus le Noir colonisé comme cela apparaît dans les œuvres des colons, mais plutôt le Blanc. À l'approche des indépendances, il était temps de procéder à une dialectique qui inverse les rôles afin de montrer que le Noir peut lui aussi parler du Blanc en se référant à lui comme l'Autre, rompant ainsi avec la tradition. Il oppose « Le Tanga commerçant et administratif - Tanga des autres, Tanga étranger[36] » au « Tanga sans spécialités », au « Tanga indigène » et au « Tanga des cases[37] ».

Le protagoniste Banda fait le même constat, à savoir deux mondes, Tanga nord et Tanga sud séparés par un abîme infranchissable. « Ces deux Tanga attiraient également l'indigène. Le jour, le Tanga du versant sud, Tanga commercial, Tanga de l'argent et du travail lucratif vidait l'autre Tanga de sa substance humaine. Les Noirs remplissaient le Tanga des autres où ils s'acquittaient de leurs fonctions[38] ». Modèle d'une ville occidentale, les maisons de Tanga sud sont décrites comme ayant

---

[33] Il est regrettable qu'à ces moments de commémoration des indépendances des pays d'Afrique, il n'existe aucune étude qui chiffre précisément l'argent des contribuables africains qui a été détourné par l'élite au pouvoir en Afrique. Une telle étude devrait prendre en compte les sommes faramineuses investies par cette élite pour acheter les faveurs de certains hommes politiques des pays occidentaux à travers le financement de caisses noires. La société civile africaine est en droit de connaître la vérité et de réclamer des mesures concrètes de la part de ses dirigeants afin de stopper cette hémorragie.

[34] Il a publié ce roman sous le pseudonyme Eza Boto.

[35] E. Boto, *Ville cruelle*, Paris, Éditions Présence africaine, 1971, p. 20.

[36] *Ibid.*, p. 17.

[37] *Ibid.*, p. 20.

[38] *Idem.*

la « tôle ondulée », les « murs blancs » et des « pelouses » contrairement aux « petites cases avec des murs en terre battue, des toits de nattes de couleur incertaine » de Tanga nord.

La description pittoresque des deux mondes dans *Ville cruelle* est malheureusement une réalité dans nombre de villes africaines 50 ans après les indépendances. La seule différence, c'est que les Blancs sont relevés par la bourgeoisie africaine. Aussi voit-on, à Yaoundé, Santa Barbara qui est un quartier chic dont les habitants vivent dans un luxe insolent, et Madagascar qui est un quartier pauvre dont la plupart de ceux qui y habitent luttent pour la survie. Il est difficile, voire impossible pour le visiteur, de se rendre dans les deux quartiers le même jour et s'imaginer qu'il est dans la même ville.

Un constat s'impose devant ce que dénonçait l'auteur de *Ville cruelle* : le départ des colons de l'Afrique n'a pas consacré la fin de l'écart entre riches et pauvres. La corruption et le népotisme aidant, ceux qui sont riches s'enrichissent davantage et ceux qui sont pauvres ne peuvent dans la plupart du temps que transmettre ce fléau à leur progéniture. À Lagos, 72% de la population vit dans des conditions de promiscuité dans les bidonvilles. À Addis-Abeba, 70% des maisons sont construites en terre battue, en bois, en tôle ondulée si ce n'est en plastique. Elles forment des bidonvilles bâtis illégalement dans la majorité des cas. L'exode rural vient accentuer ce phénomène. Pis encore, dans certains pays, l'accès aux grandes écoles et les bourses d'État sont l'apanage des hauts placés et de leurs proches.

La ville africaine urbanisée n'est fondamentalement pas différente de la ville coloniale. Jean-Marc Ela qui abonde dans le même sens affirme : « Et la ville prend d'autant plus d'importance qu'elle est le lieu où l'État réactualise le modèle colonial de ségrégation dans un contexte où l'urbanisation est le fruit du sous-développement des campagnes[39]. » Avant les années 60 du siècle dernier, les villes ont été dotées des infrastructures, généralement sur les hauteurs. La bourgeoisie

---

[39] J.-M. Ela in : Y. Assogba, *Jean-Marc Ela : le sociologue et théologien africain en boubou*, p. 77. J.-M. Ela approfondit ce sujet dans son ouvrage intitulé *La ville en Afrique Noire*, Paris, Karthala, 1983.

africaine a pris d'assaut les hauteurs tandis que les pauvres sont condamnés à se débrouiller dans les marécages occupant illégalement et anarchiquement l'espace.

C'est la raison pour laquelle, en cas d'inondation, ce sont les habitants de ces bidonvilles qui en paient les frais. Installés dans ces quartiers de façon provisoire dans un premier temps, la difficulté de prendre le dessus sur la pauvreté scelle leur destin, à savoir ne plus avoir la chance d'être délivré de ce milieu malsain. La délivrance si on peut l'appeler ainsi vient parfois du mauvais côté : le plan d'urbanisation comme on l'a constaté récemment à Yaoundé, à Harare et à Kinshasa vise purement et simplement la destruction de ces quartiers pauvres.

Dans son rapport de 2008, l'Organisation mondiale de la santé (OMS) a confirmé les grandes disparités qui existent entre riches et pauvres dans les villes africaines. La ville de Nairobi qui sert d'illustration est révélatrice de cette triste réalité. On y lit : « … la stratification sociale et économique considérable qui existe en milieu urbain conduit à des inégalités importantes sur le plan sanitaire. Dans la partie de la ville de Nairobi où le revenu est élevé, la mortalité des moins de cinq ans est inférieure à 15 ‰, mais dans cette même ville, le bidonville d'Emabakasi connaît un taux de 254 ‰[40]. »

Les bidonvilles, faut-il le souligner, sont exposés à de grands risques de glissement de terrain, d'inondations, d'incendies, de pollution, d'insalubrité, de violence, entre autres. Tous ces risques inhérents au milieu de vie et à la pauvreté ont une incidence directe sur la santé de ceux qui vivent dans ces bidonvilles. Cette situation témoigne d'une fracture sociale qui caractérise la société africaine. Une réponse adéquate à ce fossé devenu presque infranchissable entre riches et pauvres se doit d'être envisagée dans les meilleurs délais. Cette fracture sociale a plusieurs conséquences dont le phénomène de grand banditisme. Mécontentes d'être des laissés-pour-compte, un grand nombre de personnes réagissent à cette énorme disparité en agressant les nantis. Le constat ne se prête à aucun doute : l'injustice crée

---

[40] Rapport de l'OMS 2008.

l'insécurité. Au fur et à mesure que se crée l'écart entre riches et pauvres, le grand banditisme, aussi, monte en flèche[41].

Coups d'État

S'adressant à tous les Africains depuis Accra lors de sa première visite en sol africain depuis qu'il est devenu le président du pays le plus puissant du monde, Barack Obama affirmait : « Alors ne vous y trompez pas : l'histoire est du côté de ces courageux Africains, et non dans le camp de ceux qui se servent de coups d'État ou qui modifient les constitutions pour rester au pouvoir. L'Afrique n'a pas besoin d'hommes forts, mais de fortes institutions[42]. »

Il a parfaitement raison de faire cette remarque au demeurant pertinente, car depuis leurs indépendances, plusieurs pays de l'Afrique subsaharienne évoluent au rythme des coups d'État. S'il est vrai que le phénomène n'est pas exclusif à l'Afrique, il n'en demeure pas moins vrai que celle-ci en détient le monopole. Il est déplorable de constater que l'Afrique défraie la chronique en matière de coups d'État. Aussi surprenant que cela puisse paraître, les auteurs de putsch trouvent toujours des présidents

---

[41] On a estimé dans certains pays comme le Cameroun que la solution au phénomène du grand banditisme dans les grandes villes résiderait dans la fermeté policière allant jusqu'à la liquidation pure et simple de ceux qui s'en rendent coupables. Au bout du compte, on s'est aperçu que cette approche comporte deux problèmes majeurs. Premièrement, elle donne lieu à des bavures et ne prend pas en compte la présomption d'innocence ainsi qu'à un procès digne d'un citoyen vivant dans un pays de droit. Deuxièmement, elle n'aborde le problème que superficiellement en s'intéressant aux effets plutôt qu'à la cause réelle. Une solution viable au problème de grand banditisme ne saurait perdre de vue l'aspect socioéconomique qui n'est rien d'autre que l'injustice sociale. Dans un contexte où les riches s'enrichissent davantage et que les pauvres s'appauvrissent de plus en plus, les jeunes sans avenir sont tentés de s'emparer des biens des autres par la force. Il s'ensuit que mettre un terme à l'injustice socioéconomique équivaut à résoudre en grande partie le problème de grand banditisme. Créer un « commandement opérationnel » comme ce fut le cas au Cameroun, auquel on affecte une somme exorbitante de fonctionnement afin de pourchasser les bandits au lieu de créer de l'emploi pour les jeunes gens désœuvrés, c'est passer à côté de la solution au problème de grand banditisme.

[42] Allocution du président Obama au Ghana, 11 juillet 2009, The White House Blog, consulté le 08 avril, 2010.

gagnés à leur cause. L'un des derniers cas en date est celui qui a eu lieu en Guinée et dont les auteurs ont bénéficié du soutien du président sénégalais Abdoulaye Wade. Aussi disait-il sur les ondes de RFI juste après le coup de force : « Ce groupe de militaires mérite d'être soutenu ». Le soutien apporté aux putschistes guinéens n'en est pas une première. On n'oubliera pas l'appui que Wade a accordé à Faure Gnassingbé du Togo. Il en a fait de même avec le général Mohamed Oul Abdel Aziz de la Mauritanie qu'il a reçu officiellement à Dakar alors que ce dernier venait de renverser un Président démocratiquement élu, Sidi Ould Cheikh Abdallah. En soutenant Faure Gnassingbé, il apportait par là son soutien au coup d'État constitutionnel qui consacrait la fin de tout espoir démocratique au Togo et l'instauration d'un système monarchique dominé par une famille au pouvoir depuis des décennies. D'ailleurs quelques années plus tard, Wade lui-même se fera accuser de vouloir préparer son fils à sa succession. La rebuffade essuyée par l'échec flagrant de la liste dont son fils était la tête de liste lors des élections municipales du 22 mars 2009 l'a aidé à comprendre que son propre peuple n'accepte pas la passation du pouvoir du père au fils comme si le pays était la propriété d'une famille.

Tentons d'énumérer, pour ces 20 dernières années, le nombre de coups d'État ayant réussi en Afrique :

- Le 30 juin 1989, un coup d'État militaire dont le cerveau est le général Omar el Béchir bénéficiant du soutien du Front islamique national, parti de son mentor Hassan al-Tourabi, renverse le gouvernement démocratiquement élu de Sadiq el-Mahdi[43].

- En 1990, Prince Johnson renverse le président du Libéria Samuel Doe.

- En 1991, Amadou Toumani Touré renverse Moussa Traoré au Mali.

---

43 http://www.cyberpresse.ca/international/afrique/200903/04/01-833215-omar-el-bechir-un-militaire-islamo-nationaliste.php consulté le 26 décembre 2009 ; http://www.jeuneafrique.com/Article/DEPAFP20090530T155557Z/Videos_60_Comment-l-Afrique-peut-sortir-de-la-crise.html consulté le 26 décembre 2009.

- En octobre 1993, le président Ndadayé du Burundi est assassiné. Le 25 juillet 1996, le major Pierre Buyoya prend le pouvoir par les armes et renverse le président Sylvestre Ntibantunganya. Il s'agit en réalité du deuxième coup d'État du major Pierre Buyoya, le premier ayant eu lieu en 1987. C'est donc à deux reprises qu'il conquiert le pouvoir par les armes au Burundi.

- Le 28 septembre 1995, Bob Denard qui était à la tête des mercenaires renverse le régime de Saïd Mohamed Djohar aux Comores. Le coup d'État n'a pris fin qu'à la suite d'une intervention des militaires français.

- Le 27 janvier 1996, un coup d'État sous l'égide du colonel Ibrahim Maïnassara Baré jusqu'alors chef d'état-major de l'armée a renversé le président Mahamane Ousmane[44].

- Le 17 mai 1997, Laurent Désiré Kabila renverse le dictateur Mobutu Sese Seko en République démocratique du Congo (Zaïre). Toutefois, il ne restera pas longtemps au pouvoir dans la mesure où il sera assassiné le 16 janvier 2001. Népotisme oblige, c'est Kabila fils qui sera désigné comme successeur suite à cet assassinat.

- Le 25 mai 1997, le président Ahmad Tejan Kabbah de la Sierra Leone est déchu par une junte dirigée par Johnny Paul Koroma. Il fallait attendre une année pour qu'il soit réhabilité en 1998 grâce à l'intervention de la force coalisée ouest-africaine.

Le 25 octobre 1997, Denis Sassou Nguesso s'autoproclame président du Congo-Brazzaville après avoir chassé du pouvoir Pascal Lissouba, le président démocratiquement élu.

- En juin 1998, Joao Bernardo Vieira, Président de la Guinée Bissao, est renversé par un coup d'État dirigé par le général Ansumane Mané.

- Le 9 avril 1999, Ibrahim Baré Maïnassara est tué par des éléments de la garde présidentielle, dirigée par Daouda Mallam Wanké au Niger.

---

[44] http://www.presidence.ne/ancien-presidents.php consulté le 26 décembre 2009.

- Le 24 décembre 1999, une mutinerie de soldats dégénère en un coup d'État qui emporte le président Henri Konan Bedié et porte le général Robert Gueï au pouvoir en Côte d'Ivoire.

- Le 15 mars 2003, le président élu centrafricain Ange-Félix Patassé est renversé par son ancien allié, le général rebelle François Bozizé.

- Le 16 juillet 2003, un coup d'État dirigé par le major Fernando Pereira renverse le président Fradique de Menezes. À la faveur d'une médiation internationale, celui-ci reprend ses fonctions quelques jours plus tard à São Tomé.

- Le 6 août 2008, Sidi Ould Cheikh Abdallahi, le premier président démocratiquement élu de la Mauritanie, est renversé par le général Mohamed Ould Abdel Aziz.

- Le 23 décembre 2008, un groupe de militaires dirigé par le capitaine Dadis Camara prend le pouvoir au lendemain de la mort du dictateur Lansana Conté en Guinée, lui-même, auparavant porté au pouvoir en 1984 par un coup d'État.

- En janvier 2009, le chef de l'opposition malgache Andry Rajoelina prend le pouvoir après avoir contraint le président Marc Ravalomanana à la démission.

- Le président bissau-guinéen Joao Bernardo Vieira est assassiné le 2 mars 2009 par des militaires.

- Le 18 février 2010, un coup d'État militaire emporte Mamadou Tandja du pouvoir au Niger au profit de Salou Djibo, chef de la junte et nouvel homme fort du pays.

Inutile de dire que ces coups d'État témoignent d'un irrespect des institutions consolidées depuis des années. L'habitude veut que dès que les putschistes prennent le pouvoir par les armes, ils suspendent aussitôt la Constitution, puis la réhabilitent après des retouches à leur gré et enfin légitiment leur coup de force par des élections qu'ils n'hésitent malheureusement pas à qualifier de « transparentes et libres ». Au bout de ce processus, la communauté internationale finit par reconnaître le régime et les différents pays normalisent leurs relations bilatérales avec ce régime. Ce geste de la communauté internationale consistant à légitimer un régime qui prend sa source d'un coup de force contribue jusqu'à un certain point à encourager les coups d'État puisque chacun peut tenter sa chance en se disant qu'en cas de réussite, il sera isolé pendant quelque temps, mais il suffira d'organiser une mascarade électorale pour donner à la communauté internationale l'impression d'un retour à l'ordre constitutionnel. Il faut espérer que la communauté internationale parviendra un jour à une décision drastique vis-à-vis des auteurs des coups d'État consistant à ne jamais reconnaître leur légitimité même s'ils organisent des élections. Il faudrait tout simplement exiger d'eux de ne pas se porter candidats aux élections présidentielles qu'ils organisent. Nul ne peut admettre que des élections organisées par des putschistes, élections auxquelles le chef de la junte est candidat, puissent refléter la volonté du peuple. Suivant cette logique, plusieurs de ceux qui sont aujourd'hui présidents en Afrique ne devraient pas l'être. L'enjeu est très simple : si quelqu'un prend le pouvoir par les armes, a-t-il réellement l'autorité morale de condamner d'autres personnes qui se servent eux aussi de leurs armes pour conquérir le pouvoir ? La réponse est évidemment non. En Afrique centrale, Idriss Déby du Tchad, Bozizé de la Centrafrique et Denis Sassou Nguesso du Congo Brazzaville sont dans cette situation. Par conséquent, si un coup d'État devait se produire dans un pays de la zone CEMAC, 50% des présidents des pays qui en sont membres seraient déclarés non qualifiés pour condamner un coup de force parce que n'ayant pas l'autorité morale de le faire, car eux aussi ont emprunté la même voie.

Pour sanctionner certains pays dirigés par des auteurs de coup d'État, les pays occidentaux en général ont pris l'habitude de les mettre sous embargo. Il n'y aurait rien à redire si la sanction visait essentiellement les armes à destination de ces pays. Force est pourtant de constater que ce n'est pas souvent le cas et c'est là où le bât blesse.

Une étude objective des pays africains qui ont été victimes de ces mesures draconiennes montre que, dans la réalité, ce ne sont pas les auteurs des coups d'État qui étaient punis, mais plutôt la population. Les conséquences sont souvent dramatiques : famine, problèmes de santé, inflation rocambolesque, taux de chômage très élevé, etc. Par contre, on n'a jamais appris que les hommes forts de ces pays sanctionnés seraient personnellement touchés par les mesures prises à l'encontre de leurs pays. En effet, une fois qu'une personne s'empare du pouvoir, il s'empare automatiquement du trésor de son pays et se sert à volonté. Dans la mesure où les auteurs des coups d'État sont dans la majorité écrasante des cas des dictateurs qui prennent leur propre peuple en otage, il ne faut pas compter sur ce dernier pour se soulever contre eux de peur de se faire massacrer.

Le silence du peuple ne doit pas être interprété comme s'il était de mèche avec les putschistes lorsqu'on sait de quoi ces derniers sont capables. Il devient donc nécessaire de repenser les mesures à prendre contre ceux qui s'emparent du pouvoir par les armes. Peut-être devrait-on, selon le contexte, privilégier l'isolement total des putschistes, la confiscation de leurs biens à l'étranger, l'interdiction de survoler certains espaces aériens au risque de se faire arrêter, la recherche d'un consensus international pour les condamner et collaborer à l'application des mesures prises à leur encontre, entre autres. Il ne faut pas punir le peuple ou le pays pris en otage, mais plutôt les putschistes qu'on pourrait appeler dans ce contexte « ravisseurs ».

Il est indéniable que les coups d'État font la honte de l'Afrique. Le recours constant à cette méthode pour prendre le pouvoir met terriblement en mal tout espoir de voir la démocratie s'installer de façon efficiente sur le continent noir. La réalité est malheureusement que l'Afrique se trouve dans un cercle vicieux. En effet, le fait que plusieurs pays africains soient dirigés par des ex-putschistes qui ont légitimé leur coup de force par des élections fragilise la possibilité d'une solution africaine aux coups d'État dans la mesure où un ex-putschiste n'a pas l'autorité morale lui permettant de condamner l'usage de la force pour conquérir le pouvoir. Il faut espérer que le bon sens aura raison d'eux et qu'ils procèderont de la même manière que le président actuel du Mali, Amadou Toumani Touré. Celui-ci a fomenté un coup d'État sans effusion de sang à un moment où son pays allait très mal. Il s'est donné la mission de remettre les pendules à l'heure et disait à tous ceux qui voulaient l'entendre qu'il quittera le pouvoir dès qu'il aura remis son pays sur la bonne voie. Effectivement, après l'accomplissement de sa mission salutaire qui n'a duré que quelques années, il a organisé des élections libres et transparentes sans se porter candidat et a remis le pouvoir au gagnant en 1992, à savoir Alpha Oumar Konaré. Ce geste lui a valu une très grande notoriété non seulement dans son pays, mais à travers le monde. Dans ce cas précis, son coup d'État a été salutaire pour son pays qui est passé de la dictature à la démocratie. Plus tard, lorsqu'il a senti le besoin de consolider la démocratie dans laquelle son pays était engagé, il s'est porté candidat aux élections présidentielles de 2002 sans avoir de parti politique. Le peuple malien l'a élu en signe de reconnaissance non seulement de ses talents de bon leader, mais aussi parce qu'il l'a agréablement surpris en quittant le pouvoir de lui-même quelques années auparavant. Il est fier de dire : « J'ai prouvé que je savais quitter le pouvoir »[45]. Au nom de la dignité de l'Afrique, tous ceux qui ont pris le pouvoir à la faveur d'un coup d'État devraient tirer leur révérence en organisant le plus tôt possible des élections libres et transparentes sans s'y porter candidats et sans désigner un dauphin[46]. Plus tard, ils pourront reconquérir le pouvoir par la voie des urnes s'ils le désirent.

Non à la dictature, oui au changement

Plusieurs chefs d'État africains ne semblent pas encore avoir opéré de façon décisive le passage de la gouvernance monarchique à une gouvernance démocratique. Le modèle qui prime s'inspire des rois et des chefs traditionnels autocrates. Depuis 20 ans maintenant que la démocratisation suit son cours en Afrique subsaharienne, plusieurs pays n'ont pas encore dépassé l'étape du tâtonnement. La pression des institutions de Bretton Woods oblige certains d'entre eux à donner l'impression d'un changement même si dans la réalité, il n'est qu'apparent et superficiel.

S'il est une chose d'importance capitale, c'est que l'amorce du virage démocratique n'est pas l'initiative des dirigeants des pays

---

[45] http://www.jeuneafrique.com/Article/ARTJAJA2530p024.xml0/edition_digitale.php consulté le 28 décembre 2009.

[46] Il faudrait éviter de faire comme l'ex-président russe Vladmir Poutine qui a cédé la présidence à l'un de ses fidèles, le président actuel Dmitri Medvedev, mais après avoir préparé et négocié son poste de premier ministre. En gardant cette position, il se donne la chance de reprendre le pouvoir dès que le président actuel aura fait son temps.

africains. C'est le résultat de la pression populaire et il n'a jamais été de bon cœur que les dictateurs d'alors ont ouvert la voie à l'instauration d'un processus démocratique. Cette pression ou dictature du peuple se doit de se poursuivre pour qu'une vraie démocratie s'installe sur le continent noir. Si le peuple baisse les bras, le risque de revenir à la case de départ est grand. Le peuple se doit de recourir à son pouvoir de menace qui a, dans les années 90 du siècle dernier, sérieusement inquiété ses dirigeants. La dictature du peuple est nécessaire pour que s'opère un changement véritable et profond. La démocratie étant un idéal vers lequel il faut constamment tendre, le peuple africain devrait poursuivre son combat qui devient le leitmotiv d'une marche vraiment démocratique. La révolution populaire pacifique doit devenir la norme. Le but est de rappeler aux dirigeants que le peuple est à tout moment sur le qui-vive et qu'il ne se laissera plus jamais intimider et voler ses droits. L'histoire est une science très utile au progrès de la société. En effet, comprendre le présent nécessite un « flash back » et préparer l'avenir implique une compréhension du présent à la lumière des leçons tirées du passé vécu par l'homme en société. Elle nous apprend qu'aucun véritable changement ne s'est accompli sans une détermination intrépide du peuple. À ce titre, les leçons de la Révolution française de 1789 sont à retenir. Immanuel Wallerstein écrit : « Avec la Révolution française de 1789 et le bouleversement culturel qui s'ensuivit dans le « système-monde » moderne, cette étude devenait urgente. Car la Révolution française a vulgarisé deux idées effectivement révolutionnaires. La première était que le changement politique n'était pas exceptionnel ou étrange, mais normal et donc permanent. La seconde était que la « souveraineté » - le droit de l'État à prendre des décisions autonomes à l'intérieur de son espace - ne résidait (et n'appartenait) pas en la personne d'un monarque ni dans une législature, mais dans les mains du peuple qui seul pouvait donner sa légitimité à un régime[47]. » Sans une réelle « révolution », il est pratiquement impossible de passer de la

[47] I. Wallerstein, *Comprendre le monde. Introduction à l'analyse des systèmes-monde,* Paris, La Découverte 2006, p. 15.

culture de la résignation à celle de la responsabilité et de l'asservissement à la liberté. Les sciences sociales pourraient être appelées à la rescousse pour aider le peuple à déterminer et à comprendre la nature et le rythme du changement qu'il appelle de tous ses vœux, ainsi que la manière de prendre les décisions qui s'imposent. À ce titre, les intellectuels soucieux de l'avenir de leur peuple et décidés à tourner le dos aux modèles de sociétés qui ont été vendus à l'Afrique depuis les temps de la colonisation ont un rôle de choix à jouer.

Les grandes révolutions à travers l'histoire récente de l'humanité ont souvent pris naissance dans les universités. Force nous est pourtant de constater que dans certains pays africains, les professeurs d'université qui devraient donner le bon exemple à leurs étudiants optent pour un suicide intellectuel en signant des motions appelant à la modification de la constitution pour que le Président se représente aux élections. Dans le cas précis du Cameroun, les motions de soutien au chef de l'État de la part des universitaires ne datent pas d'aujourd'hui. Déjà au temps du premier Président, Ahmadou Ahidjo, qui régnait pourtant avec une main de fer, ces motions allaient bon train. En 1974, la première session du Conseil de l'Enseignement supérieur et de la Recherche scientifique s'est tenue au Cameroun. Le texte qui a marqué la fin des travaux surprend par les qualités qu'on attribuait au Président de la république d'alors et l'engagement que prirent les professeurs à l'égard du président et de son parti. Aussi s'engageaient-ils d'être « politiquement engagés conformément aux principes politiques définis par le parti politique l'UNC, de servir toujours plus efficacement comme agents de formation et de conscience de l'unité nationale[48]. »

Un an plus tard se tenait le deuxième congrès de l'UNC. Une motion au chef de l'État l'encourageant à se présenter à nouveau aux élections présidentielles fut signée par 162 des 172 professeurs que comptait l'université de Yaoundé à l'époque. Aussi surprenant que cela puisse paraître, en 1983, c'est du chancelier de l'université de Yaoundé, Joseph Owona, qu'est venue une motion au nom des enseignants et des étudiants

---

[48] Cité par *La Messagère* n°022 du 4 mai 1993, p. 8.

adressée au successeur d'A. Ahidjo, le priant de bien vouloir convoquer un congrès extraordinaire et d'accepter de se porter comme candidat à la présidence de l'UNC[49]. Le stratagème était bien ficelé : il s'agissait de donner l'impression que l'intelligentsia camerounaise soutenait cette initiative qui est purement politicienne. Le problème ne réside pas dans le fait d'avoir adressé une motion au président de la République étant donné qu'il est tout à fait normal que les militants d'un parti politique exhibent leur partisanerie et leur militantisme à l'endroit de leur chef. Ce qui fait par contre problème, c'est de vouloir faire porter à toute l'intelligentsia d'un pays le blâme d'avoir opté pour un suicide intellectuel, alors qu'il ne s'agit que d'un seul homme qui orchestre un stratagème rusé.

On peut être tenté de minimiser l'ampleur des motions susmentionnées en se disant qu'elles ont eu lieu avant que le vent du pluralisme ne souffle sur le continent. La suite des évènements va faire tomber cet argument en désuétude dans la mesure où la même pratique a continué, bien après le virage de la démocratie en Afrique. Très récemment en janvier 2004, trois cents enseignants des universités publiques ont prié le président de la République Paul Biya de se présenter à l'élection présidentielle d'octobre 2004[50]. Il est de coutume au Cameroun que les fonctionnaires en général, les « intellectuels » en particulier aillent battre campagne pour le parti au pouvoir dans leurs régions d'origine et dans la majorité écrasante des cas, les instructions leur viennent de la hiérarchie. Quiconque refuse d'obtempérer s'expose à l'accusation de faire partie de l'opposition, ce qui parfois n'est pas sans conséquence. Emboitant le pas à leurs enseignants, la « Ligue des étudiants des universités d'État pour un Cameroun de paix » a fait signer une pétition par un millier d'étudiants environ des six universités d'État du Cameroun dont le but est de prier le président Paul Biya de daigner se présenter à l'élection présidentielle[51]. S'agissait-il

[49] *Cameroon Tribune* du 7 septembre 1983, p. 6.

[50] « L'appel du peuple » à Paul Biya, Sopecam, 2009. Il s'agit d'un recueil des motions adressées au chef de l'État camerounais. Il est question en réalité d'une précampagne des élections présidentielles de 2011.

[51] *La Nouvelle Expression*, édition du 23 avril 2004.

juste de quelques affamés et opportunistes manipulés par les politiciens ? Quoi qu'il en soit, une pétition signée par 1000 personnes ne peut passer inaperçue. Si le maître se prête à ce jeu, pourquoi l'élève ne le ferait-il pas ?

Une telle façon d'agir met sérieusement la démocratie à mal, car elle crée l'illusion que l'initiative de modification de la constitution viendrait du peuple, et de surcroît de l'intelligentsia dont la mission est normalement d'être la conscience du peuple. Quelle honte ! Il est dramatique de constater une telle démission de la part de ceux qui devraient être à l'avant-garde et servir de guide de la conscience du peuple. Heureusement que ce ne sont pas tous les professeurs d'université qui sont impliqués dans cette démission de la raison. Ce serait une grave erreur de ne pas reconnaître le juste et courageux combat des grandes figures comme M. Kamto, F. Eboussi Boulaga, C. Agnangwe, entre autres. On n'oubliera pas non plus ceux qui ne sont plus de ce monde, mais qui ont fidèlement accompli leur mission d'intellectuels comme Engelbert Mveng et Jean-Marc-Ela pour ne citer que ces exemples. Sachant que les intellectuels à travers leurs écrits ont joué les premiers rôles dans les évènements des années 90 du siècle dernier ayant engagé l'Afrique sur la voie de la démocratisation, il est indispensable que cette mission puisse se poursuive. N'en déplaise aux vautours prêts à se suicider intellectuellement dans l'espoir de bénéficier d'une éventuelle nomination à un poste « juteux ». Sans pour autant politiser l'université, on ne peut s'empêcher de faire remarquer que c'est de là que le changement se prépare. Les leaders de l'Afrique de demain se trouvent dans les universités d'aujourd'hui et il n'est pas très tôt de les habituer à une véritable culture démocratique.

Le président américain Barack Obama en visite à Accra d'où il s'adressait à l'Afrique entière l'a si bien énoncé lorsqu'il affirmait : « Seulement cette fois-ci, nous avons appris que ce ne seront pas de grandes personnalités telles que Nkrumah et Kenyatta qui décideront du destin de l'Afrique. Ce sera vous, les hommes et les femmes du Parlement ghanéen et le peuple que vous représentez. Ce seront les jeunes, débordant de talent, d'énergie et d'espoir, qui pourront revendiquer l'avenir que tant de personnes des générations précédentes n'ont jamais réalisé[52]. » Sans perdre de vue le rôle que peuvent et doivent jouer les élus du peuple et le peuple lui-même dans ce combat, le président américain qui reconnaît dans le même discours ses racines africaines insiste sur le rôle des jeunes dans cette transformation de l'Afrique. Plus loin il ajoute que « C'est le changement qui peut déverrouiller les potentialités de l'Afrique. Enfin, c'est une responsabilité dont seuls les Africains peuvent s'acquitter[53]. » Ces paroles sont si bien réfléchies et dites qu'elles méritent une attention particulière. L'Afrique est pleine de potentialités, mais qui sont dans la majorité écrasante des cas obstruées par les forces aliénantes endogènes et exogènes que sont le poids du passé, la présence des dictateurs au pouvoir, le néocolonialisme qui favorise la mainmise des anciennes métropoles sur les affaires africaines, entre autres.

---

52 Allocution du président Obama au Ghana, 11 juillet 2009, The White House Blog, consulté le 08 avril, 2010.
53 *Idem.*

Chapitre 3 : Une sérieuse pente à relever

Dans un monde globalisé, l'Afrique a une sérieuse pente à relever pour espérer se tenir debout au milieu des grandes nations de ce monde. Il est nécessaire de résoudre la question de la dette qui asphyxie certains pays du continent noir, le dumping européen qui marginalise les acteurs économiques africains, la détérioration des termes de l'échange qui consacre le déséquilibre entre les exportations et les importations africaines et les conflits armés dont le coût réel est époustouflant. Ces handicaps au développement du continent noir font appel aussi bien au sens de responsabilité des pays africains qu'à celui des pays industrialisés.

La question de la dette

L'endettement est un engrenage d'où l'Afrique a peu de chance de sortir aussi longtemps que les méthodes ne changent pas. Selon la Banque mondiale, la dette extérieure de l'Afrique a triplé entre 1980 et 2000. De 60 milliards en 1980, elle a atteint 206 milliards en 2000[1]. Ce qui est choquant, ce n'est pas tellement la multiplication de la dette par trois, mais le fait que l'Afrique subsaharienne a débloqué un montant de 229 milliards de dollars pour rembourser sa dette partiellement ainsi que les intérêts[2]. Comment concilier le fait que la dette triple au moment où l'Afrique débourse une somme aussi faramineuse que 229 milliards de dollars pour rembourser sa dette ? Selon les données de la Banque mondiale, la dette de plusieurs pays d'Afrique était de 300% des revenus d'exportation en 1999[3].

L'endettement est l'un des éléments qui contribuent à creuser le fossé entre les pays industrialisés et les pays en voie de développement. Les pays africains font partie des pays qui croupissent sous le poids de la dette extérieure. Le peu de revenus que ces pays peuvent avoir sert à payer les intérêts, les arrérages

---

[1] World Bank, GDF 2001.

[2] E. Toussaint, http://www.france.attac.org/spip.php?article309 consulté le 16 février 2009.

[3] World Bank, GDF 2001.

et à rembourser le capital emprunté. Étant donné que la dette se transmet de génération en génération, il est indispensable de s'interroger sur les conditions dans lesquelles la plupart de ces dettes ont été contractées. À ce titre, la déposition qui tient lieu d'aveux et de confessions de l'Américain John Perkins[4] est d'une importance primordiale.

Comme l'affirmait si bien M. Sankara, la dette africaine ne peut être comprise que si on part de ses origines et son remboursement ne pourrait être pensé sens elles. Il affirme : « Nous estimons que la dette s'analyse d'abord de par son origine. Les origines de la dette remontent aux origines du colonialisme. Ceux qui nous ont prêté de l'argent, ce sont eux qui nous ont colonisés. Ce sont les mêmes qui géraient nos États et nos économies. Ce sont les colonisateurs qui endettaient l'Afrique auprès des bailleurs de fonds, leurs frères et cousins. Nous sommes étrangers à cette dette. Nous ne pouvons donc pas la payer[5]. » S'il s'avère que l'origine de la dette remonte effectivement aux temps coloniaux selon la déposition susmentionnée, il est tout à fait normal qu'une partie soit contestée, car les États africains n'étaient pas encore constitués. Il n'est pas normal qu'on demande aux Africains de payer des dettes contractées par des colons non africains même si c'était au nom de l'Afrique. Il est bien vrai que même après les indépendances, l'endettement a continué, car les dirigeants africains ont contracté des dettes auprès de plusieurs clubs (de Paris, de Londres, de Rome, etc.), de pays développés et des institutions de Bretton Woods. Il est important d'étudier au cas par cas les conditions d'octroi de ces dettes. L'Afrique devrait avoir le courage de refuser de payer une dette qu'elle a acceptée sous pression, surtout qu'il est question de demander aux enfants de payer pour ce que leurs pères ont pris et qui semble n'avoir pas été directement servi au développement.

Rappelons qu'en 2000, Oxfam exigeait des paradis fiscaux sous un titre frappant le rapatriement de l'argent volé à l'Afrique

[4] Perkins, *op. cit.*

[5] Allocution de M. Thomas Sankara, à Addis-Abeba, à la 25e Conférence au sommet de l'OUA, le 29 juillet 1987, Sankara, *Oser inventer l'avenir. La parole de Thomas Sankara*, p. 248

afin qu'il serve au développement[6]. En 2006, Transparency International évaluait les richesses africaines détournées en Occident à 140 milliards $ et encourageait par la même occasion les pays occidentaux à faciliter le rapatriement de ces biens mal acquis et produits de la corruption[7] dont l'Afrique a désespérément besoin pour son développement. La même année, on a noté une intensification du discours de la Banque mondiale allant dans le sens de la lutte contre la corruption sous la présidence de Paul Wolfowitz. Plusieurs ONG dont Eurodad ont profité de cette ouverture en reprochant aux pays occidentaux de ne pas prêcher le bon message dans la mesure où ils se trahissent en abritant des fonds volés des pays pauvres[8]. L'Occident est prompt à condamner au criminel tous ceux qui tentent de blanchir l'argent provenant de la vente de la drogue et tous conviennent que c'est tout à fait normal. Pourquoi ne condamnerait-on pas au même titre les pays ou les institutions qui blanchissent l'argent détourné illégalement par certains dirigeants africains ? Comment imaginer que cette somme faramineuse soit logée sans impunité dans les caisses des pays qui prétendent défendre la transparence et qui combattent le blanchiment d'argent ? Il est important de souligner que le remboursement de ces fonds mal acquis aux pays africains ne doit pas seulement viser le capital investi, mais aussi les intérêts qui doivent être calculés à compter du jour où l'argent a été déposé dans les différents comptes jusqu'au jour où il est redonné aux pays qui en sont les propriétaires.

Eurodad est un réseau européen constitué d'un grand nombre d'ONG et de nombreux collectifs à travers l'Europe qui se consacre à la lutte en vue de la reconnaissance internationale et

---

[6] OXFAM Great Britain, *Releasing the hidden billions for poverty eradication* (*Paradis fiscaux : libérer les milliards cachés en vue de l'éradication de la pauvreté*), juin 2000.

[7] Transparency International, *Déclaration internationale de coopération de Nairobi sur le recouvrement et le rapatriement des richesses africaines illégalement obtenues et mises en banque ou investies à l'étranger*, Nairobi, 7 avril 2006.

[8] La lettre adressée par Eurodad à P. Wolfowitz, président de la Banque mondiale va dans ce sens. Cf. Eurodad, « Letter on Odious and Illegitimate Debt » à Paul Wolfowitz, 13 juillet 2006.

de l'annulation de la dette illégitime des pays pauvres. Tout en reconnaissant qu'il n'y a pas de consensus autour de la définition de la dette illégitime, Eurodad conclut qu'il s'agit des « dettes qui n'ont jamais bénéficié à la population d'une manière ou d'une autre. Et ce, parce que peut-être le prêt a été contracté par un régime despotique qui a volé l'argent pour augmenter ses capacités militaires ou pour oppresser la population ('dette odieuse') ou parce que le prêt a été contracté pour mener des projets de développement très mal conçus et corrompus qui ont complètement échoué ou qui n'ont jamais vu le jour[9]. »

Les pays qui sont dits endettés à cause de ce genre d'emprunt ne devraient pas être harcelés pour le remboursement. Plusieurs arguments expliquent cette position : il y a coresponsabilité entre les pays dits endettés et les créanciers dans la mesure où, dans plusieurs cas, les créanciers ont quand même prêté de l'argent sachant qu'il n'allait pas servir au développement de ces pays ou que l'échec des projets financés était perceptible. Eurodad souligne aussi le comportement des banques des pays du Nord qui laisse à désirer. Celles-ci accueillent sans scrupule des fonds détournés par des dictateurs corrompus des pays pauvres tout en sachant qu'il s'agit de l'argent volé. Eurodad conclut donc qu'il est anormal qu'on demande à ces pays de payer ces dettes[10]. La plate-forme Dette & Développement abonde dans le même sens. Elle définit la dette comme remplissant les trois critères suivants : l'absence de consentement du peuple, l'absence de bénéfice pour le peuple et la connaissance de l'intention de l'emprunteur par le prêteur. Elle conclut que lorsqu'il est établi que la dette dont on accable les pays du Sud répond aux trois critères susmentionnés, elle doit purement et simplement être annulée. Elle mentionne : « Il n'est pas acceptable de faire payer à des populations le prix de leur oppression. Ces populations ont subi la répression de régimes despotiques ; elles assument aujourd'hui le remboursement d'une dette, accumulée par ces derniers. Tout en étant les premières victimes des conditionnalités économiques drastiques imposées par le Fonds monétaire international, en

[9] www.eurodad.org
[10] *Ibid.*

contrepartie d'annulations ponctuelles de dettes. Il s'agit de rendre justice à des peuples qui héritent aujourd'hui de contrats d'endettement illégitimes ou illégaux[11]. »

Ces arguments et positions défendues par Eurodad et la plateforme Dette & Développement qui au passage sont objectifs et très pertinents, devraient être pris en compte par les pays occidentaux qui continuent d'étrangler les pays africains dits très endettés. Comment vouloir rendre le peuple congolais responsable des dettes contractées par le dictateur Mobutu dont une bonne partie de la richesse s'est retrouvée dans les banques occidentales[12] ? Au nom de quelle justice devrait-on tenir le peuple nigérian responsable des prêts faits par le despote Sani Abacha dont une bonne partie de l'argent qu'il a volé s'est retrouvé dans les banques occidentales ? Les exemples de dictateurs africains qui ont renvoyé en Occident l'argent des prêts destinés au développement de leurs pays sont pléthore. Il revient à la société civile de donner un écho favorable à la voix de ces ONG qui défendent ses intérêts. Elle devrait elle aussi réclamer l'annulation pure et simple des prêts consentis par les pays riches qui n'ont pas servi au développement de leurs pays respectifs.

Sani Abacha qui a été président du Nigeria de 1993 à 1998 est considéré comme l'un des plus grands corrompus de la planète. Selon Transparency international, le clan Abacha a détourné entre 3 à 5 milliards de dollars[13]. Trois juges européens qui étaient en charge des détournements dont il s'est rendu coupable ont réussi à geler sur les comptes du clan Abacha : 630 millions de dollars au Luxembourg, 650 millions à Londres et 420 millions à Paris, pour un total de 1,7 milliard de dollars[14]. L'avocat Enrico

---

[11] http://www.detteodieuse.org

[12] J. Burns, M. Holman, and M. Huband, "How Mobutu Built Up His $4 bn Fortune : Zaire's Dictator Plundered IMF Loans" *Financial Times*, 12 May. 1997, p. 1.

[13] Transparency International, « Où est passé l'argent ? », *Rapport global sur la corruption 2004.*

[14] Pour les fonds détournés par Sani Abacha et sa famille, consulter les publications suivantes : O. Norimitsu, « Going After "Big Fish", New Nigerian President Trawls for Corruption », *International Herald Tribune*, 25 Nov. 1999, p. 2. ; J. Gerth, "Hearings Offer View Into Private Banking", *New York*

Monfrini qui représente les intérêts de l'État nigérian a engagé la procédure de saisie d'un montant de 450 millions de dollars à Londres en plus de 100 millions de dollars réclamés à Liechtenstein[15].

Dans le cas précis de Mobutu, la déposition de Joseph E. Stiglitz est d'une importance capitale dans la mesure où il s'agit d'une personne qui connaît parfaitement les institutions de Bretton Woods et leurs pratiques pour avoir été vice-président de la Banque mondiale. Il affirme :

> La responsabilité morale des créanciers est particulièrement nette dans le cas des prêts de la guerre froide. Quand le FMI et la Banque mondiale prêtaient de l'argent à Mobutu, le célèbre président du Zaïre (aujourd'hui République démocratique du Congo), ils savaient (ou auraient dû savoir) que ces sommes, pour l'essentiel, ne serviraient pas à aider les pauvres de ce pays, mais à enrichir Mobutu. On payait ce dirigeant corrompu pour qu'il maintienne son pays fermement aligné sur l'Occident. Beaucoup estiment injuste que les contribuables des pays qui se trouvaient dans cette situation soient tenus de rembourser les prêts consentis à des gouvernants corrompus qui ne les représentaient pas[16].

Comment voudrait-on dans ces conditions tenir la population congolaise responsable de cette complicité qu'il y a eu entre le FMI, la Banque mondiale et Mobutu. M. Stiglitz ne nuance pas ses propos en ce qui concerne la certitude des institutions de Bretton Woods de ce que Mobutu allait faire des prêts qui lui étaient octroyés au nom de son pays. Si en accordant ces prêts à Mobutu la Banque mondiale et le FMI servaient la cause de l'Occident consistant à s'assurer que le récipiendaire restera aligné à l'Occident et non pas au monde communiste, cela

---

Times, 8 Nov. 1999, p. A6 ; T. L. O'Brien, "Panel to Focus on U. S. Bank and Deposits by Africans", *New York Times*, 5 Nov. 1999, p. Al 11.

[15] T. Fabre, « Nigeria : le trésor du clan Abacha est dans nos coffres. », l'*Expansion*, 6 juillet 2000.

[16] J. E. Stiglitz, *La grande désillusion*, Paris, Fayard, 2002, p. 312.

voudrait dire qu'on payait Mobutu pour sa fidélité à l'Occident. D'une part, le but, à savoir l'alignement de l'ex-Zaïre à l'Occident, ayant été atteint, d'autre part, étant donné que la réalité que Mobutu allait se servir de ces prêts pour son enrichissement personnel était évidente pour les institutions de Bretton Woods, il est immoral de demander aux Congolais de payer une dette qui ne les engage en rien. C'est dans cette optique que tous les prêts octroyés aux dictateurs africains devraient être analysés et traités.

Le dumping européen

Le dumping européen qui s'inscrit en bonne place sur la liste des effets négatifs de la globalisation asphyxie les producteurs africains. En effet, le terme globalisation est entré dans le vocabulaire commun dans les années 90 du siècle dernier à la suite de trois évènements qui ont marqué l'histoire du monde : la dégringolade du marxisme, la fin de la guerre froide et la dislocation de l'Union soviétique. Ces trois facteurs signifiaient que sur le plan idéologique et politique, il n'y avait plus de rival à la démocratie libérale et au marché libre[17]. La fin de la bipolarisation du monde consacrait la victoire du capitalisme et un feu vert pour son expansion dans le monde entier. Et c'est bien dans ce sens qu'il faut comprendre la globalisation. La performance des nouvelles technologies permettant d'atteindre les gens partout où ils se trouvent apporte son appui au concept de globalisation. J. E. Stiglitz[18] souligne avec raison l'étroite intégration des pays et des peuples du monde réalisée grâce à la libre circulation des biens et des personnes ainsi que la réduction des coûts liés à la communication et au transport. Le capitalisme néolibéral se caractérise par la loi du marché, la privatisation à

---

[17] J. Kurth, Globalization, *Political Aspects*, in : N. J. Smelser, and P. B. Baltes, eds, International Encyclopedia of the Social & Behavioural Sciences, Vol. 9. New York, Elsevier, 2001.

[18] J. E. Stiglitz, *Globalization and its Discontents*, New York, W.W. Norton, 2003. Pour la critique de la mondialisation en général qui, selon lui ne profite qu'aux pays riches et contribue à exacerber le fossé qui les sépare des pauvres, lire J. E. Stiglitz, *Un autre monde contre le fanatisme du marché*, trad. Paul Chamla, Paris, Fayard, 2006.

outrance des industries et des services de l'État, la libéralisation du commerce et de l'agriculture, la réduction des dépenses publiques pour les services sociaux et l'élimination du concept de bien public, la dérégulation du travail et du marché, les réformes de l'éducation destinées à former en vue de l'emploi[19], la lutte contre toutes les solutions socialistes et les mouvements populaires[20]. Ce faisant le néolibéralisme accentue la vulnérabilité des pauvres, des chômeurs, des jeunes qui ne savent plus à quel saint se vouer et qui ne sont plus à même de regarder l'avenir avec les lunettes roses de nos espoirs. Le néolibéralisme renvoie aussi au « Consensus de Washington[21] ».

Alors que les institutions de Bretton Woods exigent de la part des pays africains qui participent au programme d'ajustement structurel une cessation des subventions accordées aux producteurs agricoles, c'est le contraire qui se passe du côté de l'organisation des États industriels (OCDE). L'exemple du coton illustre assez bien les contradictions flagrantes qu'il y a entre le discours tenu sur le monde qui est supposé être libéralisé et la réalité sur le terrain. On sait qu'à travers le monde, on produit annuellement environ 20 millions de tonnes de coton-fibre. Les États-Unis font partie des plus grands producteurs. L'Afrique francophone en exporte 15% de la production mondiale. Cela veut dire que le coton fait vivre des millions de personnes en Afrique. Les États-Unis qui détiennent 40% du commerce mondial de coton attribuent 68% des subventions à 25 000 producteurs. Selon la même source, en 2001-2002, les subventions américaines étaient de l'ordre de 3,9 milliards de dollars[22], ce qui représente une somme faramineuse pour les pays

---

[19] E. Martinez, and A. Garcia, *What is Neo-Liberalism ?* San Francisco, Global Exchange, 2000. Voir aussi B. de Sousa Santos, *Globalization : Legal Aspects*, in : N. J. Smelser, and P. B. Baltes, eds, *International Encyclopedia of the Social & Behavioural Sciences*, Vol. 9. New York, Elsevier, 2001.

[20] F. Houart & F. Polet (sous dir.), *Un autre Davos. Mondialisation des résistances et des luttes*, Paris, l'Harmattan, 1999, p. 89.

[21] J. Williamson, *What Should the World Bank Think about the Washington Consensus ?*, The World Bank Research Observer, Vol. 15, No. 2, 2000, pp. 251-264.

[22] OXFAM International, "Cultivating Poverty : The Impact of US Cotton Subsidies on Africa", OXFAM Briefing Paper n°30, 2002, p. 2.

en voie de développement, car le montant de la subvention équivaut au PIB de certains pays africains tels que le Burkina Faso et le Mali[23].

Non seulement le prix du coton a chuté de façon drastique en 2001-2002, mais les subventions des pays développés à cette filière ont empiré la situation[24]. En effet, le coton représente pour les États-Unis et l'UE moins de 0,1% du produit intérieur brut (PIB) tandis que pour les pays africains comme le Bénin, le Burkina Faso, le Tchad ou le Togo, il contribue au PIB de 5 à 10%, ce qui équivaut 60% des exportations agricoles et plus du tiers des exportations prises globalement[25]. L'Union européenne notamment accorde 18%[26] des subventions mondiales à ses producteurs qui ne représentent qu'une infime minorité, soit 2,5% de la production[27]. La Chine offre des subventions à ses producteurs aussi. Ce qui est flagrant et qui révèle le côté impitoyable du capitalisme c'est que dans un domaine qui a un apport totalement négligeable, mais qui est très important dans certains pays en voie de développement, les pays industrialisés écrasent ceux-ci. Oxfam international souligne avec pertinence que dans le cas précis du Burkina Faso, plus de deux millions de personnes dépendent de la production du coton, tandis qu'aux États-Unis, de ceux qui ont bénéficié de la subvention pour la production cotonnière personne n'est pauvre[28].

Jean Ziegler estime à plus de 370 milliards de dollars la subvention octroyée comme subsides aux paysans des États membres de l'OCDE en 2007. Cette subvention a été accordée au mépris de la volonté clairement affichée de la Conférence de l'Organisation mondiale du Commerce tenue à Hong Kong qui

---

[23] OXFAM International, 2002, Cultivating Poverty, p. 21.

[24] Cf. Annexe.

[25] L. M. Goreux, « Le coton en zone franc et les subventions américaines et européennes : avant et après Cancun », *Afrique contemporaine* - Automne 2003, p. 60.

[26] D'autres sources l'estiment à 16%. Cf. L. M. Goreux, « Le coton en zone franc et les subventions américaines et européennes : avant et après Cancun », p. 59.

[27] Les pays producteurs sont la Grèce et l'Espagne.

[28] OXFAM International, "Cultivating Poverty : The Impact of US Cotton Subsidies on Africa", OXFAM Briefing Paper n°30, 2002, p. 2.

recommandait la fin de la subvention à l'exportation, ce qui mettrait ainsi fin au dumping. D'ailleurs, la plupart des pays occidentaux ont approuvé cette démarche, ne l'oublions pas, sous la pression des pays du Sud[29]. Les conséquences sont désastreuses pour les pays africains : le marché intérieur africain est inondé de produits subventionnés des pays membres de l'OCDE vendus à des prix qui défient toute concurrence. Finalement, l'éleveur africain de poulet ne parvient plus à vendre son poulet, car le poulet congelé venant d'Europe coûte deux fois moins cher ; il en est de même du producteur du lait qui ne parvient pas à vendre sa marchandise, car le même produit venant d'Europe coûte moins cher. Les autres produits agricoles produits localement suivent la même logique. Il s'agit ici d'un problème que M. Sarkozy aurait dû aborder s'il était vraiment animé de la bonne volonté d'aider les Africains à sortir de la misère. S'il ne l'a pas fait, c'est parce qu'il tenait à rester fidèle au principe d'encourager les mêmes pratiques que son prédécesseur en ce qui concerne le dumping malgré ses conséquences dramatiques sur l'économie africaine.

Le prix Nobel Joseph Stiglitz qui n'est pourtant pas un extrémiste, mais un scientifique qui sait mesurer ses propos en les limitant aux résultats des recherches minutieusement et rigoureusement menées affirme : « ...on prétend aider les pays en développement alors qu'on les force à ouvrir leurs marchés aux produits des pays industriels avancés, qui eux-mêmes continuent à protéger leurs propres marchés. Ces politiques sont de nature à rendre les riches encore plus riches, et les pauvres encore plus pauvres - et plus furieux[30]. » C'est de l'hypocrisie, estime-t-il. C'est le même son de cloche de la part de ceux qui s'opposent ouvertement à la mondialisation qui selon eux ne sert que les intérêts des pays du Nord. Ils soulignent que « les États développés ont poussé les pays pauvres à démanteler leurs barrières douanières, mais ils ont conservé les leurs, empêchant ainsi les pays en développement d'exporter leurs produits

[29] J. Ziegler, *La haine de l'Occident*, Albin Michel, 2008, p. 84.
[30] Stiglitz, *La Grande désillusion*, p. 23.

agricoles et les privant d'un revenu à l'exportation dont ils avaient désespérément besoin[31]. »

Conscients de ce danger qui plane sur l'Afrique, les pays africains ont, au nom de leur dignité, refusé de signer les nouveaux traités commerciaux proposés par l'Europe lors du IIe sommet Union européenne - Afrique à Lisbonne. L'Afrique réagissait ainsi à une libéralisation inacceptable des échanges commerciaux. En effet, à travers ces accords commerciaux, l'Union européenne cherchait à obliger les pays africains ainsi que ceux des Caraïbes et du Pacifique à laisser tomber les droits de douane sur les marchandises et services de l'Union européenne[32]. Le sommet qui a été pour les Européens un échec cuisant était pour les Africains un succès fulgurant et sans précédent. C'est ce genre de gestes qu'il faut multiplier au nom de la dignité de l'Afrique.

La détérioration des termes de l'échange

Malgré l'exploitation exponentielle des matières premières par les colons pendant tout le temps de la colonisation, l'Afrique reste encore aujourd'hui un grenier incontournable des matières premières à l'échelle mondiale. Le contraste c'est que nonobstant cette richesse naturelle, l'Afrique ne représente presque rien dans le cours des échanges mondiaux[33]. L'un des problèmes principaux, c'est que l'Afrique n'a toujours pas les moyens de transformer ces matières brutes sur place, ce qui a des conséquences désastreuses : on notera entre autres le faible coût des matières brutes et l'affaiblissement de la capacité du marché intérieur. La quasi-inexistence de transformation industrielle des matières premières en Afrique comprime la demande au niveau du marché intérieur, ce qui a comme conséquence un manque de stimulation du marché intérieur. Ces matières premières

---

[31] *Ibid.*, p. 31.

[32] *Le monde diplomatique*, janvier 2008.

[33] La place accordée au commerce a connu une progression entre 1980 et 2000 en Afrique dans la mesure où elle est passée de 45% à 50% du PIB. Cette réalité contraste avec la part de l'Afrique dans ses exportations mondiales qui ne représentent que 2% en 2000 contre 6% en 1980 et ses importations qui sont passées de 4,6% à 2% durant la même période.

exportées seront plus tard importées avec la valeur ajoutée à ces matières qui rentrent en Afrique à un prix strictement supérieur à celui de la vente. Il devient très compliqué de vouloir concevoir le développement dans un contexte où la valeur des importations est de loin supérieure à celle des exportations. On aurait compris si l'endettement de l'Afrique était en grande partie dû à la nécessité de se doter des moyens de transformation des matières premières localement. Un tel endettement se justifierait et serait même stratégique, car une fois le transfert de technologie effectué, l'Afrique serait à mesure de stimuler le marché intérieur avec la valeur ajoutée aux matières premières en plus d'exporter ces produits vers d'autres régions du monde. Il faut surtout déplorer le caractère extraverti des structures économiques de l'Afrique qui témoigne inéluctablement d'une dépendance vis-à-vis de l'extérieur. Certes, dans un monde globalisé, il est presque impensable qu'un pays ou une région du monde s'auto suffise au point de se passer de l'extérieur, mais de là, parvenir à un point où on dépend de l'extérieur est un statut aliénant et inquiétant.

La pauvreté de l'Afrique est flagrante et paradoxale. Celle-ci détient des réserves inépuisables de richesses minières, aussi n'hésite-t-on pas à parler de « scandale géologique ». En voici quelques exemples :

- L'Afrique est à même de satisfaire à 40% les besoins mondiaux en cobalt, et la RDC à elle seule détient entre 50% à 60% des réserves jusqu'à présent découvertes dans le monde. D'autres pays comme la Zambie et l'Ouganda comptent parmi les grands producteurs de ce minerai.
- En ce qui concerne le diamant, l'Afrique à elle seule produit 50% en termes de volume de la demande mondiale. Les plus grands producteurs sont la RDC, le Botswana et l'Afrique du Sud. D'autres pays comme la République centrafricaine qui auraient pu être cités parmi les grands producteurs ne le sont pas, car l'exploitation se fait dans le noir dans le compte du néocolonialisme.
- On estime à 90% des métaux du type platine, palladium, rhodium, ruthénium, iridium et osmium dont les réserves se trouvent en Afrique, particulièrement en Afrique du Sud. Le

Zimbabwe, le Burundi, l'Éthiopie, la Sierra Leone et le Kenya semblent regorger des mêmes minerais[34].

L'Afrique se doit de faire appel au transfert de technologie et mettre un terme à la dépendance de l'Occident ou des puissances émergentes comme la Chine pour exploiter les richesses du contient. Depuis 50 ans que dure la dépendance de l'Occident, l'Afrique n'a pas avancé. Il s'agit de 50 ans de flagrant échec du point de vue économique. Le cacao, le café, le coton, la banane, l'or, le diamant, le fer, le magnésium, le coltan, le pétrole, l'uranium, entre autres, de l'Afrique n'ont rien apporté de plus dans les échanges mondiaux quand bien même on sait que certaines ressources ne sont disponibles qu'en Afrique. À titre d'exemple, le Niger est l'un des pays les plus pauvres de la planète (classé 177e sur 177 pays par le PNUD en 2005) alors qu'il est le 3e producteur mondial d'uranium avec la deuxième plus grande réserve mondiale. Dans la foulée des raisons pour lesquels les grandes réserves des matières premières de l'Afrique n'ont joué aucun rôle dans la position de l'Afrique dans les échanges mondiaux figurent en bonne place les accords signés par la France et ses anciennes colonies au lendemain des indépendances, la détérioration des termes de l'échange et l'inexistence d'un marché africain susceptible de faire front aux autres blocs comme l'Association européenne de libre-échange (AELE), l'Accord de libre-échange nord-américain (ALENA), l'Association des nations du Sud-Est asiatique (ANSEA), le Marché Commun du Sud (MERCOSUR ou MERCOSUL), la communauté caribéenne et marché commun (CARICOM), entre autres.

La détérioration des termes de l'échange menace impitoyablement l'économie africaine. C'est au milieu du siècle dernier que R. Prebisch[35] et W. Singer[36] ont lancé l'idée de la détérioration des termes de l'échange. En partant de son étude du commerce extérieur de l'Angleterre, R. Prebisch a conclu

---

[34] F. Misser et O. Vallée, *Le Monde diplomatique*, mai 1998.

[35] R. Prebisch, « Commercial Policy in the Underdeveloped countries » *American Economic Review*, mai 1959, pp. 251-273.

[36] W. Singer, « The Distribution of Gains between investing and borrowing countries », *American Economic Review*, mai 1950, pp. 473-483.

qu'entre 1876 et 1938, en moyenne 60% des termes de l'échange des matières premières ont connu une détérioration. Cette détérioration concerne l'exportation des produits primaires par les pays du Sud suivie de l'importation des produits manufacturés. Selon P. Prebisch, sur les marchés concurrentiels, les gains en productivité dans les pays développés débouchent inévitablement sur une baisse équivalente des prix des matières premières dans les pays « sous-développés[37] ». Le pouvoir des syndicats dans les pays développés empêche qu'il y ait baisse de salaires même dans une situation où la productivité est faible. Conséquemment, il existe un pouvoir inégal des travailleurs des deux groupes. Cette hypothèse jette une lumière sur la détérioration des termes de l'échange même si elle a quelques insuffisances, dont l'idée que l'augmentation de la productivité devrait engendrer une plus grande demande des matières premières[38]. Les défenseurs du capitalisme ont tôt fait d'accuser Prebisch de défendre à son tour une position marxiste pour avoir parlé du transfert permanent de la « plus-value » de la périphérie vers le centre.

La théorie de développement en elle-même mérite d'être questionnée. Depuis les indépendances, on a enregistré une multitude de projets de développement de l'Afrique. Plusieurs experts en développement ont sillonné l'Afrique pendant que d'autres ont travaillé à partir de leurs laboratoires depuis Occident. Mais la réalité est que le nombre de pauvres ne semble pas avoir diminué et l'Afrique reste toujours en marge du développement. Même le « consensus de Washington[39] » n'a rien changé à la condition de l'Afrique. L'échec de tous ces projets de développement soulève la question de la pertinence du modèle de développement exogène qu'on a imposé à l'Afrique.

---

[37] On préfère l'expression « pays en voie de développement » à « pays sous-développés » aujourd'hui.

[38] La thèse de Prebisch et Singer a été critiquée aussi bien au niveau méthodologique que sur l'interprétation des résultats, Cf. J. Spraos, « The Statistical debate on terms of trade between primary commodities and manufactures", *Economic Journal*, 1980, vol. 90, N° 357. Mais les critiques ne doivent pas occulter le mérite de mettre en lumière une situation précise à savoir le transfert de la plus-value des pays en voie de développement vers les pays riches, même si on peut constater quelques insuffisances.

[39] Cf. *Horizons et débats*, numéro 22, octobre 2003.

Il est de notoriété publique que les institutions de Bretton Woods se servent avec efficacité de l'arme de la dette pour obliger les pays africains à s'embarquer dans le modèle occidental de développement sans tenir compte des savoirs endogènes et de ce que l'Afrique considère comme valeurs, dont l'entraide mutuelle qui est diamétralement opposée à l'individualisme qui caractérise le capitalisme. Les théories de développement qu'on a proposées à l'Afrique depuis la fin de la Deuxième Guerre mondiale prennent en compte celles qui font partie de l'expérience occidentale, mais qui sont aujourd'hui remises en question[40]. La trajectoire des pays occidentaux qui s'inscrit dans une dynamique sociale précise qu'on veut voir l'Afrique reproduire ne prend pas en compte le cadre social et culturel de l'Afrique. Conséquemment, « les Africains ont tendance à prendre leurs distances à l'égard d'un modèle de développement pour lequel les inégalités socio-économiques sont considérées comme un des véritables moteurs du progrès[41]. » Avec son titre provocant, Axelle Kabou pose une question qui mérite une attention particulière : *Et si l'Afrique refusait le développement*[42] ? sous-entendu le modèle de développement qu'on a présenté à l'Afrique et qui n'a pas produit les effets escomptés. M. Thomas Sankara attirait l'attention de ses homologues lors de l'Assemblée générale des Nations-Unies en 1984 sur la nécessité de rompre avec ce modèle qui n'a pas produit les fruits escomptés pour l'Afrique. Il affirmait : « Il faut proclamer qu'il ne peut y avoir de salut pour nos peuples que si nous tournons radicalement le dos à tous les modèles que tous les charlatans de même acabit ont essayé de nous vendre vingt années durant. Il ne saurait y avoir pour nous de salut en dehors

---

[40] Balandier, *Sens et puissance*, p. 126.

[41] J.-M. Ela, « Refus du développement ou échec de l'Occidentalisation ? Les voies de l'afro-renaissance », *Le Monde diplomatique*, octobre 1998.

[42] A. Kabou, *Et si l'Afrique refusait le développement* ?, Paris, L'Harmattan, 1991. L'auteur dénonce avec véhémence les modèles de développement qui « ne développent que la misère, le fatalisme et des populations en haillons. », p. 112.

de ce refus là. Pas de développement en dehors de cette rupture[43]. »

Perspicace et visionnaire, M. Sankara a compris que le modèle de développement proposé ou imposé à l'Afrique n'est pas celui qui peut réellement aider le continent. Si les Africains avaient adopté cette rupture, ils n'auraient pas cheminé dans le même bourbier pendant plus d'un quart de siècle de plus pour constater exactement la même chose. Ce n'est plus seulement 20 ans d'expérimentation des modèles de développement de l'Afrique, mais 50 et le constat demeure lamentable.

L'échange inégal[44], notons-le, amenuise les chances d'émergence des pays en voie de développement. Même si les pays occidentaux ont tendance à attribuer la responsabilité du sous-développement aux pays concernés par cet état, il faut pourtant reconnaître qu'une bonne partie de la responsabilité est attribuable à la détérioration des termes de l'échange. Immanuel Wallerstein décrit cette injustice dans les échanges mondiaux en ces termes :

Les États forts font pression sur les États faibles afin qu'ils gardent leurs frontières ouvertes à la circulation de facteurs de production utiles et rentables pour les entreprises des États forts, mais s'opposent à toutes les demandes de réciprocité en la matière. Lors des débats sur le commerce mondial, les États-Unis et l'Union européenne ont toujours exigé que les autres États laissent leurs frontières ouvertes aux flux de produits manufacturés et aux services venant de chez eux. Ils se sont cependant toujours fortement opposés à l'ouverture totale de leurs frontières aux flux de produits agricoles et de produits textiles

---

[43] Sankara, *Oser inventer l'avenir. La parole de Thomas Sankara*, p. 99.

[44] Cette expression a été utilisée par Arghiri Emmanuel dans les années 50 du siècle dernier pour s'opposer au concept « d'avantage comparatif » de David Ricardo. Lorsque des produits dont les coûts de la main-d'œuvre sont peu élevés sont échangés contre des produits dont les coûts de la main-d'œuvre sont élevés, il se produit un échange inégal de la périphérie vers le centre qui débouche sur un transfert de la plus-value. La thèse d'Emmanuel a été remise en cause par nombre d'auteurs, mais le concept a continué à faire son chemin. Cf. Wallerstein, *Comprendre le monde*, p. 147.

venant d'États de zones périphériques et entrant en concurrence avec leurs propres produits[45].

Pour s'assurer que cette politique injuste ne soit pas contrariée, les pays riches ne lésinent pas sur les moyens pour placer des « béni-oui-oui » au pouvoir dans les pays en voie de développement[46]. En effet, la réalité est que le développement des uns entraîne le sous-développement des autres. La plus grande puissance économique mondiale à savoir les États-Unis offre un exemple frappant sur ce point. Il est flagrant de noter que 40% des richesses du pays sont détenus par 1% de la population, ce qui veut dire que 99% de la population se partage les 60% qui restent. Le constat est que plus cette infime minorité qui détient presque la moitié des richesses du pays s'enrichit, plus la grande masse s'appauvrit et cette situation entraîne la suppression de la classe moyenne qui était comme un pont entre les riches et les pauvres. On s'achemine de plus en plus vers une société composée de deux groupes de personnes : l'un qui est richissime et l'autre qui est pauvrissime. Cet exemple illustre à suffisance le produit du monde capitaliste que l'on veut transposer sur le plan international. Les politiques économiques des pays industrialisés aidant, plus ces derniers se développeront, plus les pays en voie de développement s'appauvriront[47]. Autrement dit, le bonheur

---

[45] Wallerstein, *Comprendre le monde,* p. 90.

[46] La France est particulièrement très habile de ce côté-là. Dans son pré-carré, elle s'assure que tous les dirigeants s'alignent à ses politiques. Si Robert Mugabe qui nargue dans ses interventions enflammées les pays occidentaux en général et l'ancienne métropole, était président d'un pays francophone, il y a longtemps que la France l'aurait enlevé du pouvoir. Cela dit, il ne faut surtout pas penser que la Grande-Bretagne n'exerce pas du tout des pressions sur ses anciennes colonies pour les amener à adhérer à ses politiques. Les autres anciennes puissances coloniales comme la Belgique et le Portugal ne sont pas du reste.

[47] Lorsque Texaco a découvert le pétrole dans la région amazonienne de l'Équateur, on croyait à tort que ce pays allait se développer grâce à son pétrole. Au bout de quelques années, on s'est rendu à l'évidence que non seulement l'environnement était pollué, une bonne partie de la forêt amazonienne était détruite et une partie de la culture indigène s'était envolée en fumée, mais la population n'a presque pas bénéficié des retombées financières du pétrole qui était pourtant un patrimoine national. Il est incroyable de réaliser qu'avant le pétrole de l'Équateur, le niveau de pauvreté

des uns fait le malheur des autres. Conséquemment, le passage d'un pays de la catégorie de pays en voie de développement à celui de pays développé ne fait pas nécessairement la joie des pays développés, car la concurrence qui se livre est féroce. C'est donc un leurre de penser que la France qui fait partie des pays industrialisés et qui a énormément profité des richesses de l'Afrique puisse réellement souhaiter que les pays africains deviennent un jour des pays développés, car une telle éventualité supposerait non seulement de nouveaux concurrents dans la course à une accumulation continue de capital, mais aussi la fin de l'exploitation des richesses de l'Afrique qui est pourtant un manque à gagner pour elle.

La fin de la bipolarisation du monde a consacré la victoire du capitalisme qui s'est finalement imposé dans le monde entier à l'exception de quelques poches de résistance comme la Chine et Cuba. Le néolibéralisme n'est pas la voie de sortie de l'Afrique du sous-développement. Au contraire, il l'enfonce davantage dans le gouffre. C'est la raison pour laquelle il convient de prendre très au sérieux cette invitation du Manifeste du *Forum mondial des alternatives* qui a été adopté au Caire en 1997 où il est dit :

> *Il est temps de réveiller l'espoir des peuples*. Partout dans le monde s'organise la résistance, se mènent des luttes sociales et se prennent des initiatives alternatives. Partout, des femmes, des hommes, des enfants, des chômeurs, des

---

de ce pays était à 50%, et qu'après le pétrole, il est passé à 70%. Le taux de sous-emploi ou de chômage qui était à 15% avant le pétrole a atteint 71% après le pétrole. La dette publique qui était de 0.24 milliard de dollars avant le pétrole est passée à 16 milliards de dollars. Il n'est point besoin de dire que la découverte et l'exploitation du pétrole n'ont fait qu'exacerber la misère des Équatoriens. Il s'agit d'une situation catastrophique qui est la conséquence d'une exploitation injuste et impitoyable de la corporatocratie.
http://www.newint.org/issue335/perilous.htm consulté le 05 avril 2010. Voir aussi les ressources suivantes sur la situation de l'Équateur : P. Martin, *The Globalization of Contentious Politics : The Amazonian Indigenous Rights Movement*, New York, Rutledge, 2002 ; G. Palast, « Inside Corporate America », *Guardian*, 8 octobre 2000 ; J. Kimerling *et al.*, *Amazon Crude,* New York, Natural Resource Defense Council, 1991 ; C. Jochnick, « Perilous Prosperity », *New Internationalist,* juin 2001.

exclus, des opprimés, des ouvriers, des paysans sans terre, des communautés victimes du racisme, des pauvres urbains, des peuples indigènes, des étudiants, des intellectuels, des migrants, de petits commerçants, des hors-castes, des classes moyennes en déclin, de simples citoyens, se lèvent pour affirmer leur dignité, exiger leurs droits humains, faire respecter le patrimoine naturel et pratiquer la solidarité[48].

L'Afrique a le devoir de s'unir pour participer efficacement à cet affront contre ce monstre qu'est le néolibéralisme.

Les conflits armés

En 2007, Oxfam, RAIAL et Saferworld ont publié les résultats d'une recherche qui quantifie pour la première fois le coût des violences armées en Afrique. Cette étude tente de prendre en compte le coût direct et indirect des violences armées porte sur une période qui va de 1990 à 2005. Elle concerne l'Afrique du Sud, l'Algérie, l'Angola, le Burundi, la Côte d'Ivoire, le Djibouti, l'Érythrée, l'Éthiopie, le Ghana, la Guinée, la Guinée-Bissau, le Libéria, le Niger, le Nigeria, l'Ouganda, la République centrafricaine, la République du Congo, la République démocratique du Congo (RDC), le Rwanda, le Sénégal, la Sierra Leone, le Soudan et le Tchad[49]. On peut lire dans ce rapport :

> (...) il est particulièrement choquant de constater que le coût évalué pour ces 23 pays est de 284 milliards de dollars (dollars constants de 2000) de 1990 à 2005, ce qui représente une perte annuelle moyenne de 15% du PIB. Cela représente une perte, pour l'Afrique, de 18 milliards de dollars par an en moyenne, à cause des conflits armés. Ces chiffres sont évidemment approximatifs ; le plus

[48] Houart & Polet (sous dir.), *Un autre Davos*, p. 133.

[49] La Somalie ne fait pas partie de cette liste, car les chercheurs n'ont pas trouvé des données disponibles sur les conflits armés dans ce pays. *Les milliards manquants de l'Afrique*, RAIAL, Oxfam et Saferworld, octobre 2007, p. 9.

impressionnant, c'est qu'ils sous-estiment probablement le vrai coût[50].

Philippe Leymarie a donc raison de parler d'« Une Afrique appauvrie dans la spirale des conflits[51].» Même si on sait que cette estimation n'est pas à prendre comme une parole d'évangile dans la mesure où même les auteurs du rapport reconnaissent sa relativité en raison des problèmes méthodologiques et des données peu disponibles, elle a le mérite de mettre en relief une situation dramatique qu'on n'a pas osé jusque-là estimer en chiffres. Cette estimation ne prend pas en compte le coût du crime armé et son impact sur la société. La surprise ne s'arrête pas là : ce tribut payé aux violences armées correspond au montant d'aide extérieure octroyée à l'Afrique durant la même période[52]. Il n'est point besoin de dire que la violence armée déstabilise la société et laisse des séquelles qui parfois durent toute une génération si ce n'est pas plus. Elle fait des morts, des blessés, des handicapés, des réfugiés, des exilés, des personnes traumatisées en plus d'avoir un impact décisif sur la vie économique.

Ces conflits armés à eux seuls réduisent de 15% l'économie africaine. Le constat est clair : toute l'aide extérieure octroyée à l'Afrique sert à payer la facture des conflits armés. Peut-on un instant s'arrêter et imaginer l'économie de l'Afrique si celle-ci était totalement en paix. Imaginons les investissements que l'Afrique réaliserait avec environ 300 milliards en une période de 15 ans. Les populations comme celles de l'Est du Congo vivent dans la disette dans les forêts où elles ont trouvé refuge non pas parce que leurs terres ne sont pas arables ; ce n'est pas non plus parce que leur sous-sol est si pauvre ; c'est parce qu'il y a des tensions dans cette région. La formation d'un mouvement armé est même devenue une mode dans certains pays comme la République centrafricaine. On a l'impression que pour se faire

---

[50] Les milliards manquants de l'Afrique, RAIAL, Oxfam et Saferworld, octobre 2007, p. 10.

[51] P. Leymarie, « Une Afrique appauvrie dans la spirale des conflits », in : *Manière de voir*, n° 25, février 1995.

[52] *Les milliards manquants de l'Afrique*, RAIAL, Oxfam et Saferworld, octobre 2007, p. 4.

entendre et au besoin briguer un poste ministériel, il faut se constituer un groupe armé, ce qui obligera le pouvoir central à engager le dialogue avec ce groupe. C'est ainsi que le pays va de dialogue en dialogue sans jamais mettre fin à l'interminable cycle de violence armée.

Un sérieux problème qui se pose dans ces pays en conflit se rapporte à la solution au problème. Dans plusieurs pays comme la Centrafrique, la République démocratique du Congo, le Congo Brazzaville, le Tchad, entre autres, on a opté pour l'amnistie et le partage du pouvoir. Cette solution, même si elle a dans certains cas le mérite de calmer la situation comme au Congo Brazzaville, ne résout pas le problème dans bien de cas. En effet, elle bafoue et déshonore les victimes des violences armées. En RDC, on a vu des vice-présidents qui étaient des chefs de mouvements politico-militaires. Les terroristes d'hier sont devenus du jour au lendemain les dirigeants du pays. Que fait-on dans ce cas du droit et de la justice ? Pourquoi met-on les petits bandits qui ont agressé et dépouillé les autres de leurs biens en prison et on nomme comme vice-présidents du pays ceux qui ont massacré plusieurs personnes ? N'est-on pas en train de dire indirectement qu'il vaut mieux être un grand bandit à la tête d'un grand mouvement armé pour échapper à la justice ? Il semble que les gestes sont interprétés dans ce sens, car dans plusieurs pays (Centrafrique, RDC, Tchad, etc.), pendant que les gouvernements signent des accords de paix avec certains mouvements armés, d'autres groupes armés émergent. En outre, on a vu des cas où un ex-rebelle amnistié et associé au pouvoir décide de rompre les accords de paix pour reprendre le chemin du maquis (RDC, Centrafrique, Tchad, etc.). Une réflexion objective et profonde sur cette question ne peut s'empêcher de s'interroger sur le fondement du pouvoir. Dans plusieurs pays africains en proie à la violence, les présidents de ces pays tirent leur pouvoir de la violence. Joseph Kabila en RDC, François Bozizé en Centrafrique, Idriss Déby Itno au Tchad pour ne citer que ces exemples sont tous des anciens chefs de mouvements politico-militaires qui ont conquis le pouvoir par les armes. S'il faut suivre leur pas, cela voudrait dire qu'il faut se constituer un groupe rebelle, résister au pouvoir central, tenter de prendre le pouvoir par les armes et légitimer son pouvoir par des élections qu'on fera appeler « libres et transparentes ». Il faut espérer qu'un jour, les pays d'Afrique seront dirigés par des personnes qui n'ont pas du sang sur les mains et qui pourront conséquemment se faire respecter et jouir d'une autorité morale sans faille. La situation actuelle que traversent plusieurs pays d'Afrique est honteuse et catastrophique.

Une partie du blâme de la persistance des mouvements armés en Afrique se doit d'être portée par la communauté internationale. En effet, le rapport cité plus haut stipule que 95% des armes dont l'Afrique se sert dans ses multiples conflits qui sont en fait des dérivés du Kalachnikov, ainsi que d'autres armes et munitions proviennent dans la majorité écrasante des cas de l'extérieur du continent[53]. Cette réalité engage la responsabilité internationale même si une bonne partie de la responsabilité incombe à l'Afrique et aux Africains. Si les pays développés voulaient vraiment aider l'Afrique, ils aideraient à mettre en place des principes devant régir la vente des armes dans le monde en général et à destination de l'Afrique en particulier. Cela est vrai d'autant plus qu'en Afrique, il est très facile de s'approvisionner en armes dans la mesure où même les plus petits groupes armés en ont à volonté. On comprend que dans un monde où le capitalisme qui est axé sur le profit prend de plus en plus de la place, il est presque normal que les pays développés qui regorgent de nombreuses usines de fabrication d'armes se réjouissent de voir leurs caisses renflouées grâce à la vente d'armes aux pays en conflit, mais devant les dévastations et la désolation des conflits armés, ils devraient revenir à des sentiments plus humains. L'appel de la présidente du Liberia Ellen Johnson-Sirleaf mérite d'être rappelé :

> Je fais appel aux gouvernements africains et au monde pour qu'ils fassent preuve de courage et d'audace en façonnant le Traité sur le commerce des armes. Celui-ci offre l'opportunité de mettre en place des contrôles stricts sur le commerce des armes, afin d'aider à réduire, de

[53] Les milliards manquants de l'Afrique, RAIAL, Oxfam et Saferworld, octobre 2007, p. 31.

manière significative, la violence armée en Afrique et dans le monde ; il s'agit là d'une opportunité inestimable[54].

Le 15 mars 2010, le Stockholm International Peace Research Institute (Sipri) a dressé un bilan du commerce des armes à travers le monde. Ce rapport montre que la vente des armes est une industrie gigantesque dans la mesure où les transactions s'élèvent à 116 milliards de dollars de 2005 à 2009, ce qui représente une hausse 22% par rapport aux cinq années précédentes. Les plus grands bénéficiaires de ce commerce sont les États-Unis (35 milliards), la Russie (27 milliards), l'Allemagne (12 milliards), la France (9, 2 milliards) et le Royaume-Uni (5 milliards). À la question de savoir pourquoi il n'y a pas une régulation internationale sur le commerce des armes, la réponse se trouve en partie dans le fait que ceux qui profitent du commerce des armes sont ceux auraient eu le poids nécessaire pour imposer au monde une telle règle. Le paradoxe est que hormis la Russie, tous les pays susmentionnés qui tirent de grands bénéfices du commerce des armes se présentent comme des donneurs de leçons en matière de démocratie et de droits de l'homme, alors qu'ils jouent un rôle décisif dans la prolifération des armes qui deviennent synonymes de la mort dans certaines régions du monde, particulièrement en Afrique. Même si la part de l'Afrique n'est qu'en moyenne 7% dans ce commerce qui signifie la mort dans plusieurs pays d'Afrique, il y a lieu de souligner une forte progression dans la course vers l'armement dans plusieurs pays pour la période allant de 2005-2009 : l'Afrique du Sud (+ 4600%), le Tchad (+ 826%), la Guinée équatoriale (+ 426%), le Mali (+ 328%), la Namibie (+ 258%), le Nigeria (+ 161%), entre autres[55].

Après avoir dressé une liste non exhaustive des richesses de l'Afrique qui auraient pu être des atouts pour le développement,

---

[54] Ellen Johnson-Sirleaf, préface, *Les milliards manquants de l'Afrique*, RAIAL, Oxfam et Saferworld, octobre 2007, p. 3.

[55] P. Holtom *et al.*, "Trends in international arms transfers, 2009", http://books.sipri.org/files/FS/SIPRIFS1003.pdf consulté le 02 avril 2010.

J.-B. Duroselle et A. Kaspi concluent : « C'est précisément la présence de ces richesses qui accroît la gravité des conflits et fait de l'Afrique subsaharienne un enjeu planétaire[56]. » C'est aussi l'avis de François Misser et Olivier Vallée qui déclarent que « Les ressources minières ont été le nerf des guerres civiles en Angola, au Liberia, à la Sierra Leone ou en République démocratique du Congo, pour le plus grand profit des opérateurs internationaux[57]. »

Plusieurs pays développés semblent trouver leur compte dans les conflits qui persistent dans plusieurs pays d'Afrique, surtout dans ceux dont le sous-sol regorge de richesses inestimables comme la RDC. Preuve en est la ruée des pays industrialisés vers ces pays pour profiter de la manne qui peut s'exploiter parfois sans l'avis des autorités compétentes. Les réseaux mafieux et criminels qui profitent de la déstabilisation de ces pays trouvent leur compte dans l'exploitation illégale des richesses de ces pays. Jean-Marc Ela a donc raison d'affirmer ce qui suit : « La plupart des guerres et des conflits qui n'ont cessé d'appauvrir le continent noir ne peuvent se comprendre en dehors des enjeux géopolitiques et économiques que constituent le pétrole, l'uranium et le cuivre, le diamant, le cobalt, l'or ou l'aluminium que se disputent des puissants groupes d'intérêts[58]. »

Les conflits armés continuent à faire des ravages en Afrique malgré la panoplie des programmes de prévention mis en place par l'Europe en général, les anciennes métropoles en particulier. Citons entre autres le programme de Renforcement des capacités africaines de maintien de la paix (RECAMP) mis en place depuis 1997. Bien que le programme RECAMP soit le fruit d'évolutions nationales, il apparaît clairement qu'il ne sert qu'à légitimer la politique interventionniste française sur le continent africain. À titre d'exemple, l'intervention de la France dans le cadre de ce

[56] J.-B. Duroselle et A. Kaspi, *Histoire des relations internationales de 1945 à nos jours*, Paris, Dalloz, 2001, p. 520.

[57] F. Misser et O. Vallée, *Le Monde diplomatique*, mai 1998.

[58] J.-M. Ela, « Refus du développement ou échec de l'Occidentalisation ? Les voies de l'afro-renaissance », *Le Monde diplomatique*, octobre 1998. Cf. F. Misser et O. Vallée, « Les nouveaux acteurs du secteur minier africain », *Le Monde diplomatique*, mai 1998.

programme en Guinée Bissau n'était rien de moins qu'un échec cuisant. Malgré ce genre d'échec, la France ne désarme pas, car elle a des objectifs inavoués qui se cachent derrière ses interventions. Il s'agit entre autres d'être un acteur principal sous l'égide de l'Union européenne sur le continent africain bloquant ainsi d'autres entités comme les États-Unis ou l'OTAN qui pourraient s'imposer aussi en Afrique dans le domaine de la prévention et de la résolution des conflits.

De son côté, le Royaume-Uni intervient au Kenya, au Ghana, au Nigeria et en Afrique du Sud dans les centres d'entrainement, ainsi qu'en Sierra Leone où il œuvre sous le couvert du programme dénommé Security Sector Reform (SSR). Le Royaume-Uni semble ne pas vouloir européaniser son programme dans la mesure où l'accent est mis non pas sur les critères européens, mais sur une réponse aux exigences africaines. Les actions du Royaume-Uni s'inscrivent dans le cadre de l'Africa Conflict Prevention Pool. La Belgique quant à elle apporte aux forces armées de la RDC une aide en matière d'entraînement, tout en étant bien représentée dans les différents programmes de l'Union européenne en Afrique. Le Portugal se concentre lui aussi sur ses anciennes colonies, à savoir les pays africains lusophones. Il dispose d'un programme dénommé programme de renforcement des capacités militaires (PAMPA) à travers lequel il intervient dans ces pays.

On se rappellera qu'en 2004, le Plan PESD de l'Union européenne qui avait pour but de prévenir, gérer et de résoudre les conflits a été mis en œuvre. Ce Plan n'a eu aucun effet décisif sur le terrain. La question qui s'impose à nous est celle de savoir pourquoi l'insécurité persiste en Afrique malgré ces différents programmes ambitieux et bien d'autres qui existent. Il semble que parfois on esquive les vraies questions pour se perdre dans l'activisme. Les pays africains qu'on veut aider sont-ils réellement libres pour décider de ce qu'ils estiment adéquat pour eux ? Tous ces pays qui se ruent vers l'Afrique dans le but de prévenir et de résoudre les conflits ont pourtant le pouvoir de mettre un terme à la vente des armes aux groupes qui déstabilisent le continent. Tout ce qui est nécessaire, c'est d'amener les autres puissances du monde à entourer la vente d'armes de règles précises, et cela, au niveau mondial. Personne ne veut pourtant aborder la question sous cet angle. Devant le spectacle consistant à avoir la mainmise sur leurs anciennes colonies repoussant du coup les pays qui n'ont pas commis l'erreur de coloniser les pays africains, on ne peut s'empêcher d'interroger la sincérité de l'aide que ces anciennes métropoles apportent. À quoi sert le programme belge en RDC si les mouvements armés continuent à menacer sérieusement la vie des populations de l'Est du pays particulièrement ?

La prolifération des conflits en Afrique affecte grandement la dignité de l'Africain. Car, sans le vouloir, celui-ci est perçu comme un homme violent et assoiffé de pouvoir qui ne lésine pas sur les moyens, fussent-ils machiavéliques, pour atteindre ses buts. Ceux qui voient l'Africain sous cet angle n'ont pas totalement tort compte tenu du cycle de violence qui s'est imposé sur le continent noir. Cela dit, il ne faut pas tomber dans le piège de l'extrapolation des médias occidentaux qui semblent s'être donné la mission de ne présenter le continent noir que sous un mauvais jour, ce qui sert la cause de l'eurocentrisme et de l'afro-pessimisme. Ce qui est paradoxal c'est que dans plusieurs cultures africaines, le sens de la dignité est ce qu'il y a de plus précieux. On est prêt à tout sacrifier pour sauvegarder sa dignité. C'est un impératif pour l'Afrique de chercher à se réconcilier avec cette valeur qui a malheureusement été sacrifiée sur l'autel de la soif du pouvoir et le désir du gain. Cette image est en réalité stéréotypée si on considère que c'est une minorité qui est impliquée dans la violence armée en Afrique. Il est indispensable pour les Africains d'extirper cette fausse image en éradiquant la violence armée. Cette solution qui doit être globale ne peut ne pas prendre en compte les causes profondes de la violence armée. Il faudrait à ce niveau faire appel à la loi du dénombrement de Descartes dans la mesure où il s'agit d'une question très complexe. Sans être exhaustifs, les points suivants méritent d'être étudiés minutieusement : les erreurs de l'administration coloniale[59], une désacralisation du pouvoir, la circulation des

[59] Au Rwanda par exemple, les colons ont développé une culture de haine entre Hutu et Tutsi préparant ainsi la voie aux génocides burundais et rwandais. Dans les pays comme le Tchad, les colons ont opposé le nord au sud.

stupéfiants et la facilité de s'en procurer, l'autorité de l'État mise en mal par le fait que plusieurs présidents actuels en Afrique n'ont pas de légitimité pour avoir pris le pouvoir par les armes, le truquage des élections, la mafia qui s'installe au plus haut sommet de l'État dans certains cas, l'ingérence des anciennes métropoles dans les affaires internes de l'Afrique, etc.

Le mythe de Sisyphe

L'une des raisons pour lesquelles l'Afrique n'avance pas, c'est qu'elle se condamne elle-même à un éternel recommencement. Pour les pays qui brillent par leur instabilité sociopolitique, un changement de régime signifie un recommencement. Lors de la prise de pouvoir par le rebelle François Bozizé devenu président de la République à la faveur du coup d'État contre son prédécesseur Ange Félix Patassé en Centrafrique, plusieurs ministères clés, dont la primature et le ministère des Finances, ont été réduits en cendres. Était-ce une vengeance de la part de ceux qui ont occupé ces bureaux avant et qui voulaient compliquer la tâche aux envahisseurs en faisant en sorte qu'il n'y ait pas de traces de leur passage dans l'administration ? Était-ce une façon pour ceux qui ont occupé ces bureaux d'enrayer les traces de leur mauvaise gestion des finances du pays évitant ainsi toute poursuite en justice dans les cas de détournements et de corruption ? Était-ce au contraire une façon pour les rebelles de Bozizé sortis du maquis qui avaient peut-être reçu l'ordre de raser tout sur leur passage de montrer qu'ils étaient les nouveaux maîtres des lieux ? Quoi qu'il en soit, il y a destruction des biens publics qui n'appartiennent ni à Ange Félix Patassé, ni à François Bozizé mais à tout le peuple centrafricain. Il y a aussi eu destruction des archives d'une importance capitale. C'est malheureusement l'expérience des pays habitués aux expéditions des mouvements rebelles. Les pouvoirs publics sont continuellement en train de reconstruire les édifices détruits et de reconstituer les archives qui ont été la proie des flammes. Cela veut dire qu'une partie de l'argent qu'on devrait utiliser pour

---

Les erreurs de l'administration coloniale prennent le tracé des frontières en compte aussi.

développer le pays est malheureusement consacré à la réparation des dégâts causés par les troupes rebelles. Ceux-ci ne s'attaquent d'ailleurs pas qu'aux édifices publics, mais aussi aux infrastructures privées.

Très souvent, lorsque les rebelles passent par des villages ou des villes, c'est la politique de la terre brûlée qui est adoptée. Laissant tout derrière elles pour sauver leur vie lors des invasions, les populations ne reviennent que pour constater les dégâts et dans la plupart des cas, rebâtir leurs maisons. C'est le cas des populations de l'Ouganda situées dans les zones en proie aux attaques de l'armée de résistance du Seigneur, celles de la Centrafrique sous la menace d'innombrables mouvements armés, celles des villes et villages de la Sierra Léone et du Libéria sous le règne de Charles Taylor, celles du Darfour qui vivent dans la psychose créée par les « jinjawids » à la solde du pouvoir central, pour ne citer que ces exemples. Au-delà des infrastructures, il y a des vies à reconstruire. On estime environ à 10 000 le nombre des personnes qui vivent avec les conséquences directes de la guerre qui a duré 11 ans en Sierra Leone. Les amputés, les blessés de guerre, les veuves de guerre, les victimes des violences sexuelles figurent parmi ces victimes. Chacune de ces personnes a besoin de refaire sa vie brisée par la guerre. Tout cela se résume par le mot recommencement. Pour les pays qui se traînent dans l'ornière de la violence tels la Centrafrique, le Tchad, l'Ouganda, la RDC, la Somalie, entre autres, après les moments d'accalmie, c'est l'éternel recommencement qui prévaut. Non seulement cet état de choses retarde énormément le développement de ces pays, mais il fait la honte de l'Afrique. Pourquoi l'Afrique ne ferait-elle pas appel au sens de la dignité pour ressembler dans ce domaine aux autres nations qui ont carrément ravalé ces pratiques qui témoignent d'une barbarie légendaire ? Comment imaginer un être humain amputer une femme, un enfant, un civil sans défense comme on l'a constaté en Ouganda et en Sierra Leone ? Comment imaginer que des humains puissent se rendre coupables des scènes horribles qui se sont déroulées dans l'Itouri en RDC ? Il s'avère nécessaire de tourner définitivement le dos à ces pratiques et de mettre en place des mécanismes de prévention afin que cesse cet éternel recommencement.

L'éternel recommencement concerne le domaine politique aussi. Le vent de la démocratie qui a soufflé sur l'Afrique au début des années 90 du siècle dernier a propulsé certains pays africains sur l'avant-scène. De ce nombre figurait le Niger qui a connu une avancée considérable sur le plan de la démocratisation. L'ex-président Mamadou Tandja a totalement noyé tous les espoirs que nourrissaient les avancées démocratiques dans son pays. Quelle ne fut pas la surprise de tous de le voir ramener la pendule à zéro. Il a déçu tout le monde dès qu'il a manifesté le désir de s'accrocher au pouvoir en voulant modifier la Constitution pour briguer un troisième mandat. Malgré les mises en garde venant aussi bien de l'intérieur que de l'extérieur, il est resté fidèle à sa politique de déstabilisation de l'avancée de la démocratie dans ce pauvre pays d'Afrique de l'Ouest. En effet le 05 mai 2009, M. Tandja a exprimé son désir de modifier la Constitution qui ne lui donnait pas la possibilité de se porter candidat à sa succession. Le Parlement s'étant opposé à son désir de doter le pays d'une nouvelle Constitution, il décréta sa dissolution en date du 26 mai. La Cour Constitutionnelle qui ne partageait pas l'ambition du Président de convoquer les électeurs aux urnes en date du 04 août invalida le décret convoquant le corps électoral. Même si les décisions de la Cour Constitutionnelle sont sans appel, M. Tandja introduisit un recours. Malgré les oppositions tous azimuts, le 29 juin, il signa un décret présidentiel dont le contenu révèle son recours à l'article 53 de la Constitution pour jouir des pleins pouvoirs. En représailles, il fit dissoudre la Cour constitutionnelle. Finalement, le référendum eut lieu tout de même et il obtint ainsi la prolongation de son mandat après avoir bravé tour à tour la Constitution, le Parlement, la Cour constitutionnelle, l'opposition de son pays et son propre peuple, ainsi que la Communauté internationale. Ce déni de la démocratie consacre le recul d'un pays qui comptait parmi les bons élèves à l'école de la démocratie en Afrique. Et comme les dictateurs n'entendent que le langage des armes, le 18 février 2010, un coup d'État militaire l'a emporté de force de son fauteuil présidentiel. Au lieu de partir de la présidence comme otage et d'exposer sa famille à l'humiliation publique, il aurait pourtant pu quitter honorablement le pouvoir à la fin de ses deux mandats deux mois plus tôt. Que ce soit Tandja au pouvoir après ses deux mandats ou les putschistes après avoir chassé le despote du pouvoir, il s'agit du recul de la démocratie au Niger. Il faudrait reprendre le processus démocratique au point de départ. C'est l'éternel recommencement.

Chapitre 4 : Le tribalisme

Le tribalisme fait partie des vices qui minent l'organisation sociale en Afrique et qui freinent par voie de conséquence le développement du continent. Si l'on veut s'acheminer vers une intégration africaine à l'échelle continentale à travers la création des États-Unis d'Afrique, il devient nécessaire de s'assurer que cette intégration est possible et réelle au niveau national en luttant contre les clivages nocifs qui sont malheureusement exploités à profusion par le politique.

Le *Dictionary of the Social Sciences* publié sous les auspices de l'UNESCO définit le terme tribu comme suit : « En général, les anthropologues sont d'accord sur les critères au moyen desquels une tribu (en tant que système d'organisation sociale) peut être décrite : un territoire commun, une tradition de descendance commune, un langage commun, une culture commune et un nom commun, tous ces critères formant la base de l'union de groupes plus petits tels que des villages, des bandes, des districts, des lignages[1]. »

Cette définition qui est l'une des meilleures met en exergue l'énorme difficulté à définir adéquatement ce mot. Elle rend compte des critères sur lesquels les anthropologues s'accordent sur le contenu à donner à ce terme, mais ne précise pas si cette liste est exhaustive ou non. D'une part, on peut constater un manque dans cette définition dans la mesure où elle ne prend pas par exemple en compte l'aspect économique qui ne devrait pourtant pas être ignoré pour une entité aussi étendue que la tribu. D'autre part, on peut constater que le critère « langue commune » n'est pas nécessairement un critère qui se doit d'intervenir dans l'identification d'une tribu. À titre d'exemple, on notera que les Tutsis et les Hutus ne sont pas séparés par la langue alors qu'on parle de la tribu tutsie et de la tribu hutue. Aucun anthropologue ne serait pourtant prêt à affirmer que parce que les Tutsis et les Hutus parlent la même langue, ils appartiennent à la même tribu. Cette imprécision de la définition du terme tribu se répercute sur

---

[1] J. J. Honigman, « Tribe » in : J. Gould & W. L. Colb (eds.), *A Dictionary of the Social Sciences*, London, Tavistock, 1964, p. 729.

la définition du terme tribalisme. En revanche, il existe des cas où plusieurs langues se parlent à l'intérieur de la même tribu. C'est le cas des Bamilékés du Cameroun qui parlent plusieurs langues dont certaines sont sans rapport les unes avec les autres au point où deux Bamilékés peuvent ne pas se comprendre lorsqu'ils s'expriment dans leur langue maternelle. Cet exemple remet en cause le critère de l'unité linguistique qu'on utilise pour déterminer une tribu. Cette difficulté de définir le mot tribu conforte l'idée qu'il s'agit d'une invention qui répond à une idéologie particulière.

S'il est vrai que le fait d'avoir une conscience tribale se traduisant par la reconnaissance de ses repères spatio-culturels n'est pas un problème en soi, il n'en demeure pas moins vrai que lorsque cette conscience tribale prend une forme morbide pour devenir du nombrilisme, de l'ostracisme et une base sur laquelle on discrimine les autres avec qui on ne partage pas cette appartenance, on parle de tribalisme. Ce terme n'est pas plus précis que le mot tribu. Sa définition ne dépend que de la description de ses effets le plus souvent dévastateurs. On s'y réfère à travers des qualificatifs que sont les haines, les luttes, les guerres, les oppositions, etc. On notera que malgré les insuffisances de la définition du terme tribu, son sens n'est pas péjoratif. Par contre, le tribalisme a un champ sémantique qui a une connotation péjorative et opaque surtout lorsqu'on s'attarde sur ses effets perçus d'un point de vue moral.

Brève historiographie du terme tribu

Les années 50 du siècle dernier ont vu l'émergence de la « théorie de la modernisation » défendue par les chercheurs marxistes qui soutenaient que l'Afrique précoloniale était un agrégat de tribus différentes les unes des autres. L'unité ne subsistait qu'à l'intérieur des tribus et non pas à l'extérieur. L'optimisme de ces chercheurs les amenait à penser que l'entrée de ces tribus africaines dans l'ère moderne consacrerait la fin de ces valeurs pré-modernes et que l'identité nationale supplanterait celle de la tribu. Le présupposé de cette théorie dite de la modernisation est que l'ethnicité est plus accentuée chez les moins évolués par rapport aux plus évolués. Cette théorie pèche par le fait même qu'elle repose sur une identité sociale erronée. Au Kenya par exemple, l'histoire des ethnies telle que voulue par les Britanniques insiste sur les conflits qui prévalaient entre les « Kikuyus » et les « Maasais » à l'époque précoloniale, mais passe sous silence des échanges intenses qui existaient entre ces deux groupes[2]. En outre, elle justifie le colonialisme en ce qu'il aide les Africains à passer de l'état pré-moderne à l'état moderne ainsi que de l'identité tribale à la citoyenneté.

Certains intellectuels dont George Balandier mirent d'ailleurs en doute la pertinence des thèses modernistes dans les années 50. Celui-ci s'inscrivit en faux contre l'idée que le colonialisme aurait une mission désintéressée et celle d'une économie de marché libératrice. Il a plutôt soutenu la thèse que le tribalisme n'est autre qu'une résistance aussi bien à l'exploitation capitaliste qu'à l'oppression de l'État[3]. Se situant aux antipodes de la théorie de modernisation, il a montré qu'au lieu de la modernisation prônée, la conquête coloniale, les gouvernements et les capitalistes se sont servi des structures sociales existantes pour promouvoir leurs intérêts de domination. Par conséquent, pour se protéger, les populations ont adapté leurs structures sociales afin d'y trouver un refuge. Balandier a le mérite d'avoir mis en exergue le désordre orchestré dans les structures sociales par le colonialisme, les gouvernements et le capitalisme qui s'en sont servi non pas pour la modernisation tant vantée, mais à des fins de domination.

Dans les années 60, époque des indépendances, certains intellectuels solidaires avec les jeunes États indépendants ont soutenu que la tribu n'est rien d'autre qu'une invention coloniale et qu'elle n'est pas détentrice d'un droit naturel à une quelconque autonomie locale. Certains d'entre eux ont affirmé que la notion de tribu procède d'une stratégie coloniale qui répond au principe de diviser pour mieux régner. La politique des races mise en place par les Français en Afrique occidentale pour contrer l'unité musulmane a apporté de l'eau à leur moulin. La centralisation du

---

[2] Y. Droz, « Genèse d'une "ethnie": le cas des Kikuyus du Kenya central », *Canadian Journal of African Studies/Revue Canadienne des Études Africaines*, Vol. 32, No. 2, 1998, p. 277.

[3] G. Balandier, *Sociologie actuelle de l'Afrique noire*, Paris, 1955.

pouvoir après les indépendances a favorisé selon eux l'émergence des groupements dans le but de conquérir ce pouvoir. C'est ainsi que l'ethnicité a été politisée. L'argumentation s'éloigne nettement de la ligne de Balandier dans la mesure où la tribu n'est plus le moyen par excellence de se défendre moralement, mais plutôt une forme d'attaque injuste. Les pratiques coloniales semblaient justifier ce point de vue sur la tribu : l'invention des langages tribaux normalisés par les missionnaires occidentaux, les aptitudes particulières reconnues à telle ou telle tribu au détriment des autres par les patrons blancs, les qualités guerrières reconnues à telle ou telle tribu par rapport aux autres tribus par les colons, entre autres, ont amené d'autres groupes à s'inventer une identité. Le tribalisme dans de telles conditions était un moyen tactique pour s'imposer à sa manière[4].

Les intellectuels socialistes dont la position n'était pas très éloignée de celle des marxistes espéraient que la conscience de classe l'emporterait sur la conscience tribale. Convaincus qu'on ne peut établir aucun lien structurel entre le capitalisme et la tribu, ils estimaient que la nouvelle bourgeoisie africaine au pouvoir se servait du tribalisme comme instrument pour promouvoir ses intérêts de classe. Se servant malicieusement de leurs positions de représentants ou leaders des groupes ethniques, ils voilent à peine leur véritable identité d'exploiteurs des pauvres dont la seule consolation est de savoir que parmi les leaders du pays figurent des personnes issues de la même tribu qu'eux. Ces leaders se présentaient comme de véritables héros dans leurs groupes qui récompensent les plus zélés en leur accordant des emplois, ce qui n'est qu'une aliénation des pauvres, car en réalité, juste une minorité bénéficiait réellement du « partage du gâteau ». En dénonçant ces pratiques aliénatrices des masses populaires pauvres et laborieuses, socialistes et marxistes espéraient que la conscience de classe allait inéluctablement prendre le dessus sur la conscience ethnique[5].

---

[4] J. Iliffe, *A modern History of Tangayika*, Cambridge, 1959 (dixième chapitre) ; T. O. Ranger, *The Invention of Tribalism in Zimbabwe*, Gweru, 1985.

[5] L. Vail (dir.), *The Creation of Tribalism in Southern Africa*, London, James Currey, 1989, (voir l'introduction).

Après les années 60 du siècle dernier, plusieurs autres théories sur l'ethnicité ont vu le jour. On notera entre autres les approches « primordialiste », « constructiviste », « néoconstructiviste » ou « postconstructiviste ». Selon les défenseurs de la théorie « primordialiste », le tribalisme est un facteur congénital ou même sociobiologique dont dépendent les comportements tribalistes qui relèvent de l'irrationnel. Cette position est défendue par nombre d'auteurs dont C. Geertz[6], H. R. Isaacs[7]et P. Van den Berghe[8].

L. Vail dont la position a été exposée plus haut s'oppose à cette théorie en clamant que la conscience tribale n'est rien d'autre qu'une construction idéologique et politique. S'opposant eux aussi à la théorie primordialiste, plusieurs auteurs parmi lesquels J.-L. Amselle et E. M'bokolo[9] défendent l'idée que les ethnies africaines sont une création coloniale. Les tenants des approches « néoconstructiviste » ou « postconstructiviste » estiment que les arguments défendus par les théories de construction et de manipulation des ethnies pendant ou après l'époque coloniale ne suffisent pas pour expliquer amplement la force de persuasion inouïe que les constructions ethniques exercent sur les populations. R. Lemarchand[10] qui se situe dans cette mouvance estime que l'ethnocide qu'il définit comme la force destructrice de l'ethnicité tire sa source dans et par le discours.

Il existe une approche qui se veut positive qui voit dans l'ethnicité un projet de libération, une forme de nationalisme doté de droits qu'on pourrait comparer aux nationalismes européens. Il s'agit d'un combat moral qui prend en compte les complexités

---

[6] C. Geertz, "The Integrative Revolution : Primordial Sentiments and Civil Politics in the New States" in : C. Geertz (dir.), *The Interpretation of Cultures*, New York, Harper, 1973, p. 255-310.

[7] H. R. Isaacs, *Idols of the Tribe. Group Identity and Political Change*, New York, Harper and Row, 1975.

[8] P. Van den Berghe, *The Ethnic Phenomenon*, New York, Elsevier, 1981.

[9] J.-L. Amselle & E. M'bokolo, *Au cœur de l'ethnie : ethnie, tribalisme et État en Afrique*, Paris, La Découverte, 1985.

[10] R. Lemarchand, *Burundi : Ethnocide as Discourse and Practice*, Washington and Cambridge, Woodrow Wilson Center Press and Cambridge University Press, 1994.

des mutations sociales[11]. Basil Davidson fournit suffisamment de détails sur cette nouvelle perception de l'ethnicité[12]. Elle s'articule en quelques points semblables à l'évolution suivie par les populations d'Europe :

- Contrairement à la théorie de la modernisation qui défend la thèse selon laquelle les tribus africaines de l'époque préindustrielle vivaient dans l'isolement les unes par rapport aux autres, cette nouvelle perception de l'ethnicité soutient qu'à l'instar de l'Europe préindustrielle, abstraction faite des zones où prévalait le commerce des esclaves, les tribus africaines jouissaient d'une cohabitation pacifique. L'économie était décentralisée avec un pouvoir étatique strictement réduit ou même inexistant.
- Sur les traces de l'émergence des nationalismes européens, les tribus africaines sont passées par une phase d'affirmation à travers une compétition à la fin du XIXe siècle ainsi qu'à l'époque coloniale. La conquête des esclaves a eu comme résultat de créer un sentiment d'appartenance dynastique ou à un groupe particulier qui n'était pas forcément ethnique. C'est à l'époque coloniale qu'en réponse à l'industrialisation, à l'urbanisation et au pouvoir dominant de l'État que le nationalisme ethnique s'est développé pour donner lieu à la politisation des groupes ethniques. Dans le cas de l'Europe, à cette étape, on parlait de nationalisme. L'émergence des marchés au sein des colonies a créé le besoin de se procurer un emploi et de s'insérer dans les milieux urbains, ce qui eut comme conséquence de donner de l'importance à l'appartenance ethnique.

En dehors de la théorie de la modernisation qui justifie le colonialisme et de celle dite « primordialiste » qui défend l'idée que le tribalisme serait un facteur congénital ou même

---

[11] Cette approche a été largement influencée par B. Anderson, *Imagined communities : reflections on the origin and spread of nationalism*, London, Verso, 1983 ; E. E. Gellner, *Nations and Nationalism,* New Perspectives on the Past Series, Ithaca, NY, Cornell University Press, 1983 ; E. J. Hobsbawm, *Nations and Nationalisme since 1780 : Programme, Myth, Reality*, Cambridge University Press, Cambridge, 1997.

[12] B. Davidson, *The Black Man's Burden : Africa and the Curse of the Nation-State*, New York, Times Books/ London, James Currey, 1992.

sociobiologique, ce qui est une aberration, on peut dire que chacune des théories sur l'ethnicité mentionnées ci-haut a ses points forts et ses points faibles. Toutes ces théories partent du constat que le tribalisme a des effets pervers en Afrique et tentent à leur manière d'expliquer pourquoi on en arrive là. L'urgence impose qu'on ne s'attarde pas sur les théories, mais sur la question de savoir comment l'Afrique peut surmonter les effets pervers du tribalisme qui menacent la cohésion de la société africaine à un moment où l'on veut réorienter le discours sur l'unité du continent pour faire face à la mondialisation. Les conséquences du tribalisme en Afrique sont énormes : on peut citer entre autres le génocide burundais, le génocide rwandais, la guerre civile nord/sud au Congo Brazzaville opposant des tribus rivales, les violences interethniques qui ont endeuillé le Kenya après le scrutin contesté de 2007, etc.

L'Afrique qui paye déjà un très lourd tribut à des pandémies comme le Sida et le paludisme n'avait pourtant pas besoin de tous les morts directement liés au tribalisme. Nul ne saurait remettre en cause l'idée que les tribus africaines sont prises en otage par les politiciens qui les manipulent à volonté. Qu'on le veuille ou pas, le tribalisme débouche sur la jalousie qui constitue un grand frein au sentiment d'appartenance à une même nation.

Le tribalisme, un enjeu idéologique

Sans vouloir faire de la période qui précédait le contact de l'Afrique avec l'Europe un état d'innocence marqué par une parfaite harmonie entre les différents groupes ethniques d'Afrique, on ne peut pourtant pas ignorer de bonne foi l'instrumentalisation machiavélique et pernicieuse de la notion de tribu qu'on a tôt fait de mettre au service d'une idéologie d'exploitation. Ces propos de L. Sylla ne manquent pas de pertinence : « Esclavagisme colonial dans le tribalisme traditionnel ; voilà l'origine du désordre et du bouleversement de la société politique traditionnelle, voilà l'origine de la transformation du tribalisme en son contraire[13]. » Il est indéniable

[13] L. Sylla, *Tribalisme et parti unique en Afrique noire*, Paris, Presses de la Fondation Nationale des Sciences Politiques, 1977, p. 45.

que la chasse aux esclaves a renforcé le côté pervers de l'appartenance ethnique en Afrique précoloniale. Il était plus facile de calmer sa conscience après avoir livré une personne comme esclave en se disant tout simplement qu'après tout cette personne n'est pas de sa tribu. Il va sans dire que le sentiment d'hostilité et d'inimitié a été exacerbé lors de cette chasse aux esclaves en vue d'un gain sordide et immoral.

L'historien J. Suret-Canale reconnaît que « l'insécurité permanente, les guerres et les razzias incessantes, génératrices de misère et de famine, devinrent des traits caractéristiques de l'Afrique noire » du XVIe au XIXe siècle qui correspond à la durée de la chasse aux esclaves en Afrique et à la traite négrière, une situation sans précédent[14]. Le tribalisme ne pouvait se comprendre autrement à cette époque qu'en termes de méfiance, de guerres, de haines, d'insécurité, voire de cupidités permanentes. En effet, on échangeait à l'époque un esclave contre un fusil[15]. Ainsi, une arme à feu acquise donnait l'occasion d'intensifier le climat de terreur, car c'est grâce à cet outil qu'on allait à la conquête d'autres cibles dans l' « out group ». Le fossé infranchissable qui s'est créé entre les différents groupes se traduisait par l'usage des contrastes « nous » / « eux », « in group » / « out group[16] ». Les membres du groupe s'identifient comme « nous » par contraste avec ceux qui n'en font pas partie qu'ils désignent comme « eux » sous prétexte qu'ils n'ont pas les caractéristiques du « nous ». Dans un contexte conflictuel, ceux qu'on désigne par « eux » sont des ennemis qui sont perçus sous le prisme des stéréotypes et des préjugés. On n'hésite d'ailleurs pas dans un tel contexte à désigner l' « out group » par des noms péjoratifs qui ne sont rien de moins que des insultes. Cette situation conflictuelle sans précédent entre les tribus africaines

---

[14] J. Suret-Canale, *Afrique noire : géographie, civilisations, histoire*, Paris, Éditions sociales, 3e éd., 1968, p. 203-204. Voir aussi D. T. Niane & J. Suret-Canale, *Histoire de l'Afrique occidentale*, Paris, Présence africaine, 2e trimestre 1964, p. 127-150.

[15] Selon W. H. Macmillan (*Africa emergent*, Londres, Penguin Books, 1959, p. 38), un nègre valait un fusil.

[16] G.-N. Fisher, *Les domaines de la psychologie sociale : le champ du social*, Paris, Dunod, 1990, p. 68.

créée par la chasse aux esclaves en Afrique bénéficiait aux marchands d'esclaves dans la mesure où elle leur permettait d'avoir le maximum de « bois d'ébène » dont ils avaient tant besoin. Il s'agissait d'une politique idéologique bien pensée en vue de l'exploitation des Africains. Le tribalisme n'a pas eu de répit, car le colonialisme a recouru aux mêmes pratiques pour mieux réussir la domination et l'exploitation des Africains.

Le découpage arbitraire de l'Afrique entre les puissances coloniales a accentué les divisions ethniques. Plusieurs tribus ont été divisées entre plusieurs pays du jour au lendemain. Cette politique de division a caractérisé l'administration à l'époque coloniale. Après les indépendances, c'est la petite bourgeoisie au pouvoir qui va emboîter le pas aux colons d'hier en utilisant les mêmes méthodes consistant à instrumentaliser l'appartenance ethnique pour assoir leur pouvoir sur la division et la compétition entre les différents groupes tribaux. Idéologie politique et tribalisme sont deux notions qui vont donc de pair que ce soit dans le passé ou le présent africain.

Conséquences du tribalisme

L'Afrique ne peut se permettre au XXIe siècle de continuer à payer un lourd tribut au tribalisme. Sur le plan humain, le chiffre de près d'un million de morts au seul Rwanda en dit long. Il faut espérer qu'un jour, des études fouillées mettront à jour le nombre de morts qui résulte directement du tribalisme en Afrique.

Du point de vue économique, ce fléau cause des dégâts aussi. Il faut tout d'abord souligner que tous ceux qui meurent à cause des violences interethniques représentent une perte pour l'Afrique du point de vue économique, car c'est la main d'œuvre qu'on précipite ainsi dans l'au-delà. Il faut aussi tenir compte du fait que le tribalisme a des répercussions sur la production dans la mesure où le critère d'embauche ne dépend pas dans ce cas de la compétence, mais de l'appartenance ou non à la tribu de celui qui recrute. On retrouve ainsi les mauvaises personnes à la mauvaise place avec comme conséquence une rentabilité médiocre. Autrement dit, le tribalisme se situe aux antipodes de l'équité en matière d'emploi.

Sur le plan social, le tribalisme mine considérablement la cohésion sociale et l'unité nationale. La compétition et la haine entre certaines tribus ne concourent pas à l'unité des citoyens du même pays. Comment peut-on entreprendre un développement viable dans un contexte où il y a une zizanie causée par les déchirements internes ? Ne dit-on pas que l'union fait la force ? Cette assertion est particulièrement vraie à l'ère de la mondialisation qui consacre le bonheur des grands blocs. Pour pouvoir résister à l'invasion des multinationales qui n'ont curieusement pas de barrière, il faut s'assurer que les entreprises locales dépassent le cadre d'une tribu ou d'une région.

Les conséquences du tribalisme ne sont pas des moindres du point de vue éthique et moral. Les valeurs africaines telles que la bienveillance à l'égard de l'étranger, la solidarité, le respect des aînés, la générosité et le respect scrupuleux de la vie du prochain sont sacrifiées au profit du mépris de l'autre, l'orgueil, la jalousie, la médisance, l'intolérance et la haine à l'égard de celui qui n'appartient pas à sa tribu et ne sont plus que des souvenirs évanescents. Il s'agit là d'une déformation des valeurs africaines. Car la vie est communautaire en Afrique et implique automatiquement la solidarité, l'entraide mutuelle et la confiance en l'autre. Les mythes, les contes, les légendes et les proverbes africains confirment ces valeurs et condamnent ceux qui ne s'y conforment pas. L'instrumentalisation et la politisation des tribus ont comme conséquence de créer une concurrence effrénée et nuisible entre les tribus. Dans ces conditions, la solidarité se limite à l'intérieur de la tribu. On entre dans une logique méphistophélique consistant à penser que si le bien de sa tribu passe par la négation de l'autre, on le fait sans éprouver le moindre problème de conscience. Dans un climat de compétition entre les tribus, il est très facile de calmer sa conscience en s'imaginant que l'ennemi mijote des plans destructeurs ; conséquemment, l'atteindre le premier équivaudrait à de la perspicacité. C'est de cette manière que les valeurs sociales africaines ont été perverties au point où le mal devient le bien. C'est cette inversion des valeurs qui a rendu possible le génocide rwandais, les massacres au Congo-Brazzaville et au Kenya malgré la sacralité de la vie humaine qui fait partie de la culture africaine.

Il faudrait un jour que les populations parviennent à rappeler les hommes politiques à l'ordre en leur faisant remarquer qu'elles ne sont pas des objets dont ils peuvent se servir pour atteindre leurs ambitions politiques. En outre, les intellectuels ont la responsabilité de déconstruire tout le discours trompeur qu'il y a sur la tribu et le tribalisme en Afrique. Le développement passe par la détribalisation de l'Afrique afin de laisser libre cours au patriotisme. Il n'est évidemment pas question de chercher la dislocation des tribus, mais de découvrir la richesse que représente la diversité culturelle africaine. Il s'agit au contraire de reconnaître la pluralité de la société et de transcender le sentiment de compétition et de dénigrement mutuel pour se concentrer sur le sentiment d'appartenance à une nation. Au lieu de percevoir celui qui n'appartient pas à son groupe ethnique comme une menace, il est question d'amener les masses populaires à réaliser qu'il est un allié sur qui il faut compter en vue du développement. Il s'agit ici d'une tâche urgente à laquelle il faut s'atteler sans attendre, car c'est bien maintenant l'heure du changement.

Il est nécessaire que l'Africain se libère du déterminisme que lui impose le jeu d'instrumentalisation du concept d'appartenance ethnique. S'il est vrai que la reconnaissance de ses repères spatio-culturels n'est pas mauvaise en soi, il n'en demeure pas moins vrai que si elle prend les allures vicieuses à telle enseigne qu'il devient nécessaire de sacrifier les valeurs morales et éthiques, il faut la renier. Il ne s'agit bien évidemment pas de renier ses origines, mais les croyances, les pratiques et les coutumes qu'on considère maladroitement comme des valeurs alors qu'elles relèvent de la dépravation morale. Personne ne devrait se sentir obligé de faire ce qui est moralement condamnable tout simplement pour faire plaisir à autrui.

La politisation et l'instrumentalisation de l'ethnicité ont transformé le sentiment d'appartenance tribale en une forteresse où le peuple est détenu captif. C'est la seule façon de comprendre les génocides et les massacres qui ont eu lieu en Afrique. Ceux qui se sont rendus coupables de ces turpitudes ont agi au nom du groupe auquel ils appartenaient et non pas par conviction personnelle. Sans les dédouaner au point de noyer leurs responsabilités personnelles dans la responsabilité collective, il y a lieu de reconnaître que ces personnes étaient captives de l'idéologie tribaliste. Toutefois, il ne s'agit pas d'une fatalité, car il est possible pour l'individu éduqué selon l'idéologie tribaliste de s'en affranchir, ce qui laisse une place au choix. Nul ne devrait se laisser asservir par une idéologie ou un groupe. Il n'est point besoin de dire qu'une déconstruction du discours tribaliste qui défend l'idée que celui qui trahit le groupe est pire qu'un ennemi se veut indispensable. L'homme vient dans le monde pour être libre et non pas pour être esclave. Par conséquent, tout Africain devrait se libérer de l'ennemi funeste et odieux qu'est le tribalisme.

Il convient de souligner que le discours sur le tribalisme ne devrait pas occulter les divisions qui existent à l'intérieur des tribus. En effet, le clanisme n'est pas moins dangereux que le tribalisme. Il s'agit de discriminer négativement une personne qui n'est pas issue de son propre clan. Les mécanismes sont plus ou moins les mêmes que dans le tribalisme. Prétextant que son clan est plus important que celui des autres, on méprise ceux-ci en les considérant sous le prisme des préjugés, des clichés et des stéréotypes et en leur attribuant des noms péjoratifs. Les rivalités, la jalousie et parfois la haine en sont les manifestations. Cette réalité permet de conclure que le principe de « nous » / « eux », « in group » / « out group » existe aussi à l'intérieur des tribus. Ce n'est pas tellement l'organisation sociale qui doit être remise en cause, mais plutôt la peur de la différence et de l'autre. Le clan a toute sa raison d'être, car il régule la notion d'inceste à l'intérieur de la tribu. En effet, l'endogamie est pratiquée au sein d'une tribu, mais pas d'un clan. L'existence du clan n'est donc pas sans importance. Mais le sentiment d'appartenance à un clan devient un problème lorsqu'on considère son propre clan comme le centre du monde et qu'on discrimine négativement ceux qui n'en font pas partie. Qu'il s'agisse du tribalisme ou du clanisme, ce qui mérite d'être fondamentalement modifié c'est la perception de l' « out group ».

Il est nécessaire de considérer que chaque être humain a des valeurs et des qualités utiles pour bâtir une communauté prospère.

Par conséquent, il devient nécessaire de se débarrasser de la psychose et de la paranoïa consistant à s'imaginer des ennemis et à prêter des intentions mauvaises à ceux qu'on classe dans la catégorie de l'« out group ». En lieu et place de l'intolérance, de l'exclusivisme et de la peur de l'autre, il faut faire preuve d'ouverture pour accueillir ce qu'il y a de bon en chaque être humain. Notre présupposé ne devrait jamais partir du fait que l'autre est mauvais, mais qu'il est bon jusqu'à ce que le contraire soit prouvé. Dans les faits, un changement des mentalités et du comportement se veut nécessaire. La question essentielle qui se pose est celle de savoir comment l'Afrique peut se débarrasser du tribalisme pathologique et anomique qui mine sa cohésion sociale depuis le XVIe siècle.

Non au tribalisme

La prise de conscience est la première chose qui mérite d'être soulignée. Aussi longtemps que les populations africaines ignoreront qu'elles se laissent chosifier et exploiter par leurs leaders d'une part, et que les conséquences du tribalisme sont autodestructrices et hypothèquent un quelconque rêve africain de se développer d'autre part, il n'y aura pas de solution viable à ce « fléau ». Pour mener à bien cette tâche d'éducation, il ne faudrait surtout pas compter sur la bourgeoisie dominante dans la mesure où la pérennité du tribalisme est pour elle un manque à gagner. Étant donné qu'en opposant les uns aux autres, les hommes politiques parviennent à tirer leur épingle du jeu en s'imposant, leur demander de combattre le tribalisme équivaut à leur demander de laisser tomber leurs ambitions politiques. Cette mission incombe aux intellectuels dans le sens strictement technique du terme, car on sait que plusieurs de ceux qui se font appeler intellectuels ont opté pour un suicide intellectuel. Étant donné que dans certains pays d'Afrique, les fonctionnaires sont réquisitionnés par le parti au pouvoir pour aller battre campagne en racontant des mensonges chacun dans son terroir, on ne peut compter pour une véritable éducation des masses populaires que sur une minorité qui garde encore l'intégrité et l'honnêteté intellectuelle.

Il est important aussi de réaliser que le monde est plus large que sa propre tribu et qu'à une époque où la mondialisation bat son plein, s'enfermer dans son petit groupe est une grave erreur. À l'ère de la mondialisation, ce sont les grands ensembles qui ont de l'avenir et non pas les petits groupes. Il n'y a pas de problèmes à garder ses origines, mais de là, limiter le monde à son groupe ethnique est un dérapage sérieux et lourd de conséquences. On n'a pas de choix aujourd'hui que de reconnaître que nous vivons dans un monde pluraliste et de s'ouvrir par conséquent au monde extérieur à son groupe pour tirer parti des potentialités des autres. L'autre ne doit plus être l'ennemi, mais plutôt le partenaire sur qui on peut compter pour développer son milieu de vie. Il est plus que jamais temps d'enterrer la hache de guerre afin que dans le coude-à-coude, les tribus qu'on a montées les unes contre les autres canalisent leur énergie sur des programmes d'intérêts supérieurs qui transcendent la tribu et travaillent synergiquement et collectivement à la transformation de leur milieu de vie. N'en déplaise à ceux qui profitent de la division.

Le génocide rwandais est un sujet qui a fait couler beaucoup d'encre et de salive. Le général Roméo Dallaire conclut son livre portant sur cette tragédie en ces termes :

> J'exhorte le lecteur à prendre connaissance de tout ce qui a provoqué la crise du Rwanda en 1994 en vérifiant tout ce qui s'est publié à ce sujet. Il y a plus important : je ne peux qu'encourager les jeunes auteurs, les journalistes et les universitaires à faire des recherches concernant les causes de cette tragédie humaine afin que nous puissions mieux comprendre les dimensions du génocide. Si nous ne comprenons pas le pourquoi de cette horreur, comment pouvons-nous être certains qu'elle ne se reproduira plus ?[17]

Quelles que soient les causes du génocide qu'on peut citer, le tribalisme ne peut pas ne pas occuper la première position. D'ailleurs un peu plus haut, l'auteur a souligné avec force le

---

[17] R. Dallaire, *J'ai serré la main du diable. La faillite de l'humanité au Rwanda*, Outremont, Édition Libre Expression, 2003, p. 647.

« tribalisme exacerbé[18] » comme première cause de cette rage dont les conséquences sont des plus dramatiques.

S'il est vrai qu'il y a des causes directes du génocide qu'on peut évoquer à l'instar de l'abattage de l'avion du président rwandais d'alors, à savoir Habyarimana, il va sans dire qu'il ya des causes lointaines à ne pas perdre de vue. Cette haine qui a atteint son paroxysme en 1994 n'a pas surgi du vide, encore moins du jour au lendemain. Le rôle de l'hypothèse hamite qui faisait des Tutsis les seigneurs à qui des qualités exceptionnelles étaient reconnues et des Hutus les serfs qualifiés péjorativement ne saurait être ignoré[19]. Les administrateurs belges et les missionnaires ont créé un fossé entre les deux communautés[20] partageant pourtant la même langue et le même territoire en agissant conformément aux stipulations du « mythe hamite ». Il fallait bien s'attendre à ce que cette politique de séparation des communautés sur une base tribale et l'instauration d'une idéologie nourrissant chez les uns un complexe de supériorité et chez les autres un complexe d'infériorité en plus de favoriser la minorité au détriment de la majorité ait des conséquences désastreuses. Il y a inévitablement des leçons à tirer de cette malheureuse situation. Comment l'être humain, malgré la manipulation, peut se rendre coupable d'un drame apocalyptique comme celui qui s'est passé au Rwanda ? Ce serait une erreur monumentale de passer sous silence la responsabilité de celui qui exécute des plans machiavéliques et de ne s'attacher qu'à celle de ceux qui en sont à l'origine. C'est justement au niveau de la responsabilité que l'éducation des masses populaires doit insister afin de s'assurer que chaque Africain comprenne qu'il ne s'agit pas de dire qu'il a été manipulé par d'autres pour être dédouané du mal dont il se rend coupable vis-à-vis de son prochain qui appartient à une tribu différente.

---

[18] Dallaire, *J'ai serré la main du diable*, p. 640.

[19] P. Ndoumaï, *On ne naît pas Noir, on le devient. Les métamorphoses d'une idéologie raciste et esclavagiste*, Paris, L'Harmattan, 2007, p. 68-71.

[20] C. de Lespinay, « Génocide et idéologies d'exclusion importées en Afrique des Grands Lacs » in : C. Coquio *et al. Parler des camps : penser les génocides*, Paris, Albin Michel, 1999, p. 310 ss. B. Lugan, *Rwanda : le génocide, l'Église et la démocratie*, Ed. du Rocher, Paris, 2004, pp. 40ss.

Il faut éviter toute forme de victimisation, car la responsabilité des tribalistes est clairement établie dans la mesure où ce sont eux qui sont passés à l'acte. Et c'est justement à ce niveau qu'une prise de conscience est nécessaire afin que l'Africain se dise qu'au nom de sa dignité, il ne peut plus se laisser manipuler par les propagateurs d'idéologies infernales. En effet, le tribalisme au Rwanda n'a aidé ni les Tutsis, ni les Hutus. Il a au contraire détruit la cohésion sociale et endeuillé toute la nation.

La guerre civile qu'a connue le Congo Brazzaville aide à comprendre que d'une part le feu du tribalisme est souvent attisé par des opportunistes en quête du pouvoir, d'autre part le phénomène peut impliquer plusieurs tribus qui s'associent pour s'opposer à un autre groupe de tribus et dans ce cas, on préfère le langage nord/sud. Pour reconquérir le pouvoir par les armes en 1997, Denis Sassou Nguesso s'est d'abord appuyé sur quelques soldats et les miliciens Cobras originaires du nord comme lui[21]. Entre décembre 1998 et décembre 1999, la guerre a été atroce, aussi parle-t-on de « nettoyage ethnique » engagé contre les populations originaires du sud du pays. Dans son rapport sur ces évènements qui ont ensanglanté le Congo, l'Observatoire congolais des droits de l'homme souligne « l'exploitation politique des entités ethniques ou tribales » comme l'une de ses causes[22]. François-Xavier Vershave rapporte les paroles suivantes qui auraient été prononcées par Sassou le 3 mars 1999 devant ses partisans dans un discours titré « à l'attention des fils et filles du Nord » :

> La guerre que vous avez gagnée vous a seulement écartés du danger, mais ce danger continue à menacer. [...] S'il m'arrivait de mourir à 11 heures, sachez qu'avant 15 heures, on ne parlera plus du Nord tout entier. [...] Tous nos villages seront brûlés, tous les nordistes de

[21] On n'oubliera pas que pour parvenir à la réalisation de ses ambitions, en plus de ses frères originaires du nord comme lui, il a bénéficié d'un soutien militaire de plusieurs horizons : les troupes angolaises et tchadiennes, les ex-miliciens interahamwe et ex-militaires des Forces armées rwandaises (FAR) ainsi que des mercenaires de divers pays.

[22] OCDH/FIDH, *Congo Brazzaville. L'arbitraire de l'État, la terreur des milices*, p. 6.

Brazzaville comme ceux de Pointe-Noire mourront dans les trois heures qui suivront ma mort[23].

Ici, Sassou se pose en grand défenseur de la cause des siens, c'est-à-dire des ressortissants du nord. Par contre, les sudistes représentent le danger permanent contre lequel lui seul peut faire le contrepoids. Le message qu'il transmet aux nordistes, c'est qu'il est comme un sauveur à qui ils doivent s'attacher et pour qui ils doivent combattre. Il s'agit ici d'un discours typiquement tribaliste. Cette instrumentalisation préjudiciable de l'appartenance ethnique dont les conséquences ont été dramatiques dans le cas précis du Congo-Brazzaville doit être dénoncée, car il n'est pas acceptable que des milliers de personnes soient rayées de la carte démographique pour la seule raison qu'il y a une personne qui a des ambitions politiques qu'il veut atteindre.

Le Kenya offre l'un des cas les plus récents de cette politisation de l'appartenance ethnique. En effet, suite aux résultats des élections de 2007, les violences intertribales qu'il y a eu montrent jusqu'où peut aller la politisation des tribus. Bien avant ces évènements malheureux, des études ont montré la politisation ethnique à outrance dans la société kenyane. Ces remarques de Yvan Droz abondent dans ce sens :

> Aujourd'hui, la polarisation de la vie politique kenyane sur des lignes ethniques et l'expulsion de groupes entiers pour cause d'épuration ethnique met en exergue les effets pervers des manipulations politiques de concepts ethnologiques. Politique, morale, ethos, invention et imagination se sont côtoyés pour donner naissance aux ethnies qui sont aujourd'hui un élément dominant, voire exclusif, tant pour la construction de l'identité sociale que dans le champ de la politique nationale[24].

---

[23] Propos cités par F.-X. Vershave, *Noir silence. Qui arrêtera la Françafrique ?*, Paris, Éditions des Arènes, 2000, p. 16-17.

[24] Droz, « Genèse d'une "ethnie": le cas des Kikuyus du Kenya central », p. 262.

Ce constat s'est vérifié lors des élections controversées de 2007. En réalité Mwai Kibaki, le président réélu dont la légitimité est remise en cause appartient à la tribu des Kikuyus qui représentent 22% de la population, tandis que son opposant Raila Odinga devenu plus tard premier ministre est issu de la tribu des Luos qui sont 13% de la population. Tous ceux qui suivaient les informations à l'époque des évènements ont réalisé que la victoire du président sortant était interprétée comme celle des Kikuyus tandis que la défaite du chef de l'opposition était celle des Luos. Pour défendre la victoire de leur leader et frère, les Kikuyus n'ont ménagé aucun effort. De même du côté des Luos, les mêmes efforts ont été déployés pour réclamer la victoire volée à leur leader et frère. La politisation et la manipulation de l'appartenance ethnique était telle qu'il suffisait d'être Luo pour être l'ennemi juré d'un Kikuyu et vice-versa. Le 2 janvier 2008, *Le Figaro* qui avait à la une le titre « Le Kenya au bord de la guerre interethnique » rapportait les propos d'un haut responsable de la police kenyane qui affirmait : « Une ethnie prend pour cible une autre ethnie dans ce qui peut véritablement être qualifié de nettoyage ethnique[25]. » Dans cette violence aveugle, au moins 35 personnes appartenant à la même tribu qui se sont réfugiées dans une Église ont été brûlées vives. La diversité ethnique qui aurait pu être une opportunité est devenue un malheur pour les Kenyans.

Ces violences postélectorales ont mis à jour un malaise et une fissure dans la société kenyane. Il est apparu clairement aux yeux de tous que le sentiment d'appartenance ethnique qui a été politisé passe avant le sentiment d'appartenance à une nation. Même si dans le discours officiel il est fait mention de la construction nationale, il est évident que dans les faits, les hommes politiques déconstruisent l'unité nationale en s'appuyant sur les tribus.

L'analphabétisme et l'ignorance jouent un grand rôle dans la facilité avec laquelle les populations se laissent manipuler par les hommes politiques. C'est la raison pour laquelle il est nécessaire d'éduquer les masses populaires afin que cesse cette chosification

---

[25] *Le Figaro*, 02/01/2008.

de l'être humain. Une éducation civique qui dénonce radicalement les comportements tribalistes et qui fait la promotion des avantages du pluralisme se veut nécessaire.

Compte tenu des conséquences désastreuses du tribalisme, il serait tout à fait approprié que les législateurs dans les pays africains se penchent sérieusement sur la possibilité ou même la nécessité de criminaliser cette pratique au même titre que le racisme ou l'antisémitisme dans la mesure où l'antisémitisme, le racisme et le tribalisme procèdent de la même logique. Si l'Afrique est prête à dénoncer et à condamner le racisme anti-noir, elle devrait avoir le courage de faire la même chose du tribalisme, car dans les deux cas, il s'agit de discriminer autrui de façon nuisible sur la base de sa race ou de ses origines ethniques.

L'éducation doit commencer dès la tendre enfance. On devrait dès celle-ci inculquer à l'enfant des valeurs civiques qui transcendent les clivages, les préjugés et les stéréotypes tribalistes. Les programmes scolaires devraient particulièrement être des moyens de vulgarisation de ces valeurs basées sur une vision du monde qui s'intéresse plus à ce qui unit qu'à ce qui sépare, car c'est seulement à cette condition qu'on peut bâtir une véritable nation. Il s'agit là de contrecarrer une réalité sociologique indéniable pour la remplacer par son contraire, c'est-à-dire de passer d'une mentalité tribaliste à un sentiment d'appartenance à une nation en capitalisant sur ce qui est commun et qui fait la force. Le repli identitaire et l'exclusivisme se doivent de céder la place à une ouverture qui accueille le prochain comme un partenaire qui a des qualités sur lesquelles je peux compter et vice-versa. L'ennemi d'hier devient ainsi un véritable allié sur qui on peut compter sans hésitation. Dès l'école primaire, les enfants se doivent d'en prendre conscience afin que cela serve de base à tout le bagage intellectuel qu'ils vont acquérir au cours de leurs études.

Hormis l'analphabétisme et l'ignorance, la pauvreté doit être mentionnée au nombre des facteurs qui facilitent la manipulation et l'instrumentalisation du sentiment d'appartenance ethnique par le politique africain. Celui-ci exploite la misère de ceux qui appartiennent à la même tribu que lui pour leur faire comprendre que leur succès dans l'arène politique est la leur, car ils tireront profit de la gestion des biens de la cité. Des slogans du genre « c'est notre tour maintenant », « nous ne pouvons plus accepter d'être des marginaux dans notre pays » servent à galvaniser les foules et à attiser le sentiment d'injustice subie à cause de ses origines ethniques. Le paysan, le chômeur et tous les laissés-pour-compte du groupe prennent ce genre de promesse comme une parole d'évangile et sont prêts à tout pour que leurs « frères » remportent les élections. « Ventre affamé n'a point d'oreille » stipule un adage bien connu qui se vérifie dans les faits en Afrique. Malheureusement, même lorsque les candidats pour lesquels ces pauvres se sont battus gagnent leur pari, il n'y a que quelques élus qui profiteront de cet exploit. Les laissés-pour-compte doivent attendre les prochaines élections pour recevoir parfois l'équivalent d'un dollar qu'on distribue avec de nouvelles promesses d'en recevoir plus s'ils portent leurs « frères » au pouvoir. Les hommes politiques manipulent avec habileté cette arme qu'est la pauvreté des masses populaires. Il s'ensuit que si l'on veut réellement combattre le tribalisme, il est nécessaire de s'attaquer à la pauvreté aussi. Le combat contre le tribalisme aura de la difficulté à réussir si les masses populaires demeurent dans un état de paupérisation qui constitue un terrain fertile à une exploitation par les hommes politiques.

La mauvaise gouvernance et l'échec de la mise en place des politiques nationales viables poussent les Africains à se replier dans leurs tribus pour trouver des réponses aux problèmes qui les préoccupent. La tribu est considérée aussi comme un refuge contre l'injustice sociale attribuée aux autorités et qui est classée dans la catégorie de la mauvaise gouvernance. Dans ce cas, le tribalisme est utilisé comme arme pour se défendre. Cela étant, la société civile a intérêt à faire pression sur les autorités pour exiger la bonne gouvernance. L'éducation devrait aider les masses populaires à découvrir leurs droits et à les réclamer. La mise en place des politiques nationales pertinentes pour la vie de la nation se doit d'être parmi les revendications du peuple.

Les médias peuvent jouer un rôle de choix dans la lutte contre le venin mortel qu'est ce tribalisme. Les émissions et débats radiotélévisés, la publicité, les articles dans la presse écrite, etc., sont des outils dont on doit se servir pour combattre ce fléau. Les médias ont joué un rôle décisif dans l'ampleur que le génocide a prise au Rwanda. On se souviendra des messages radiophoniques foncièrement haineux qui ont renforcé le désir de massacrer. Ce même zèle aurait pu être utilisé pour diffuser des messages de paix entre Hutus et Tutsis. De la même manière que les messages de haine diffusés sur les antennes de la radio ont porté leurs fruits, les messages de concorde et d'amour entre les tribus ne resteront pas stériles.

Les artistes doivent aussi être appelés à la rescousse dans le combat contre le tribalisme. Ils suscitent de l'engouement et de l'admiration parmi les jeunes particulièrement. Il est nécessaire de saisir cette opportunité pour que ces vedettes incarnent la lutte contre ce mal social. À travers la musique, les films, les théâtres, etc., il est possible de réduire de manière significative les effets néfastes du tribalisme.

On peut à juste titre se demander si les religions universelles telles que le christianisme[26] et l'islam[27] ne pourraient pas être des moyens de lutte contre le tribalisme. On constate malheureusement que ce n'est pas souvent le cas. L'expérience du Nigeria en dit long. En effet, l'État du plateau, particulièrement la région de Jos, est régulièrement le théâtre des violences religieuses et ethniques. Tantôt ce sont des villages musulmans qui attaquent les villages chrétiens, tantôt c'est l'inverse. On pouvait lire dans la presse des informations du genre : « La région de Jos, dans le centre du Nigeria, vient d'être à nouveau le cadre de terribles violences ethniques et religieuses entre chrétiens et musulmans[28]. » Dans la mesure où ces religions accueillent les personnes de toute origine et ne discriminent personne en raison de ses origines ethniques ou raciales, elles ont normalement un potentiel non négligeable de rassembler même les frères ennemis. Évidemment l'équation se complique

---

[26] La Bible insiste sur l'unité des croyants en Christ : « Il n'y a plus ni Juif ni Grec, il n'y a plus ni esclave ni libre, il n'y a plus ni homme ni femme ; car tous vous êtes un en Jésus-Christ. » (Ga. 3, 28, version Louis Segond).

[27] Le Coran encourage les musulmans à être unis : « Et cramponnez-vous tous ensemble au câble d'Allah et ne soyez pas divisés » (Le Coran 3/103)

[28] http://www.leparisien.fr/international/violences-religieuses-au-nigeria-500-villageois-massacres-08-03-2010-840151.php consulté le 22 juin 2010.

lorsqu'on a affaire à des tribus islamisées et des tribus chrétiennes qui font preuve d'un manque de tolérance religieuse, voire de fanatisme religieux comme c'est le cas au Nigeria.

S'il est vrai que le consensus est loin d'être trouvé sur les origines du tribalisme, il n'en demeure pas moins vrai que ce vice est un phénomène social indéniable. Ses manifestations et ses conséquences sont si palpables qu'on ne peut nier son existence sans faire violence au bon sens. Son instrumentalisation par le politique en fait un mal social lourd de conséquences sur le plan humain, économique, social et culturel. La prise de conscience, l'éducation, la dénonciation sont des moyens pouvant permettre de combattre ce fléau qui fait du mal à l'Afrique. Le développement durable ne peut se concevoir à l'ère de la mondialisation dans une Afrique émiettée pour cause de tribalisme. Un sursaut se veut nécessaire afin de transcender le mouvement centripète en vue d'un élan centrifuge. Il faut espérer que les hommes politiques africains finiront par comprendre que l'instrumentalisation du sentiment d'appartenance ethnique cause un très grand tort à l'Afrique. Le recours à cette funeste pratique n'est pas la condition sine qua non du succès politique sous d'autres cieux. Pourquoi ne pourrait-il pas en être de même en Afrique ?

Chapitre 5 : Flash back

L'Afrique d'aujourd'hui ne doit pas perdre de vue les combats livrés pour elle par le passé. Les concepts du genre « négritude », « négrité », « tigritude », « Panafricanisme » sont chargés d'histoire. Avant de se pencher sur le Panafricanisme qui est un thème qui resurgit du fond de l'histoire à l'occasion de la célébration du cinquantenaire de l'indépendance des pays africains, il est important de s'appesantir tant soit peu sur la nécessité pour le Noir en général et l'Africain en particulier d'assumer sa négritude. Les témoins du passé l'ont fait d'une certaine manière. Le Noir a besoin d'une réconciliation avec lui-même. On lui a fait croire au cours des siècles qu'il est inférieur aux autres, une estime de soi défaillante qui hante encore beaucoup d'Africains. Il est nécessaire de transcender ce complexe qui constitue un frein de taille au développement. Envisager une dialectique permettant de se mettre au-dessus des clichés, des stéréotypes et des préjugés se veut indispensable.

Assumer sa négritude

Le message des chantres de la négritude et de la tigritude semble être passé aux oubliettes. Il s'agit de deux concepts très proches qui sont comme des réponses à la tabula rasa pratiquée par les colons qui se caractérisait par l'imposition de la culture occidentale comme culture par excellence. Cette politique a suscité l'opposition des intellectuels noirs de par le monde. De là est né la négritude. Nous devons à Aimé Césaire le terme « négritude ». Il s'en sert pour la première fois dans le numéro 3 de la revue des étudiants martiniquais « l'Etudiant noir ». Il s'en servira aussi en 1939 dans la première édition du *Cahier d'un retour au pays natal*. L.S. Senghor lui reconnaît ce mérite d'avoir inventé le mot. « Nous nous sommes contentés de l'étudier - en la vivant - et de lui donner le nom de Négritude, dit-il. Je dis « nous ». J'allais oublier de rendre à Césaire ce qui est à Césaire. Car c'est lui qui a inventé le mot dans les années 1932-1934[1]. » Plus tard ce sera son tour de s'en servir dans *Chants d'ombre*.

[1] L. S. Senghor, *Liberté I, Négritude et Humanisme*, Paris, Seuil, 1964, p. 8.

C'est surtout la naissance de la revue « Présence africaine » en 1947 qui a paru en même temps à Paris et à Dakar qui incarnera la lutte des intellectuels noirs tous azimuts ainsi que quelques sympathisants occidentaux comme Jean-Paul Sartre. Pour Aimé Césaire, la Négritude est le refus de toute assimilation culturelle. Quant à Senghor le néologisme renvoie à « l'ensemble des valeurs culturelles du monde noir, telles qu'elles s'expriment dans la vie, les institutions et les œuvres des Noirs[1]. » Le monde noir renvoie à l'Afrique, les Antilles, Haïti, les Noirs du Brésil, etc. Il était question de refuser l'idée que les Noirs ne font qu'accompagner les autres dans le monde et de focaliser l'attention sur les valeurs proprement nègres. En rejetant l'assimilation du Noir, Senghor s'inscrit en faux contre l'idée que ce dernier serait incapable de bâtir une civilisation.

Tout le combat des chantres de la négritude s'articule autour de la démonstration que le Noir est non seulement capable d'avoir une civilisation, mais qu'il en a dans la réalité. Aimé Césaire distingue la manière de vivre en nègre qu'il désigne par Négritude de l'ensemble des valeurs du monde noir. La dialectique aidant, le mot nègre est récupéré, malgré sa connotation péjorative, par les artisans de la négritude pour redorer l'image de l'homme noir. L'ensemble des pays habités par les Noirs se verra appeler Nigritie. La Négritude est apparue dans un contexte où le Noir avait honte d'être Noir, le refoulement ayant cédé la place au complexe d'infériorité. La Négritude se voulait une quête identitaire et existentielle face à la menace de l'assimilation. Elle se fixait comme objectif d'affirmer l'existence du Noir et c'est dans ce sens qu'il faut comprendre Jean-Paul Sartre qui définit la Négritude comme « négation de la négation de l'homme noir ». Après avoir défini la civilisation comme l'ensemble des valeurs techniques et morales et la manière de s'en servir, Senghor conclut que la culture est la civilisation en action ou l'esprit de civilisation. Dans ce sens, la civilisation est inhérente à l'histoire, car on l'hérite des ancêtres. La quête identitaire, il est vrai, ne jette pas l'enfant avec l'eau du bain. Lorsqu'un des amis métropolitains de Senghor lui dit qu'ils ont apporté « la

[1] Senghor, *Liberté I, Négritude et Humanisme*, p. 9.

Civilisation » aux Africains, il lui répondit : « Pas précisément. Vous nous avez apporté *votre* civilisation. Laissez-nous y prendre ce qu'il y a de meilleur, de fécondant et souffrez que nous vous rendions le reste[2]. » Senghor s'oppose à l'idée qu'il s'agit de « la Civilisation » et c'est la raison pour laquelle il corrige l'assertion. Il s'agit non pas de « la Civilisation » mais de « votre civilisation », comme pour dire que la civilisation occidentale n'est pas l'unique civilisation. Il s'agit d'une civilisation parmi tant d'autres qui a ses éléments positifs et ses éléments négatifs. Il reconnaît que les Africains ont intérêt à profiter des éléments positifs qu'il y a dans cette culture occidentale, mais ils n'ont que faire des ses éléments négatifs. Ce faisant, il dénonce l'eurocentrisme et chauvinisme de son ami, mais fait preuve en même temps d'ouverture vis-à-vis de la civilisation excentrique. Ceci n'a rien à voir avec l'assimilation, car la démarche est simple : définir sa propre identité en tant qu'homme noir en reconnaissant sa propre civilisation, sa propre culture et ensuite voir ce qu'il y a de bien qu'on pourrait tirer de la civilisation de l'autre afin de l'intégrer à la sienne. L'assimilation dans ce cas serait de se renier en niant l'existence de sa propre civilisation et culture pour adopter exclusivement celle de l'autre. Dans un monde globalisé comme c'est le cas aujourd'hui, il serait judicieux de s'ouvrir aux autres civilisations et cultures certes, mais avant cela, il faut être clair sur sa propre identité. Pierre Teilhard de Chardin est la référence de Senghor lorsqu'il parle de la civilisation de l'universel à laquelle participent tous les peuples. Aussi dit-il :

« Teilhard nous invite, nous Négro-africains, avec les autres peuples et races du tiers-monde, à apporter notre contribution au " rendez-vous du donner et du recevoir". Il nous restitue notre être et nous convie au dialogue : au plus être[3]. » Il faut directement clarifier que cette civilisation de l'universel que prône Senghor relève plus de l'idéal que de la réalité et elle n'est pas à confondre avec la globalisation caractérisée par l'absorption des faibles par

---

[2] Senghor, *Liberté I : Négritude et Humanisme*, p 40.

[3] L. S. Senghor, *Liberté V. Le dialogue des cultures*, Paris, Seuil, 1993 p. 12-13.

les forts. Le projet de Senghor de voir s'opérer une synthèse des civilisations du monde où même celle qu'on considèrerait comme la plus minime soit prise en compte est étranger à l'esprit de la mondialisation. Le rêve de tout humaniste est effectivement de voir un monde où la contribution des uns et des autres est prise en compte. Le capitalisme aidant, ce sont les plus forts qui dictent la conduite à tenir aux autres.

L'esthétique

Des siècles durant, on a tout fait pour insister sur la funeste idéologie selon laquelle les Noirs seraient maudits[4]. De l'Antiquité aux temps contemporains, cette idéologie a fait son chemin. Les moyens d'exploitation et d'humiliation du Noir comme l'esclavage, le colonialisme et le néocolonialisme qui en sont inspirés ont renforcé la perception du Noir à travers des préjugés, des clichés et des stéréotypes. Le théoricien du racisme moderne, le Comte Arthur Gobineau a placé les Noirs au bas de l'échelle et a indiqué que quoi qu'il fasse, ils ne pourront pas aller au-delà du cercle intellectuel le plus restreint. Il estime aussi que la forme physique du Noir est le reflet de cette bassesse[5]. Pour lui en effet, le progrès d'une race dépend essentiellement du degré de son rapprochement de la race blanche qui se situe au sommet de la pyramide. Il faut noter que les esclaves noirs ont souffert de l'humiliation d'être considérés moins humains que leurs maîtres. Conséquemment, être humain voulait dire pour ces esclaves, ressembler à leurs maîtres. Le colonialisme s'inspire plus ou moins du même modèle. La conférence de Berlin a clairement indiqué que son but était d'ouvrir le continent noir à la culture occidentale qui était de loin supérieure à celle de l'Afrique. Dans ce contexte, le colonisé était invité à prendre le colon comme modèle en tout.

Le néocolonialisme qui est la fille aînée du colonialisme suit le même modèle. Au mépris des Africains, chaque fois qu'il y a au Conseil de sécurité une question qui regarde une ancienne colonie de la France, c'est celle-ci qui prend la charge de proposer un

---

[4] Lire Ndoumaï, *On ne naît pas Noir, on le devient*, chapitre premier.

[5] J.-A. Gobineau, *Essai sur l'inégalité des races humaines*, Tome 1, Librairie de Paris Firmin-Didot, Paris, 1933, p. 214, 219-22.

projet de loi, et lorsqu'il s'agit d'une ancienne colonie britannique, c'est la Grande-Bretagne qui le fait. Et dans la majorité écrasante des cas, ces projets sont adoptés. Le Conseil de sécurité cautionne, au grand mépris de la dignité de l'Afrique, ce paternalisme qui cache mal l'idée que l'Africain est un grand garçon. Bref, l'histoire récente des Noirs porte la marque d'un mépris légendaire avec plusieurs conséquences désastreuses dont le manque d'estime de soi.

La mentalité de beaucoup d'Africains ou des Noirs a été moulée de telle sorte qu'ils ne croient plus que quelque chose de beau et de bien puisse venir d'eux. Compte tenu de leur histoire et de la dictature de la culture occidentale qui atteint les gens même dans leurs villages, il leur est devenu presque impossible de penser le beau en dehors de la civilisation occidentale. Dans les faits, est beau celui ou celle dont la forme se rapproche de celle du Blanc. Aussi voit-on beaucoup des filles, des femmes et même des hommes noirs se décaper pour avoir un teint plus clair qui les rapprochera du Blanc. Les ongles artificiels, les faux cheveux, les produits permettant le lissage des cheveux sans oublier ceux qui éclaircissent la peau, sont autant de produits de beauté qui inondent le marché africain et qui semblent se vendre facilement.

La chirurgie plastique pour ceux et celles qui ont les moyens de se l'offrir et qui vise la modification de la forme du nez, des lèvres, entre autres, s'inscrit dans la même logique. Tout cela n'est rien d'autre que la manifestation du complexe d'infériorité.

L'impérialisme culturel qui se cache derrière la mondialisation fait d'énormes ravages en Afrique. L'aliénation culturelle en est l'exemple le plus frappant. Tout en admettant que dans un monde mondialisé, il est important de s'ouvrir à d'autres cultures pour profiter de leur apport à la sienne propre, il faut éviter de tomber dans le piège de perdre son identité au détriment de l'exotique. La dictature de la culture occidentale n'est pas le fruit du hasard. Elle a été minutieusement pensée, élaborée et exécutée. Son point culminant était de faire croire à l'Africain qu'il n'est rien sans l'Occident. Les médias jouent un rôle déterminant dans cette propagande. C'est dans cet élan qu'il faut comprendre l'intensification de la publicité vantant la beauté de la femme blonde qui atteint les villes et les villages africains, suscitant chez nombre d'Africaines le vif désir de ressembler ou de se rapprocher tout au moins de ce modèle qu'on vante. L'idée qu'une peau claire est le signe de la beauté a subjugué les esprits, d'où le décapement à une vitesse vertigineuse en Afrique, et ce, sans penser aux conséquences désastreuses et parfois irréversibles. Ce qu'on oublie, c'est qu'on n'a jamais dit de Michael Jackson qu'il était un Blanc malgré le décapement réussi et la chirurgie nasale. Il est demeuré Noir jusqu'à sa mort. Le côté pervers de cette course vers la beauté à l'occidentale c'est le désir de séduire les hommes, ce qui explique jusqu'à un certain point le commerce du sexe. Jean-Marc Ela parle de la « colonisation du sexe[6]. » Cette perversion consacre le règne sans partage du Sida à qui l'Afrique paye le plus lourd tribut. Il faudrait dénoncer ici l'auto instrumentalisation et l'auto chosification de la femme au nom de la beauté.

Il est très dangereux de se détester et de ne pas être satisfait de son être sous l'influence des théoriciens de stratification raciale. Les Africains doivent avoir l'audace de revenir à leurs propres critères de beauté, refusant ainsi l'impérialisme culturel qui cache difficilement le racisme anti-noir. Les Africains souffrant du complexe d'infériorité qui les pousse à se détester se doivent de comprendre que le racisme ne repose sur aucune base objective et scientifique.

Pour les chantres de la négritude, le Noir se doit d'assumer sa négritude. En témoignent plusieurs de leurs poèmes dont celui de Senghor qui vante la beauté de la femme noire. Il ne serait sûrement pas fastidieux de relire ce poème qui chante la beauté naturelle de la femme noire qui devrait dissuader ceux et celles qui se décapent ou font recours à la chirurgie esthétique estimant qu'être noir et beau sont deux choses qui ne vont pas de pair[7].

---

[6] J.-M. Ela, « Femme et coopération en Afrique noire », in : V.M. P. D. Da Rosa & J. Y. Thériault (sous dir.), *Développement, coopération et intervention sociale : discours et pratiques*, Ottawa, Presses de l'Université d'Ottawa, 1988, p. 65.

[7] L. S. Senghor, *Œuvres poétiques*, Paris, Seuil, 1990, p. 16.

Retour au Panafricanisme

Il y a 50 ans de cela que les panafricanistes, Kwame Nkrumah le père du panafricanisme[8] en tête, recommandaient l'union de l'Afrique. Il existe un très grand fossé entre l'Union africaine telle qu'elle existe aujourd'hui et la structure politique d'un continent uni que les panafricanistes avaient conçue au lendemain des indépendances. Et comme si on venait de se réveiller d'une léthargie pathologique, certains discours à l'occasion du centenaire de l'Afrique reviennent à l'idéal panafricain pour enfin reconnaître que ceux qui ont avancé ces idées dès les indépendances avaient parfaitement raison. Mais pourquoi avoir attendu 50 ans avant cette reconnaissance ? Le Président sénégalais Abdoulaye Wade affirmait le 04 avril 2010 ce qui suit : « L'Afrique est capable d'atteindre le même niveau de développement que les nations les plus avancées du monde...Mais pour cela, il est nécessaire que les Africains s'unissent et dépassent l'Union africaine pour construire les États-Unis d'Afrique à l'image des États-Unis d'Amérique et de l'Union européenne[9] » et d'ajouter que « c'est la seule voie » pour le continent d'atteindre cet objectif. Mais comme on le dit souvent « mieux vaut tard que jamais », il y a lieu de reconnaître la pertinence de la déclaration du Président sénégalais qui renvoie à un mouvement historique connu sous le nom de Panafricanisme.

Les affirmations susmentionnées de Wade ne peuvent pas ne pas être rattachées aux idéaux du Panafricanisme tels qu'ils étaient présentés par ses pères fondateurs. Il faut toutefois être conscient du fait que le contexte historique n'est plus le même. N'eût-été le mauvais jeu des anciennes puissances coloniales, il aurait été plus facile pour les jeunes États nouvellement parvenus à l'indépendance de se regrouper au sein d'une entité plus forte

---

[8] Kwame Nkrumah est appelé par défaut « père du panafricanisme », car c'est lui qui a donné une impulsion à ce mouvement sur le continent africain. Dans la réalité, le véritable père du panafricanisme est le distingué afro-américain W. E. B. du Bois. C'est lui qui a jeté les bases de ce mouvement bien avant que cela ne prenne racine sur le continent africain.

[9] Agence de Presse Sénégalaise, 04 avril 2010.

appelée États-Unis d'Afrique munie d'une seule et forte armée, d'une seule monnaie, d'un même et solide marché, etc. Malgré le temps qui nous sépare de du Bois et de Nkrumah, plusieurs de leurs idées restent d'une actualité brûlante.

Les nationalistes africains du temps des indépendances se sont abreuvés à une source principale et historiquement reconnue, à savoir le Panafricanisme. Ce mouvement a cherché à créer un fort sentiment de solidarité internationale chez les Africains et leurs descendants où qu'ils se trouvent. Dans le même esprit que du Bois, il n'est pas tard de recourir à la mise en place d'une solidarité internationale des Africains et de leurs descendants à travers le monde en attirant l'attention de ceux-ci sur le fait que l'Afrique est le berceau de leurs ancêtres et que ses problèmes doivent être les leurs. Par conséquent, chacun d'entre eux a la responsabilité d'apporter sa pierre de contribution à l'édification d'une Afrique fière et debout, capable de traiter d'égal à égal avec les autres continents ; une Afrique qu'on ne regardera plus en termes de stéréotypes, clichés et préjugés ; une Afrique qui sera non pas ce que l'Europe qui l'a exploitée à profusion aimerait qu'elle soit, mais plutôt ce que ses enfants veulent qu'elle soit. Une telle entreprise nécessite la contribution de tous les fils d'Afrique et de leurs descendants. Le sentiment de fraternité, sans nécessairement exclure les sympathisants, est nécessaire si on veut réellement réussir la mise en place des États-Unis d'Afrique[10]. La réalisation du sentiment de fraternité aiderait à enterrer la hache de guerre entre certaines tribus d'Afrique.

Il ne serait sûrement pas fastidieux de rappeler que du point de vue historique, l'Afrique n'était pas dès le départ au centre des préoccupations du Dr du Bois dans la mesure où sa lutte était concentrée sur le sort des Noirs Américains. Il tenait à ce que l'égalité soit un droit reconnu à tous sans distinction de race. Aussi dit-il : « Nous tenons pour évidentes en soi ces vérités : tous les hommes ont été créés égaux ; qu'ils sont dotés par leur Créateur de certains droits inaliénables ; qu'au nombre de ceux-ci

---

[10] G. Padmore, *Panafricanisme ou Communisme ? La prochaine lutte de l'Afrique*, trad. T. Diop, Paris, Présence Africaine, 1960, p. 28.

il y a la vie, la liberté et la poursuite du bonheur[11]. » Il a lutté pour que ce droit naturel se traduise pour les Noirs américains en droit au suffrage et à une éducation digne pour les enfants noirs. Il a milité en faveur de la liberté de parole et de critique, l'abolition de toute ségrégation et l'égalité entre riches et pauvres devant la loi. Et pour promouvoir ces idées, il a mis à profit des conférences comme celle tenue près des chutes de Niagara en 1905 qui a donné naissance au « Mouvement de Niagara », ainsi que les publications. En 1910 fut formée l'Association Nationale pour le Progrès des Gens de Couleur. La même année, le Dr du Bois a démissionné de son poste de professeur à l'Université d'Atlanta pour s'investir dans la rédaction du périodique *The Crisis*, la revue politique la plus lue par les Noirs américains. Sa renommée s'est répandue au-delà des frontières américaines et sa lutte est devenue une source d'inspiration pour les peuples en quête de liberté et de dignité.

Même si son impact n'a pas été aussi grande que celle du Dr du Bois, l'histoire retiendra que le mérite revient à l'avocat antillais Henry Sylvester-Williams de Trinidad d'avoir conçu le premier l'idée-même du panafricanisme. Conforté par ses liens avec les Ouest-Africains, il s'est mis au service de ceux qui avaient une position de leadership en Afrique qui étaient en visite ou en mission au Royaume-Uni en faisant office de conseiller juridique. En 1900, il a convoqué une conférence à Londres dans le but de dénoncer les politiques impérialistes agressives des Blancs en Afrique. Cette première conférence ne passa pas inaperçue, car elle fut sanctionnée par une promesse de la reine Victoria de tenir compte des intérêts et du bien-être des indigènes[12].

La mort de Henry Sylvester-Williams peu d'années après fit passer ce mouvement de défense des droits des Africains dans une période sombre jusqu'à ce que le Dr du Bois ne prenne les reines du mouvement après la Première Guerre mondiale, soit en

---

[11] W. E. B. Du Bois, *The Souls of Black Folk : Essays and Sketches*, Chicago, A.C. McClurg & Co., 1904, p. 59.

[12] Padmore, *Panafricanisme ou Communisme ? La prochaine lutte de l'Afrique*, p. 130.

1919. Entre 1919 et 1945, le Dr du Bois[13] a organisé plusieurs Conférences internationales, mis au point les programmes et les tactiques de l'Action Positive non-violente en plus d'élargir la vision du mouvement laissé par Henry Sylvester-Williams. Profitant de la tenue de la Conférence de paix de Versailles à la fin de la Première Guerre mondiale, le Dr du Bois saisit cette occasion ultime pour faire entendre la voix de l'Afrique en réclamant des droits pour les Africains comme récompense à leur sacrifice lors de la récente guerre. Malgré la non-coopération du gouvernement américain qui craignait qu'une telle conférence ait des incidences impromptues dans leur pays, du Bois parvint avec l'aide de M. Blaise Diagne, le politicien africain le plus réputé et influent en France, à organiser la Conférence qui déboucha sur des réclamations au profit des Africains portant sur la terre, le capital, le travail, l'enseignement et l'État. La pétition a été présentée aux alliés vainqueurs de la récente guerre en vue de laisser les Africains se développer sans que les autres ne fassent obstacle à ce projet[14]. Par la suite, du Bois entra en communication avec les Noirs d'Afrique et du monde entier.

Le deuxième Congrès panafricain s'est tenu à Londres en 1921 avec plus de délégués qu'à la Conférence de Paris. Le troisième Congrès Panafricain eut lieu à Londres en 1923, mais devait rencontrer l'opposition du garveyisme, des impérialistes et des communistes. L'un de ses succès est le gain de la sympathie du parti travailliste pour la cause des Africains. Le chef de ce parti M. J. Ramsay Mac Donald promit de faire tout ce qui était en son pouvoir pour promouvoir la cause des Africains. Cette promesse fut très bien accueillie par les Congressistes. Malheureusement, lorsqu'il a pris le pouvoir une année plus tard, il n'a pas tenu la promesse faite au Congrès Panafricain[15]. Le quatrième Congrès Panafricain s'est tenu à New York en 1927 avec plus de deux

[13] Soulignons en passant que le Dr Dubois a défendu sa thèse de doctorat sur *La Suppression du commerce des esclaves de l'Afrique aux États-Unis : 1638-1870*. Sa thèse a été le premier volume publié dans la Collection historique de Harvard.

[14] Padmore, *Panafricanisme ou Communisme ? La prochaine lutte de l'Afrique*, p. 135-136.

[15] *Ibid.*, p. 150.

cents délégués en provenance de 22 États et de dix pays étrangers. Le cinquième Congrès Panafricain était prévu en sol africain, à Tunis plus précisément, mais il n'a pas eu lieu à cause de la grande dépression économique qui a ruiné les donateurs qui étaient les Noirs de la classe moyenne aux États-Unis. C'est bien sur eux que comptait le Dr du Bois pour financer ce Congrès.

En 1937 fut fondé le Bureau International du Service Africain à Londres. Se fixant comme objectif de faire écho aux revendications démocratiques et d'autodétermination des peuples africains, asiatiques et autres coloniaux, le Bureau International du Service Africain dont George Padmore était le président accueillait des personnes de toutes les convictions et origines pourvu que celles-ci respectent ses buts et sa constitution[16]. Étant donné que le Bureau International du Service Africain et le Congrès Panafricain du Dr du Bois poursuivaient le même but, ils se sont associés en 1944 pour fonder la Fédération Panafricaine qui a automatiquement ratifié toutes les clauses des Congrès Panafricains précédents. Ses membres se mirent à publier plusieurs ouvrages sur les problèmes des colonies et les luttes en vue de l'émancipation en Afrique.

Le cinquième Congrès Panafricain qui s'est tenu à Manchester en octobre 1945 a été organisé par le Dr du Bois, alors président international, et l'exécutif de la section britannique de la Fédération Panafricaine. On pouvait constater à ce Congrès la présence des représentants de travailleurs noirs venus de divers pays. Ce fut l'occasion d'envoyer une lettre au premier ministre britannique de l'époque et d'exiger de lui plusieurs droits, dont l'autodétermination des colonies africaines. Le caractère plébéien de ce Congrès lui donne une particularité par rapport aux Congrès précédents constitués par de petits cercles d'intellectuels. C'est à l'âge de 73 ans que le Dr du Bois a présidé les discussions au cours de ce Congrès dont l'importance n'est pas à démontrer.

On s'est intéressé à cette occasion à tout le monde noir, en considérant les problèmes de ceux d'Afrique qui sont en quête de

---

[16] Soulignons toutefois que ne pouvaient être membres actifs de ce mouvement que les Africains et les personnes d'origine africaine. Les autres devaient se contenter du statut de membres associés.

liberté et d'autodétermination ainsi que ceux de leurs descendants vivant dans l'hémisphère occidental. Des délégués en provenance de l'Afrique présentèrent des rapports sur la situation réelle des peuples africains. Plusieurs rapports sur la situation des peuples d'ascendance africaine des Caraïbes ont été lus par plusieurs congressistes. La question de la ségrégation raciale aux États-Unis fut présentée par le Dr du Bois en personne. Il saisit l'occasion pour faire part aux congressistes des étapes de la lutte menée par les Noirs américains pour obtenir la citoyenneté de première classe. Il est devenu clair aux yeux de tous que le Panafricanisme se voulait une solidarité, une fraternité et une union des Africains et de leurs descendants pour faire face à tout ce qui menace leur existence où qu'ils se trouvent. C'est la raison pour laquelle le Congrès s'est intéressé aussi bien aux difficultés auxquelles les peuples d'Afrique étaient confrontés qu'à celles des personnes d'ascendance africaine vivant dans l'hémisphère nord. C'était une occasion de profiter des expériences des uns et des autres pour en découdre avec les forces aliénantes endogènes et exogènes qui empêchent les Africains d'accéder au bonheur.

Ce Congrès se voulait aussi un programme d'action. Il a recommandé un front uni constitué des intellectuels et de la masse ouvrière dans la lutte contre le colonialisme. L'une des clauses du Congrès est formulée comme suit : « Les peuples des colonies doivent avoir le droit d'élire leurs propres gouvernements, sans restrictions venant des puissances étrangères. Nous disons aux peuples des colonies qu'ils doivent lutter pour atteindre ces buts par tous les moyens dont ils disposent[17]. » Sur l'initiative de Kwame Nkrumah qui était co-secrétaire avec G. Padmore à ce Congrès, le Secrétariat National Ouest-Africain fut mis en place en vue d'élaborer un programme politique recommandé par le Congrès Panafricain pour l'Afrique Occidentale. Voici ce que rapporte Padmore au sujet de ce Secrétariat :

> Après une année de travail préliminaire au milieu de la communauté ouest-africaine du Royaume-Uni, le Secrétariat National Ouest-africain, soutenu par l'Union

[17] Padmore, p. 182.

des Études Ouest-africains, tint une conférence à Londres du 30 août au 1er septembre 1946. Des représentants venus des colonies anglaises et françaises d'Afrique Occidentale y approuvèrent le programme qui avait été forgé par le Congrès Panafricain et s'engagèrent à travailler non seulement pour l'autonomie territoriale, mais à promouvoir l'idée d'une Fédération Ouest-africaine considérée comme un levier indispensable pour la réalisation de la vision panafricaine d'un groupe ultime d'États-Unis d'Afrique[18].

Il est évident que dans une perspective historique, l'idée des États-Unis d'Afrique est intrinsèquement liée au Panafricanisme développé par le Dr du Bois au cours des siècles et qui a trouvé son couronnement au cinquième Congrès Panafricain. Dans ce sens, sa réalisation ne devrait pas dépendre uniquement des efforts des Africains d'Afrique dans la mesure où il s'agit d'une fraternité entre les peuples d'Afrique et leurs descendants se trouvant dans l'hémisphère occidental. Le leadership de Kwame Nkrumah en terre africaine est l'aboutissement logique des efforts menés en Occident sous l'égide du Dr du Bois. Contrairement au Garveyisme, le Panafricanisme n'a pas milité en faveur du retour des personnes d'ascendance africaine sur la terre de leurs aïeux. En effet M. A. Garvey et ses partisans avaient comme slogans « L'Afrique aux Africains », « Renaissance de la race noire » ou encore « Réveille-toi Éthiopie[19]. » Faisant ainsi appel aux émotions du Noir, Garvey s'insurgeait contre le préjugé racial blanc en y opposant un préjugé racial noir, son objectif étant de montrer que les Noirs purs sont à mesure de se développer autant que les Blancs. Aussi affirmait-il à la réunion de la première convention internationale de son mouvement en 1920 : « Travaillons pour l'unique but glorieux : une nation libre, délivrée et puissante. Que l'Afrique devienne une étoile brillante dans la constellation des nations…[20] » Pour parvenir à ce but,

---

[18] *Ibid.*, p. 183.
[19] *Ibid.*, p. 105.
[20] A. J. Garvey (ed.), *Philosophy and Opinions of Marcus Garvey*, vol. 1, Paterson, Frank Cass and Company Limited, 1923, p. 4.

Garvey prônait le retour en Afrique et se projetait comme celui qui dominera sur l'Afrique. Il n'hésitait pas à dire que « l'Afrique offre actuellement aux Noirs du monde occidental une merveilleuse occasion de faire de la colonisation[21]. » Or pour le Dr du Bois, le mouvement panafricain n'est pas un moyen pour dominer les Africains, mais une aide « à la promotion de l'autodétermination nationale parmi les Africains sous la conduite d'Africains, pour le bien des Africains eux-mêmes[22]. » Sur le plan de la politique économique, Garvey était un fervent défenseur du capitalisme[23] tandis que le Dr du Bois défendait la gestion économique du système social-démocrate. Cette précision est importante, car les ennemis du panafricanisme ont souvent présenté les partisans de ce mouvement comme des personnes à la solde du communisme, une accusation qui est dénuée de tout fondement objectif.

Au Garveyisme qui ne cachait pas son orgueil et sa haine raciale s'opposait le Panafricanisme représenté à la même époque par son fondateur le Dr du Bois. En effet, Garvey prônait la mise en œuvre d'une race noire pure, c'est-à-dire sans mélange de sang, haïssant les mulâtres qui étaient exclus de l'exécutif de son mouvement. Le seul dénominateur commun entre les deux mouvements, c'est qu'ils recherchaient le bien des Africains. Les points de discorde par contre étaient multiples. Contrairement au Garveyisme qui encourageait le retour en Afrique des personnes d'ascendance africaine, le Panafricanisme se voulait une « dynamique philosophie politique » et un « guide pour l'action des Africains en Afrique qui jetait les fondements des organisations de libération nationale[24] ».

De même, alors que le Garveyisme s'évertuait à lancer un défi de taille au préjugé racial blanc en y opposant un préjugé racial noir, le Panafricanisme s'insurgeait contre le chauvinisme et

[21] A. J. Garvey (ed.), *Philosophy and Opinions of Marcus Garvey*, vol. 2, p. 40.
[22] Padmore, p. 139. Le Garveyisme était un mouvement des masses populaires tandis que le Panafricanisme était un mouvement d'intellectuels sous l'impulsion du Dr du Bois qui était un érudit.
[23] Garvey (ed.), *Philosophy and Opinions of Marcus Garvey*, vol. 2, p. 72.
[24] Padmore, p. 117.

l'orgueil racial des deux camps. Dans ce sens, dès ses débuts, le Panafricanisme se voulait modéré et réaliste. En sa qualité d'érudit, le Dr du Bois a fustigé scientifiquement les pseudo-sciences qui supportaient le mythe de la « supériorité raciale ». Il a plutôt insisté sur l'égalité des droits pour tous les hommes, peu importe leur race.

Au lendemain de la Première Guerre mondiale, un avocat de la Côte d'Or du nom de Joseph Casely Hayford créa le Congrès National Ouest-Africain (West African National Congress) en tant que moyen d'expression des aspirations politiques des intellectuels noirs de quatre colonies britanniques, à savoir la Gambie, la Sierra-Leone, la Côte d'Or (Ghana) et le Nigeria. En 1920, cette organisation a dépêché une mission en Angleterre pour faire part des revendications des intellectuels africains au ministre des colonies de l'époque, le but étant de procéder à des réformes constitutionnelles. Le Dr du Bois dont le rêve était de voir le Panafricanisme devenir une réalité en sol africain accueillit avec joie la naissance du Congrès National Ouest-Africain. Il entretint une bonne communication avec Joseph Casely Hayford. Ils approuvèrent et appuyèrent mutuellement les programmes de leurs organisations.

Lorsqu'en 1949 le Dr Kwame Nkumah créa le Parti de la Convention du Peuple, il lui insuffla les idéaux du cinquième Congrès Panafricain auquel il a personnellement participé activement. En effet, la méthode non violente de Mahatma Ghandi qui avait fait partie des sujets débattus lors de ce Congrès a été mise en application par le Parti de Nkrumah. Le Parti se lança donc dans une campagne de non-violence et de non-coopération avec l'occupant. Le Congrès tenu à Manchester avait d'ailleurs préconisé que cette méthode était l'unique moyen pour un peuple sans armes de contraindre les colons à admettre ses revendications. Les colons répondirent à la non-violence par l'intimidation dans la mesure où ils arrêtèrent et emprisonnèrent Nkrumah et les leaders de son parti pour avoir osé réclamer l'autonomie. Convaincu que lui et ses partisans étaient sur la bonne voie, il a continué à mettre en pratique les recommandations du cinquième Congrès Panafricain dont la création d'une synergie entre les intellectuels et le peuple. Ainsi, de sa cellule, Nkrumah a encouragé ses partisans à travailler d'arrache-pied pour organiser le Parti en vue des élections législatives, ce qui fut fait. À la surprise générale, le Parti de Nkrumah qui incarnait le Panafricanisme en sol africain sortit vainqueur de ces élections qui eurent lieu en février 1951 au point où il ne s'agissait plus seulement de la victoire du Parti de la Convention du Peuple, mais de celle du Panafricanisme. Le gouverneur était dans l'obligation d'ordonner la libération de Nkrumah à qui on demanda de former le Conseil exécutif. Une année plus tard, soit en 1952, Nkrumah devint premier ministre suite à un amendement dans la constitution qui reconnaissait finalement le principe de démocratie parlementaire. Avec une majorité aussi bien dans l'Assemblée législative que dans son cabinet, Nkrumah s'est sans tarder attelé aux réformes économiques et sociales en vue du bien du peuple. Entre temps, dans l'esprit du cinquième Congrès Panafricain, il a recommandé aux leaders de son parti de rester près de la masse et de la consulter au besoin en cas de décision. Il étendit son Parti à l'ensemble du pays contrairement aux conservateurs qui comptaient plus sur l'organisation tribale.

Le Panafricanisme enregistra une deuxième victoire mirobolante lorsqu'aux élections de juin 1954, le Parti de Nkrumah remporta 72 sièges, alors que la coalition de l'opposition et les candidats indépendants se contentaient de se partager les 32 sièges restants. Pour Nkrumah, cette marche de son pays vers l'émancipation totale était le prélude de celle de l'Afrique entière, le but ultime étant l'unité de toute l'Afrique sous un gouvernement fédéral[25]. « Quand je revins en Afrique occidentale en 1947, dit-il, c'était avec l'intention d'utiliser la Côte d'Or comme tremplin de l'indépendance et de l'Unité Africaine[26]. » Conforté par l'indépendance de son pays dès 1957 qui fut d'ailleurs le premier pays sous domination occidentale au sud du Sahara à accéder à l'indépendance, Nkrumah estimait que « l'Unité africaine constitue la meilleure garantie possible contre

---

[25] C. Legum, *Pan-Africanism. A Short Political Guide*, London & Dunmow, Pall Mall Press, 1962, p. 57.

[26] K. Nkrumah, *L'Afrique doit s'unir*, Paris, Payot, 1964, p. 163.

le néocolonialisme et la balkanisation du continent africain[27]. » À cette forte conviction que le Panafricanisme était l'unique façon pour l'Afrique de gravir des échelons sur la voie de la liberté et de s'imposer comme une puissance aux yeux du monde s'opposait l'Eurafrique défendue par Senghor et Houphouët-Boigny. Ceux-ci étaient opposés à l'idée d'un « gouvernement de l'Union continentale africaine[28]. » Tous deux étaient favorables à la création de la Communauté prônée par la France[29]. La Communauté était selon les propres termes de Charles de Gaulle « un grand ensemble politique, économique et culturel qui réponde aux conditions modernes de la vie et du progrès[30]. »

Cette entité se voulait une fédération entre la France et ses colonies et n'incluait pas la notion d'indépendance. D'ailleurs, sa Constitution stipulait clairement qu'un État membre cessait d'appartenir à la Communauté s'il accède à l'indépendance. Curieusement, toutes les colonies françaises ayant participé au référendum du 28 septembre 1958 ont voté oui à l'adhésion à la Communauté exception faite de la Guinée de Sékou Touré qui s'y est opposée. Celui-ci affirmait au lendemain de ce référendum : « La vérité, c'est que l'unité de l'Afrique est impossible dans le cadre de la Communauté qui a fait de chaque territoire une entité distincte, directement rattachée au système français…En disant « non » à la Communauté, la Guinée dit « oui » à l'Afrique, car accepter la Communauté, c'est refuser l'Afrique[31]. »

La réaction de la France ne se fit pas attendre. Elle retira tout son personnel de la Guinée, lui coupa toute son assistance financière, refusa de reconnaître le nouvel État de Guinée et fit tout ce qui était en son pouvoir pour isoler le pays. Sékou Touré ne se laissa pas intimider. Et pour preuve, il proclama l'indépendance de son pays contre vents et marées le 12 octobre

---

[27] Nkrumah, *L'Afrique doit s'unir*, p. 175.

[28] S. G. Ikoku, *Le Ghana de Nkrumah*, Paris, Maspero, 1971, p. 41.

[29] M. Chailley, *Histoire de l'Afrique Occidentale Française*, Paris, Berger-Levrault, 1968, p. 508.

[30] C. de Gaulle, cité par M. Chailley, *Histoire de l'Afrique Occidentale Française*, Paris, Berger-Levrault, 1968, p. 500.

[31] S. Touré, *Expérience guinéenne et Unité africaine*, Paris, Présence Africaine, 1961, 309-311.

1958. Reconnaissant le rapprochement qu'il y a entre lui et Nkrumah sur le plan idéologique, il se rapprocha de lui. Tous deux décidèrent que leurs deux pays servent de noyau aux États-Unis d'Afrique. Ils firent la déclaration conjointe suivante à Accra le 24 novembre 1958 : « Nous inspirant de l'exemple des treize colonies américaines qui, dès leur accession à l'indépendance ont constitué une fédération qui a fini par donner naissance aux États-Unis d'Amérique (...) nous décidons d'harmoniser la politique de nos deux États, notamment en matière de défense, des affaires étrangères et économique[32]. » Même si les deux pays n'avaient pas de frontière commune et que Sékou Touré était plus radical que Nkrumah dans la mesure où la Guinée a obtenu son indépendance en dehors de la Communauté tandis que le Ghana l'a obtenue dans le Commonwealth, il reste que cette Union était tout un symbole. En effet, c'était une première dans l'histoire de l'Afrique que deux pays africains, l'un étant une ancienne colonie britannique et l'autre une ancienne colonie française parviennent à ce niveau de collaboration. En 1961, le Mali s'est ajouté au groupe formé par le Ghana et la Guinée. La Charte de l'Union de ces trois pays stipulait à l'article 3 ce qui suit : « Mettre leurs ressources en commun pour consolider leur indépendance et sauvegarder leur intégrité territoriale ; coopérer à la liquidation de l'impérialisme, du colonialisme et du néo-colonialisme en Afrique et à l'édification de l'Unité africaine[33]. » Cet article à lui seul cible de façon précise les ennemis de l'Afrique et propose l'Unité de l'Afrique comme l'antidote qui permettra de les abattre.

En face de l'Unité de l'Afrique, Senghor lança l'idée d'un regroupement des anciennes colonies françaises d'Afrique Occidentale et Équatoriale qui prit plus tard le nom de « Groupe de Brazzaville[34] ». Le Groupe doit son nom à la réunion des États

---

[32] Touré, *Expérience guinéenne et Unité africaine*, p. 293.

[33] Nkrumah, *L'Afrique doit s'unir*, p. 169.

[34] Les États membres de ce groupe étaient : Le Cameroun, la Centrafrique, le Tchad, le Congo Brazzaville, le Dahomey (Bénin), le Gabon, la Côte d'Ivoire, le Madagascar, la Mauritanie, le Niger, le Sénégal, et la Haute-Volta (Burkina Faso).

membres qui s'est tenue à Brazzaville en décembre 1960[35]. Peu de temps après la réunion de Brazzaville, un autre Groupe se donna rendez-vous à Casablanca (janvier 1961). Étaient présents à cette rencontre le Ghana, le Maroc, la Libye, le Mali, la Guinée, la République Arabe Unie (RAU) et le Gouvernement provisoire de la République algérienne (GPRA). Cette rencontre a donné naissance à une plate-forme politique commune. Nkrumah a souligné ce qui suit : « L'Avenir de l'Afrique réside dans une Union politique, une union dans laquelle, l'économique, le militaire et le culturel seraient coordonnés en vue de la sécurité de notre continent[36]. » Il est évident pour ce groupe que le parrainage de l'Occident n'est pas envisageable dans la recherche du bien de l'Afrique. Selon sa Charte adoptée le 5 mai 1971 au Caire, le Groupe de Casablanca optait pour le non-alignement et la liquidation du néocolonialisme sous toutes ses formes[37].

Il convient de constater que comparativement au Groupe de Brazzaville, celui de Casablanca était plus représentatif, car il inclut les anglophones, les francophones et les arabophones, tandis que le premier Groupe n'était composé que de francophones. Par ailleurs, le premier Groupe était plus préoccupé par des questions économiques tandis que le second Groupe mettait de l'avant le combat politique sans perdre de vue les dimensions économique et culturelle du combat de l'Afrique. Un exemple concret qu'on pourrait évoquer pour montrer la divergence de point de vue entre les deux Groupes concerne la guerre d'Algérie. Le Groupe de Brazzaville a invité la France à envisager une solution négociée, une position qui fut fustigée par le Groupe de Casablanca dont plusieurs membres avaient d'ailleurs fourni une aide matérielle à l'Algérie pour l'aider à vaincre l'ennemi.

Pour tenter de rallier les deux camps qui ne percevaient pas le bien de l'Afrique de la même manière, une Conférence fut convoquée à Monrovia en mai 1961. Estimant que cette rencontre n'allait pas rendre service à la cause du Panafricanisme, Nkrumah

---

[35] Legum, *Pan-Africanism. A Short Political Guide*, p. 176.
[36] Nkrumah, *L'Afrique doit s'unir*, p. 172.
[37] J. Ki-Zerbo, *Histoire de l'Afrique d'hier à demain*, Paris, Hatier, 1972, p. 626.

réussit à convaincre le Groupe de Casablanca de la boycotter, ce qui fut fait[38]. À ce titre, cette Conférence n'a pas atteint son but qui était de rallier les deux Groupes. Ceux-ci ayant finalement compris que leur antagonisme n'était pas de nature à rendre service à l'Afrique consentirent à leur dislocation et acceptèrent l'invitation de Haïlé Sélassié. L'offensive diplomatique de l'Éthiopie ayant porté ses fruits, 32 chefs d'État africains ont répondirent présents à la rencontre d'Addis-Abeba le 22 mai 1963. Il est curieux de constater que Nkrumah fut presque le seul à défendre une vision fédéraliste de l'Afrique à cette occasion. Convaincu de son approche, il l'appuya en proposant concrètement la mise en place :

- d'un gouvernement d'Union des États africains ;
- d'un programme économique et industriel africain en misant sur un marché africain commun, une monnaie commune, une zone monétaire propre à l'Afrique, une banque centrale africaine et un système africain de télécommunication.
- d'une politique extérieure commune ;
- de systèmes communs de défense ;
- et d'une citoyenneté africaine commune[39].

Malgré la rigueur de la démonstration, les autres chefs d'État n'ont pas approuvé les propositions de Nkrumah, préférant l'approche de la coopération entre les États africains plutôt que celle d'une fédération. L'Organisation de l'Unité Africaine (OUA) vit le jour dans cette perspective. Son acte de naissance consacrait de défaite de l'idéal panafricaniste tel que conçu par le père du Panafricanisme en sol africain.

L'accent a été mis sur une coopération entre États africains laissant la porte largement ouverte au néocolonialisme. L'histoire atteste que l'OUA a fait son temps sans donner à l'Afrique ce dont elle a besoin. Par conséquent, elle fut supplantée par l'Union Africaine en 2002. Cette nouvelle entité ne semble pas non plus permettre à l'Afrique d'être à la hauteur de ses ambitions. Preuve en est qu'il n'y a ni marché commun, ni politique commune, ni

---

[38] J. Woronoff, *Organizing African Unity*, Metuchen, N. J., 1970, p. 200.

[39] K. Nkrumah, « La Conférence d'Addis-Abeba », *Nations Nouvelles, Revue Internationale de l'Union Africaine et Malgache*, N° 5, juillet 1963, p. 65.

une défense commune, alors que les défis sont les mêmes partout en Afrique. Pour s'adapter au nouvel ordre d'un monde mondialisé, plusieurs blocs ont vu le jour dans d'autres régions du monde : l'AELE, l'ALENA, l'ANSEA, le MERCOSUR ou MERCOSUL, la CARICOM, etc. L'Afrique n'a toujours pas réussi à créer une zone de libre-échange, un espace économique à l'échelle continentale. Sur le plan intérieur, la sécurité demeure un problème insoluble dans la mesure où les conflits armés, les conflits frontaliers et les coups d'État poursuivent leur cours sans détraquement. Notons au passage que les sempiternelles opérations de maintien de la paix en Afrique absorbent 65% des travaux du Conseil de sécurité des Nations Unies, ce qui atteste que le continent noir est tristement célèbre avec ses multiples et inextricables problèmes de sécurité[40]. Cette situation témoigne de l'inefficacité de l'Union Africaine en la matière. Autrement dit, cette structure n'est pas à mesure d'instaurer la paix en Afrique. On peut comprendre pourquoi des voix s'élèvent pour réclamer la création des États-Unis d'Afrique, seule institution capable d'aider efficacement l'Afrique.

Les propos susmentionnés du président sénégalais Abdoulaye Wade en fait la condition sine qua non d'un réel développement de l'Afrique à l'image des États-Unis d'Amérique ou de l'Union européenne[41], ressuscitant ainsi le vieux rêve de K. Nkrumah. Avant cette sortie du président sénégalais, le guide de la Jamahiriya libyenne, Mouammar Kadhafi, est lui aussi revenu aux idéaux du Panafricanisme. Il a repris à son compte une idée qui n'est pas nouvelle, certes, mais qui était quelque peu dans les oubliettes. Lors du sommet extraordinaire de Syrte en septembre 1999, il a pressé les participants de passer de l'OUA à une structure panafricaine plus forte dotée de diverses structures qui lui donneront un statut supranational, une sorte de fédération structurée des États africains. Tout en reconnaissant la légitimité d'une telle proposition, plusieurs de ses homologues ont estimé

---

[40] Comité consultatif permanent des Nations Unies sur les questions de sécurité en Afrique Centrale, « Mobilisation des Nations Unies pour la paix et la sécurité en Afrique centrale », Document de référence, New York, Nations Unies, 1997, p. 3-4.

[41] Agence de Presse Sénégalaise, 04 avril 2010.

qu'il n'était pas possible de passer à l'acte de naissance de cette structure dès l'an 2000 comme il le souhaitait. En outre, ils ont jugé nécessaire de modifier plusieurs de ses propositions.

L'Union africaine qui est née en 2002 ne reflète pas ce qu'il voulait. Il convient de marquer une petite pause pour s'interroger sur les raisons qui ont fait en sorte que l'idée de la création des États-Unis d'Afrique mise en avant par Kadhafi n'a pas été acceptée telle quelle. Notons qu'en 1999, Kadhafi cherchait encore à se refaire une image sur la scène internationale après un isolement qui a duré plusieurs années. Du point de vue des Occidentaux, il était un parrain du terrorisme international. Le dénouement de cette crise lui donnait l'espoir de se refaire une autre image. En faisant de la création des États-Unis d'Afrique son affaire au point même de vouloir forcer la main à certains de ses homologues, il n'était pas évident de faire avaler la pilule à ces derniers. Notons en passant qu'il cherchait à ce que le siège de cette nouvelle structure soit à Syrte (son village natal). Se projetait-il à la tête des États-Unis d'Afrique ? Possiblement. En outre, la Libye n'offrait ni l'image d'une société démocratique, ni celle d'un pays respectant les droits de l'homme. Le racisme anti-noir qui y prévaut est suffisant pour comprendre que Kadhafi n'était pas la meilleure personne qui pouvait incarner le rêve de Nkrumah. Dans ces conditions, nul ne voulait davantage hypothéquer l'image de l'Afrique déjà assez écorchée par bien d'autres choses.

Il ne serait pas fastidieux de remonter plus haut dans l'histoire du panafricanisme pour chercher à comprendre pourquoi son adoption a échoué malgré les efforts de Nkrumah et de ceux qui partageaient les mêmes idées que lui. Le premier obstacle à la création des États-Unis d'Afrique à l'époque de Nkrumah est une question de volonté politique des leaders africains. Il était clair au sommet d'Addis-Abeba que les chefs des jeunes États indépendants ne voulaient pas transiger avec leurs statuts en cédant une partie de leur souveraineté absolue. En témoignent ces propos de Philibert Tsiranana de Madagascar qui affirmait lors dudit sommet :

> Notre adhésion [à l'OUA] écarte ipso facto la formule de la fédération des États africains, puisque le fédéralisme suppose l'abandon d'une grosse partie de la souveraineté nationale. De même, nous rejetons toute formule confédéraliste parce que l'autorité que nous placerions au-dessus des États pourrait imposer des directions inacceptables par certains d'entre nous[42].

En plus de souligner que l'adhésion à l'OUA équivaut au refus du fédéralisme et du confédéralisme africains, il prend le soin de préciser deux raisons de ce refus : d'une part, les chefs d'État ne veulent pas céder une partie de la souveraineté nationale, et d'autre part l'autorité fédérale pourrait ne pas conduire la Confédération dans la bonne direction. À noter qu'à cette époque, la dictature et le parti unique étaient à la mode en Afrique.

Une autre raison, et pas des moindres, qui explique l'échec du combat de Nkrumah est l'influence des anciennes métropoles qui voyaient dans la création des États-Unis d'Afrique la fin de leurs intérêts géopolitiques, économiques, financiers et politiques en Afrique. Le néocolonialisme qui a été minutieusement préparé a pour but de maintenir les anciennes colonies dans la dépendance vis-à-vis des anciennes métropoles. La signature des accords de défense au lendemain des indépendances qui comportent plusieurs contraintes de la part des anciennes colonies s'inscrit dans la même logique. Plusieurs de ces chefs d'État présents à ce sommet d'Addis-Abeba n'avaient pas les mains libres même s'ils estimaient qu'ils avaient la « souveraineté » de leurs pays à défendre en refusant la création des États-Unis d'Afrique. La France particulièrement était très active à travers des hommes de main comme L. S. Senghor et de Houphouët Boigny qui ont joué le jeu de l'ancienne métropole. L'échec de la mise en place des États-Unis d'Afrique a consacré le triomphe du néocolonialisme qui bat encore son plein de nos jours. Il est évident que le jour où l'Afrique optera pour la création des États-Unis d'Afrique, elle sonnera le glas du néocolonialisme, car à partir de ce moment-là, les expressions du genre « pré-carré » cesseront d'exister. Bien

---

[42] P. Tsiranana, in : *Nations Nouvelles. Revue internationale de l'UAM*, N° 5, juillet 1963, p. 82.

évidemment, la coopération avec les pays européens va continuer, mais sur de nouvelles bases.

L'égoïsme est un autre obstacle à la réalisation du projet panafricain. En effet, le manque d'esprit de partage fait en sorte que les pays les plus nantis ne voient pas de prime abord la nécessité de s'unir aux autres pays qui n'ont pas nécessairement les mêmes ressources. On n'oubliera pas que l'une des raisons pour lesquelles Houphouët Boigny s'opposait radicalement à l'idée panafricaniste, c'est qu'il ne voulait pas que son pays joue le rôle de « vache à lait » pour les autres. Ce genre de raisonnement est limité et spécieux dans la mesure où un pays peut ne pas avoir assez de richesses naturelles, mais se développer. C'est le cas du Japon. Aussi, un pays peut avoir d'énormes richesses naturelles et demeurer très pauvre à l'instar de la RDC[43]. Tout compte fait, il serait important de se mettre au-dessus de ce vice pour comprendre que l'intégration à l'échelle continentale profitera à tous les Africains.

L'engagement de la plupart des pays africains sur la voie de la démocratie devrait être un atout pour faire avancer le projet panafricaniste. S'il est vrai qu'au lendemain des indépendances, chaque chef d'État cherchait à tout prix à régner comme un roi dans son terroir, il n'en demeure pas moins vrai le contexte actuel ne s'offre plus à une telle pratique.

À l'époque des indépendances, les jeunes États indépendants vivaient dans la psychose de l'insécurité, raison pour laquelle plusieurs d'entre eux ont recherché la protection des pays plus puissants à travers des accords de défense. Ces États ne voulaient pas remettre en cause les acquis pour s'engager sur une voie sans assurance. Par contre, aujourd'hui, les pays africains n'ont plus besoin de ces accords de défense qui sont devenus non seulement dépassés, mais empiètent malencontreusement la souveraineté de ces pays. La création d'une structure supranationale à l'échelle continentale avec une armée commune sera en elle-même un début sinon, la solution carrément aux conflits qui menacent la sécurité du continent. Par exemple, dans une telle structure, il ne

[43] Selon le Rapport mondial sur le développement humain 2009, la RDC occupe le 176e rang sur 182 dans le classement.

sera plus possible qu'un mouvement rebelle prenne un autre pays d'Afrique comme arrière-base en vue de la déstabilisation d'un autre pays du même continent. Récemment le Tchad et le Soudan se sont mutuellement accusés de soutenir des mouvements armés dont le but serait de renverser le gouvernement en place dans chacun de ces pays.

Un facteur qui pourrait favoriser la création des États-Unis d'Afrique se trouve être la globalisation du monde. Il va sans dire que dans ce nouvel ordre mondial, l'union fait la force. L'Afrique a tout à gagner sur le plan économique en ayant un marché commun et une monnaie commune. La création des États-Unis d'Afrique consacrera le libre-échange entre les pays du continent, une meilleure circulation des biens et des services, une indépendance financière vis-à-vis des anciennes métropoles, une meilleure résistance à la détérioration des termes de l'échange, etc.

Il a été souligné plus haut que le Dr du Bois, précurseur du Panafricanisme, militait en faveur d'une gestion économique social-démocrate. Son point de vue est encore défendable dans le contexte actuel de l'Afrique. La dictature du capitalisme néolibéral impose à l'Afrique le désengagement de l'État à travers les Programmes d'ajustement structurel et les pays africains n'ont pas de choix que de se plier à cette exigence. On pense ainsi arracher l'Afrique à son sous-développement et pour ce faire, on ferme les yeux sur les conséquences dramatiques de sa mise en application. Comment peut-on concevoir le désengagement de l'État alors que les pays africains se retrouvent avec une majorité de la population qui est sans emploi, des millions de malades de SIDA, des millions d'orphelins de SIDA, des millions de réfugiés, des millions de personnes qui vivent avec moins d'un dollar par jour au point où elles sont incapables de se nourrir et de se soigner ? N'est-il pas à la limite sadique de promouvoir le désengagement de l'État dans un contexte où le bon sens voudrait qu'il y ait des investissements massifs de sa part dans le secteur social ? Pourquoi les orphelins de SIDA ne mériteraient pas d'être entièrement pris en charge par l'État ? Pourquoi le pauvre ne peut-il pas compter sur l'État pour recevoir ne serait-ce que des soins de première nécessité ? Il ne faut surtout pas se leurrer. Très peu de personnes en Afrique peuvent s'offrir le luxe d'avoir une assurance maladie. Si l'État ne subventionne pas les soins de santé, cela voudrait dire que le pauvre qui n'a même pas à manger doit payer avant de recevoir les soins médicaux. C'est malheureusement dans ces conditions que beaucoup meurent en Afrique non pas parce que leur dernier jour est arrivé, mais parce qu'ils n'ont pas les moyens financiers leur permettant de se soigner et surtout parce qu'ils ont été abandonnés par l'État démissionnaire. Le désengagement de l'État ne peut pas ne pas s'interpréter en Afrique comme une démission. L'application du principe « chacun pour soi, Dieu pour tous » est cruelle dans le contexte africain où il y a une minorité très riche et l'écrasante majorité de la population qui gît sous le poids de la paupérisation.

Il ne fait aucun doute qu'en Afrique, il n'y a qu'un très faible pourcentage de la population qui a droit à une pension à la retraite. Or, il est connu que l'écrasante majorité de la population vit sous le seuil de pauvreté et ne peut conséquemment épargner pour la retraite. Comment peut-on parler de désengagement de l'État dans ce contexte où la plupart des personnes de 60 ans et plus n'ont aucune ressource ? Il faut au contraire encourager les différents gouvernements des pays africains à mettre en place une politique visant à accorder une pension de retraite aux citoyens de 60 ans et plus qu'ils aient été salariés ou non[44]. Abandonner ces personnes à leur triste sort équivaut au sadisme et à la démission de l'État.

Il n'est pas question de demander l'instauration du communisme en Afrique, mais plutôt celle d'une gestion économique du type social-démocrate caractérisée par

[44] Il est évident que ceux qui bénéficient de la situation actuelle de l'Afrique répondront à cette proposition en évoquant le manque de fonds pour financer de tels projets. Cet alibi me semble simpliste dans la mesure où si l'Afrique mettait un terme au détournement des deniers publics et aux conflits armés, il y aurait suffisamment d'argent pour financer de vastes programmes sociaux qui amélioreront de façon substantielle la vie des masses qui croulent présentement sous le poids de la misère. Il est certain que lorsqu'une étude complète sur le montant réel de l'argent détourné par l'élite au pouvoir en Afrique depuis les indépendances sera publiée, il y aura de quoi frissonner.

l'interventionnisme de l'État à travers la mise en œuvre de multiples programmes sociaux susceptibles d'amenuiser les effets de l'injustice sociale qui permet aux nantis de s'offrir certains avantages et qui condamne les pauvres à la disette ou même à la mort. Sachant qu'en Afrique la grande partie de la richesse est détenue par une infime minorité, il revient à l'État qui ne peut pas ne pas être interventionniste d'instaurer une égalité du droit à l'éducation, aux soins médicaux, à l'emploi, aux régimes de retraite et à des conditions de travail sécuritaires. Il revient au peuple d'examiner minutieusement le programme de chaque parti politique qui sollicite ses suffrages afin de s'assurer qu'il n'élira que le parti qui propose les meilleurs programmes sociaux et qui a des leaders qui inspirent confiance.

Le cinquantenaire des indépendances doit effectivement être l'occasion de réfléchir sérieusement sur la pertinence du Panafricanisme. Les intellectuels noirs ont joué un rôle de choix dans le combat politique du Panafricanisme. Il ne peut en être autrement aujourd'hui. Pour parvenir à cet idéal, il est important, voire nécessaire, que cette question ne soit pas simplement laissée aux hommes politiques au pouvoir en Afrique. Il s'agit d'un poids qu'eux seuls ne peuvent porter malgré leur bonne volonté. Pour rester dans la logique panafricaniste, il est nécessaire que les intellectuels africains vivant en Afrique ainsi que ceux de l'hémisphère nord et la masse participent activement à cette révolution. On ne le répètera jamais assez : ce n'est pas dans l'intérêt des pays riches que l'Afrique s'unisse et devienne une puissance. Le chaos qu'il y a en Afrique permet à nombre de ces pays de profiter des richesses du continent. Or si l'Afrique se redresse, ils n'auront plus cette possibilité. Ils auront toujours leurs hommes de main pour décourager la réalisation de l'idéal promu par le Panafricanisme comme ce fut le cas par le passé. Il sera nécessaire aussi de combattre des idéologies tel l'afro-pessimisme qui parvient à faire croire aux naïfs qu'il n'y a aucun espoir pour l'Afrique. Il devient nécessaire d'identifier tous les obstacles à la réalisation du rêve africain et de les combattre un à un. Il y a lieu d'espérer que d'autres chefs d'État africains emboiteront le pas à leur collègue du Sénégal pour acquiescer au principe que la création des États-Unis d'Afrique est l'ultime solution au mal africain. Dans ce combat, il est nécessaire de compter sur le rôle de choix que la masse peut jouer.

Le Panafricanisme historique a retenu comme principe de joindre le peuple à la lutte des intellectuels en vue de la liberté. Il s'agit là d'un principe qui n'est pas dépassé. Cependant, on aurait voulu qu'il aille plus loin en proposant les moyens par lesquels le projet de constitution des États-Unis d'Afrique peut devenir une réalité. Il faut aussi espérer que la prise de conscience qui se dégage du discours du président sénégalais Abdoulaye Wade fera tâche d'huile et contaminera les autres dirigeants africains et que cette fois-ci, aucun d'entre eux n'acceptera de porter le poids historique d'être l'homme de main des puissances impérialistes qui trouvent leur compte dans la division de l'Afrique et qui ont tout à perdre au cas où l'Afrique s'unit sous la bannière des États-Unis d'Afrique.

Chapitre 6 : Leçons de dignité

À l'heure du bilan, l'attention ne doit pas seulement être portée sur ce qui est négatif, mais aussi sur ce qui a été bien fait et qui mérite des éloges. C'est à tort qu'on crée l'amalgame en considérant l'Afrique en général comme le meilleur exemple de la mauvaise gouvernance. Certes, il y a eu des dictateurs et peut-être y en a-t-il encore. On compte plusieurs dirigeants africains qui ont pris le pouvoir par la force et n'ont de ce fait aucune légitimité ; il y en a qui se maintiennent au pouvoir grâce au soutien des anciennes métropoles parce qu'ils garantissent leurs intérêts ; il y en a qui confisquent le pouvoir grâce au bourrage des urnes et à la manipulation des résultats des élections ; il y en a qui font de leur pays l'arrière-base des mouvements armés qui déstabilisent les pays voisins et s'improvisent plus tard en médiateurs ; il y en a qui détournent avec leur entourage les deniers publics laissant le peuple croupir sous le poids de la paupérisation ; il y en a qui favorisent la corruption…Mais ce serait une grave erreur de ne pas reconnaître l'apport de bien d'autres dirigeants africains qui défient les vieilles démocraties par leurs actions auréolées de gloire et de dignité. Deux d'entre eux seulement seront considérés dans les lignes qui suivent. J'en énumérais deux d'entre eux ; deux qui sont des hommes de grande vision ayant travaillé d'arrache-pied à la réalisation de leur idéal.

Thomas Sankara

C'est Thomas Sankara, ex-président de l'ancienne Haute-Volta, qui a changé le nom de son pays en Burkina Faso, ce qui veut dire littéralement « pays des hommes intègres[1] ». Il signait

---

[1] P. Englebert, *La révolution burkinabè*, Coll. Point de vue, Paris, L'Harmattan, 1986, p. 16, note 2. L'Ordonnance 84-43-CNR-PRES dans son Article 3 stipule : « Le Faso est l'entité juridique et politique, le foyer inextinguible où souffle le vent vivifiant de la liberté et de la dignité qui redonne au peuple toute sa grandeur et fait de lui l'allié naturel de tous les peuples du monde qui partagent les mêmes idéaux de liberté et de dignité. Le Faso est la patrie du peuple révolutionnaire du Burkina. », Ordonnance 84-43-CNR-PRES, Journal Officiel, 16 août 1984, p. 804.

par ce geste l'acte de naissance d'un pays qu'il s'est fixé pour mission de transformer de fond en comble. Durant son bref passage à la magistrature suprême, il s'est illustré comme un leader ayant une vision claire pour son pays. Il était décidé à rompre avec l'environnement d'aliénation, de domination et d'exploitation de l'Afrique pour s'attacher à celui de la libération et de la liberté. Tous ses discours et actes portent la marque de ce changement qu'il a cherché à imprimer en lettres de feu dans la vie de ses concitoyens. Le jeune capitaine a su défier ses confrères africains, en général plus âgés que lui, en incarnant la liberté qu'il prêchait.

M. Sankara a compris que ce n'est pas en comptant sur les autres que l'Afrique va se développer. Et pour que ce développement se produise, il fallait que le peuple soit partenaire. Il a estimé qu'il était nécessaire que ce dernier s'engage sur la voie d'une révolution éthique. L'évocation du mot révolution inquiète inévitablement ceux qui tirent profit de l'exploitation de l'Afrique. Il n'existe pas un autre mot pour décrire le changement de mentalité opéré par lui en l'espace de 4 ans.

Se référant à ceux qui critiquaient le changement qui se produisait dans son pays, il rétorqua en ces termes : « C'est pourquoi nous disons que leurs complots ne pourront jamais mettre un terme à la révolution. La révolution est bel et bien en marche et elle gagnera. Elle libèrera tous les peuples[2]. »

Lorsqu'il accédait à la magistrature suprême, son pays faisait partie des plus corrompus du monde. Mais en très peu de temps, son pays est effectivement devenu le « pays des hommes intègres ». Le changement de mentalité était tel que les policiers qui étaient si corrompus au point d'exiger de l'argent aux citoyens pour des motifs injustifiés, argent qui n'allait pas dans les coffres de l'État, ont été atteints par le vent du changement et prêts à porter plainte contre quiconque essayait de les soudoyer pour échapper à la loi. L'intégrité est une valeur chère à M.

[2] Allocution prononcée par M. Sakara le 11 septembre 1985, *Sidwaya* du 13 septembre. Voir Sankara, *Oser inventer l'avenir. La parole de Thomas Sankara*, p. 157.

Sankara et il a réussi à la transmettre à une grande partie de ses compatriotes avec succès.

M. Sankara était panafricaniste. S'il est vrai que sa lutte concernait tout d'abord le peuple burkinabè, il n'en demeure pas moins vrai qu'elle s'étendait à toute l'Afrique[3]. C'est dans ce sens qu'il abonde lorsqu'il affirme :

> Tout le monde constate aujourd'hui avec amertume, face aux méfaits et autres exactions de l'impérialisme en Afrique, que Nkrumah avait très bien raison d'aller de tous ses vœux à l'unité du continent. Néanmoins, l'idée demeure et il nous appartient, il appartient aux patriotes africains, de lutter partout et toujours pour sa concrétisation. Il appartient à tous les peuples panafricanistes de reprendre le flambeau de Nkrumah pour donner espoir à l'Afrique[4].

Les discours de M. Sankara font état d'une ferme volonté de résistance aux forces déstabilisatrices et oppressantes qui trouvent leur plaisir dans l'insécurité, le terrorisme d'État qu'exercent certains pays, le manque de solidarité entre les peuples dominés, l'exploitation et le pillage des ressources des moins forts et l'aliénation des peuples. Il aborde de façon claire et directe les problèmes qui minent l'existence de millions de personnes à travers le monde. Il s'agit là d'une qualité que devrait avoir tout leader qui tient réellement au bonheur de ses concitoyens. Il est déplorable de constater qu'on se perd souvent dans un langage trop diplomatique qui voile la vérité et encourage malheureusement le statu quo qui arrange ceux qui tirent leur subsistance de la spoliation et de l'exploitation de l'Afrique.

Le sens de responsabilité était une autre valeur très chère que M. Sankara a transmise à ses compatriotes. En 4 ans, il a réussi à les convaincre qu'il y va de leur dignité de se procurer un lopin de terre et d'y construire une maison. Les Burkinabè ont adhéré sans résistance à cette philosophie de vie. Ce faisant, ils ont

---

[3] Dans ses discours, il se référait constamment à K.Nkrumah.

[4] T. Sankara, « Entrevue avec M. Beti » in : *Thomas Sankara parle : La révolution au Burkina Faso 1983-1987*, p. 263.

compris qu'il est possible de vivre dans sa propre maison dans un pays déclaré pauvre.

Selon Bruno Jaffré, M. Sankara est un précurseur de la défense de l'environnement. Conscient de la responsabilité humaine dans la désertification, il a intégré ce thème dans sa révolution et s'est fixé trois objectifs concrets : d'abord la lutte contre l'exploitation abusive du bois, suivie de l'encouragement et de la sensibilisation à l'utilisation du gaz. Ensuite la lutte contre les feux de brousse. Enfin la lutte contre la divagation des animaux[5].

M. Sankara en tant que président était dans une position lui permettant de se remplir les poches s'il voulait faire comme la plupart de ses collègues africains. Aussi surprenant que cela puisse paraître, il a opté pour le contraire. Il a préféré prêcher par l'exemple. Et pour preuve, à sa mort, il n'avait pas d'argent dans son compte personnel et n'a gardé que sa petite maison qu'il avait construite avant qu'il ne devienne président. Sa famille après lui dépendait de la générosité de ses amis. Il a imposé ce style aux membres du gouvernement en mettant un terme à plusieurs prérogatives comme la mise à la disposition des membres du gouvernement de véhicules de service dernier cri. Afin de lutter contre la corruption au sommet de l'État, il a exigé que les membres du gouvernement et les directeurs des sociétés d'État fassent la déclaration publique de leurs biens. Il donna l'exemple en le faisant le premier.

M. Sankara estimait que c'était de la gabegie de consacrer des sommes faramineuses à l'achat de véhicules luxueux alors que cet argent pouvait être investi dans les domaines d'intérêts nationaux. La leçon de leadership qu'il donne ici c'est que lorsque l'exemple vient des leaders, il est facilement accepté et assimilé par la base. Paradoxalement, ce qui se vit ailleurs consiste à demander à la masse de consentir certains sacrifices en réponse aux défis de l'heure tandis que le train de vie des dirigeants reste le même s'il ne s'accélère pas à un rythme vertigineux. M. Sankara s'est vigoureusement et avec raison opposé à l'enrichissement illicite de la minorité dirigeante au détriment de la masse. Le principe est que les citoyens sont tous

---

[5] *Le Monde diplomatique*, octobre 2007.

égaux et par conséquent ont tous droit aux richesses du pays. Il ne s'agit pas ici du communisme, mais d'un refus de l'abus de pouvoir. C'est ce qu'il exprime en ces termes :

> Les ennemis du peuple à l'intérieur, ce sont tous ceux qui se sont enrichis de manière illicite, profitant de leur situation sociale, profitant de leur situation bureaucratique. Ainsi donc, par des manœuvres, par la magouille, par les faux documents, ils se retrouvent actionnaires dans les sociétés, ils se retrouvent en train de financer n'importe quelle entreprise ; ils se retrouvent en train de solliciter l'agrément pour telle ou telle entreprise[6].

M. Sankara incarne un courage exceptionnel. Ses discours portent la marque. Ainsi, il a pu dire tout haut ce que d'autres disaient tout bas. Il a dénoncé le racisme anti-noir, le néocolonialisme, l'impérialisme[7], l'endettement injustifié de l'Afrique, la marginalisation de l'Afrique, etc.[8] Après coup, on peut se demander si c'était sage de sa part de dénoncer ces vices qui font le malheur de l'Afrique. Non, diront certains, car la fin tragique de sa vie est attribuée à ce combat[9]. Par contre, si on

---

[6] Discours prononcé par M. Thomas Sankara, premier ministre du Conseil du salut du peuple (CSP) 26 mars 1983 lors d'un meeting à Ouagadougou. Texte tiré de l'hebdomadaire *Carrefour africain* du 1er avril 1983.

[7] « Cet impérialisme, disait M. Sankara, c'est encore lui qui a armé ceux qui en Afrique du Sud tuent nos frères. Cet impérialisme, c'est encore lui qui a assassiné les Lumumba, Cabral, Kwame Nkrumah. Mais je vous dis et je vous promets que, parce que j'ai confiance en vous et que vous avez confiance dans le CSP, parce que nous formons le peuple, quand l'impérialisme viendra ici, nous l'enterrerons. Nous enterrerons l'impérialisme ici. » In *ibid.,* Texte tiré de l'hebdomadaire *Carrefour africain* du 1er avril 1983.

[8] Voir ses discours sur chacun de ces thèmes.

[9] En attendant qu'un jour toute la lumière soit faite sur l'assassinat de ce héros dont la mission était de redonner à l'Afrique sa dignité, voici ce qu'en dit François-Xavier Verschave : « Kadhafi et la Françafrique multipliaient les causes communes. Cimentées par l'antiaméricanisme. Agrémentées d'intérêts bien compris. L'élimination du président burkinabè Thomas Sankara est sans doute le sacrifice fondateur. Foccart et l'entourage de Kadhafi convinrent en 1987 de remplacer un leader trop intègre et indépendant, au point d'en être agaçant, par un Blaise Compaoré infiniment mieux disposé à partager leurs desseins. L'Ivoirien Houphouët fut associé au complot. » F. –X. Verschave, *Noir silence*, p. 346-347.

veut juger les choses sur la base de ses réalisations dans son pays, il serait malhonnête de ne pas reconnaître qu'il a tiré sa révérence avec le sentiment d'avoir accompli sa mission. S'il pouvait reprendre la parole aujourd'hui, il exprimerait certainement cette satisfaction-là. Il semble malheureusement que l'assassinat est le triste sort réservé aux dignes fils d'Afrique qui ont lutté pour la totale libération de leur continent. Patrice Lumumba, Barthélemy Boganda, Sylvanus Olympio, entre autres, ont payé de leur vie l'audace d'avoir cru en l'Afrique.

Il convient de reconnaître en M. Sankara un homme politique humble. Dans toutes ses interventions où il aborde la question de la révolution burkinabè, la première personne du pluriel prend la place de la première personne du singulier montrant ainsi qu'il n'a pas l'outrecuidance de s'attribuer personnellement les mérites et les succès engrangés. Au contraire, les réalisations sont attribuées au Conseil National de la Révolution (CNR) et au peuple burkinabè. Une telle attitude laisse peu sinon pas de place à l'orgueil et à la dictature. La gouvernance selon lui se fait au nom du peuple et à côté du peuple.

M. Sankara était à son époque l'un des rares présidents à aborder officiellement la question de l'émancipation de la femme et à y travailler en vue de sa réalisation. Pour lui, la révolution burkinabè doit déboucher sur une mutation culturelle qui transforme le rapport de pouvoir qu'il y a entre l'homme et la femme. Il s'agit de restituer à la femme toute sa dignité afin qu'elle apporte tout l'appui dont elle est capable à la consolidation d'une société qui prend son destin en main. C'est dans ce sens qu'il abonde lorsqu'il affirme : « Le but de cette grandiose entreprise, c'est de construire une société libre et prospère où la femme sera l'égale de l'homme dans tous les domaines. Il ne peut y avoir de façon plus claire de concevoir et d'énoncer la question de la femme et la lutte émancipatrice qui nous attend[10]. » M. Sankara préconisait l'affranchissement intégral de la femme d'un système séculaire de servitude. La femme burkinabè qui lutte pour son affranchissement ne fait que joindre sa voix à celles des femmes du monde entier qui plaident

[10] Sankara, *Oser inventer l'avenir. La parole de Thomas Sankara*, p. 234.

en faveur d'une libération totale des forces dominatrices qui les maintiennent dans un état d'infériorité par rapport aux hommes. La condition de la femme « a donc un caractère universel ». L'exploitation et l'asservissement de la femme ne sont de ce fait pas propres à la société burkinabè. Conséquemment, en prenant la défense de la femme, M. Sankara se porte au secours des femmes du monde entier qui aspirent à la liberté sous toutes ses formes. Il n'est pas resté confiné à l'étape de discours comme le font plusieurs démagogues dans la mesure où il a posé des actes concrets aux fins de la libération de la femme. L'un des fruits de sa révolution est la création de l'Union des femmes du Burkina (UFB).

M. Sankara était conscient du fait que la liberté ne se donne pas, elle se conquiert et se gagne. C'est pour cela que tout en défendant le droit des femmes à la liberté, il a facilité la création de l'UFB qui est un cadre permettant à ces dernières de mieux organiser leur lutte en vue de leur affranchissement total du système d'exploitation. Il a ciblé les pratiques qui avilissent la femme et a concentré ses efforts sur la lutte contre ces fléaux. « Notre révolution, durant les trois ans et demi, dit-il, a œuvré à l'élimination progressive des pratiques dévalorisantes de la femme, comme la prostitution et les pratiques avoisinantes comme le vagabondage et la délinquance des jeunes filles, le mariage forcé, l'excision et les conditions de vie particulièrement difficiles de la femme[11]. » À cela il faut ajouter toute une liste d'actions comme l'amélioration des conditions d'alimentation, les garderies populaires, l'approvisionnement en eau, l'accès de la femme au marché du travail en vue de son émancipation du point de vue économique, les campagnes d'alphabétisation, les instructions aux parents de mettre les filles au même pied d'égalité que les garçons en matière de scolarisation, etc.

Même si les ennemis du bien de l'Afrique n'ont pas laissé le temps à M. Sankara d'aller jusqu'au bout de sa logique qui était d'étendre le mouvement amorcé de la libération de la femme au monde entier, il y a lieu de reconnaître que son engagement dans ce domaine est exceptionnel. On aurait souhaité que ses

---

[11] Sankara, *Oser inventer l'avenir*, 235.

homologues africains lui emboitent le pas. Mais hélas, cela n'a pas été le cas. Certes, la condition de la femme africaine s'est améliorée. Mais elle est encore très loin de l'idéal que se fixait M. Sankara. De nos jours, un peu partout en Afrique, la femme peut se faire molester par son mari sans avoir la possibilité d'être secourue efficacement par les institutions en place. Il en est de même de sa chosification qui est loin d'avoir été abandonnée. Il devient donc nécessaire de se remettre à l'écoute de M. Sankara qui demeure immortel grâce à sa contribution exceptionnelle à l'émancipation non seulement de la femme, mais de l'Afrique entière.

Nelson Mandela

La dictature dont plusieurs dirigeants africains s'en sont fait la réputation ne devrait pas occulter l'œuvre des héros africains de la démocratie, caractérisée par une bonne gouvernance qui défie les grandes démocraties du monde occidental. Quelques exemples suffiraient pour attester qu'en Afrique, il n'y a pas que la dictature, mais aussi de grands hommes d'État qui peuvent être des sources d'inspiration. En tête de ces derniers vient une icône vivante, l'ex-Président de l'Afrique du Sud Nelson Mandela.

Chaque époque produit ses héros, et M. Nelson Mandela en est un. Lors de son passage à Toronto, il a rassemblé 40 000 jeunes qui le considèrent comme héros, ce qu'aucun politicien ne peut réaliser au Canada. Plusieurs ouvrages lui ont été consacrés, ce qui fait qu'il est inutile de revenir sur des détails que les spécialistes en la matière on déjà exprimés. Un simple renvoi vers ces ouvrages suffirait pour quiconque aimerait en savoir plus sur la vie de ce grand homme, ses luttes, ses méthodes, ses triomphes, ses idéaux, etc. On se limitera ici aux aspects qui peuvent aider l'Afrique dans sa quête de la liberté. Toute la vie de ce héros a été consacrée à la lutte contre l'injustice, le mépris et la discrimination raciale. Juriste de formation, il avait acquis la connaissance nécessaire pour se porter au secours des Noirs discriminés et déshumanisés, sauf que la connaissance à elle seule ne suffisait pas. Il fallait de la détermination, de l'engagement et une méthode de combat appropriée. Mais ce qui ne cessera jamais de nous surprendre chez cet homme, c'est son attitude clémente envers les oppresseurs d'hier une fois la victoire acquise et sa très bonne gouvernance qui est une claque à tous ceux qui pensent que la démocratie est le monopole de l'Occident. Le fauteuil présidentiel de M. Nelson Mandela est le couronnement d'une longue quête de liberté jalonnée d'intimidations, de menaces de mort, de coups bas, d'accusations, d'emprisonnement, etc. Aucune de toutes ces hostilités n'a eu raison de la détermination de cet homme décidé à combattre jusqu'à ses derniers retranchements un système raciste et odieux.

Son excellente gouvernance lui a valu le prix extraordinaire de bonne gouvernance Mo Ibrahim[12]. De même, ses méthodes pacifistes lui ont valu le prix Nobel de la paix en 1993. Lorsqu'il a pris le pouvoir à la suite de la première élection démocratique en Afrique du Sud, il aurait pu se lancer dans la chasse aux sorcières pour venger le sang des Noirs dont le seul péché était d'être Noirs. Il s'est plutôt fixé comme priorité de réconcilier les frères ennemis. Aussi, dit-il dans son autobiographie :

> Dès que les résultats ont été connus et qu'il est devenu évident que l'ANC allait former le gouvernement, j'ai considéré que ma mission était la réconciliation. Je devais panser les blessures, faire naître l'espoir et la confiance. Je savais que beaucoup de gens, en particulier les minorités, les Blancs, les métis et les Indiens, étaient anxieux devant l'avenir, et je voulais qu'ils se sentent en sécurité. Je ne cessais de rappeler aux gens que la lutte de libération n'était pas une lutte contre un groupe ou une couleur, mais un combat contre un système d'oppression. À chaque

[12] En 2007, ce prix a été décerné à Joaquim Chissano, ancien président du Mozambique et en 2008, c'était au tour de l'ancien président du Botswana, Festus Mogae, d'être le lauréat du même prix. Celui-ci est annuel et le plus faramineux qui soit, initié et lancé par le Dr Mo Ibrahim, un magnat britannique des télécommunications d'origine soudanaise récompensant d'anciens chefs d'État ou de gouvernement de l'Afrique subsaharienne qui se sont distingués par leur bonne gouvernance. Aucun ancien président de l'Afrique subsaharienne n'a été jugé digne de recevoir ce prix en 2009 et 2010. Ce prix est un message en direction des dictateurs qui s'accrochent au pouvoir afin qu'ils changent et s'efforcent plutôt à donner le bon exemple à leur peuple.

> occasion, je disais que tous les Sud-Africains devaient maintenant s'unir, se tenir la main et dire : nous formons un pays, une nation, un peuple, et nous nous engageons ensemble dans l'avenir[13].

C'est dans cette optique qu'il a mis en place la Commission « Vérité et réconciliation » présidée par Mgr Desmond Tutu, lui aussi Prix Nobel de la Paix. Cette commission qui a eu un effet curatif a donné l'occasion aux opprimés de se défouler en exprimant leur angoisse, leur douleur et leur peine, mais aussi oppresseurs de se libérer du sentiment de culpabilité qui les hantait. Elle était une étape nécessaire à la guérison des uns et des autres. Cette idée ingénieuse est la particularité de ce grand homme d'État. En sa qualité de juriste de formation, il aurait pu décider de la mise en place d'une Commission d'enquête publique présidée par des juges pour faire toute la lumière sur les ravages de l'apartheid. Mais il a écarté cette option et opté pour la méthode qui conduit à l'unité et non pas celle qui conduit à la division. Lorsque le leader de l'aile militaire de l'ANC est tombé sous les balles d'un extrémiste néo-nazi, M. Mandela a prononcé ces paroles dans une adresse à la nation sud-africaine : « Nous ne devons pas nous laisser provoquer par ceux qui nous refusent la liberté pour laquelle Chris Hanny a donné sa vie. Nous devons réagir avec discipline et dignité. » Par ces paroles, il a pu calmer l'ardeur des militants de l'ANC qui réclamaient les armes pour répondre aux provocations des adeptes de la violence. Grâce à son sens de leadership, il a fait éviter de justesse une guerre civile en Afrique du Sud.

Lors du procès de Rivonia en 1964, il a prononcé la vision à laquelle il croyait et à la laquelle il a consacré toute sa vie, paroles qu'il reprendra lors son premier discours à sa sortie de prison où il avait passé 27 ans. Il affirma : « Au cours de ma vie, je me suis entièrement consacré à la lutte du peuple africain. J'ai lutté contre la domination blanche et j'ai lutté contre la domination noire. Mon idéal le plus cher a été celui d'une société libre et démocratique dans laquelle tous vivraient en harmonie et

---

[13] N. Mandela, *Un long chemin vers la liberté*, autobiographie, trad. J. Guiloineau, Paris, Fayard, 1995, p. 640.

avec des chances égales. J'espère vivre assez longtemps pour l'atteindre. Mais si cela est nécessaire, c'est un idéal pour lequel je suis prêt à mourir[14]. » Cette déclaration d'une très grande profondeur s'adresse à tous, mais particulièrement à ceux qui inversent l'ordre des choses en donnant plus de valeur aux biens matériels plutôt qu'à leur peuple.

En Afrique particulièrement, plusieurs dirigeants se sont enrichis de façon extraordinaire en disposant à leur guise des richesses de leurs pays au détriment du peuple qui souffre et dont la majorité vit au-dessous du seuil de pauvreté. M. Mandela a risqué sa vie à plusieurs reprises non pas parce qu'il voulait avoir la mainmise sur les ressources précieuses de son pays, mais pour la libération totale de son peuple des forces d'oppression. Pour lui, le peuple vaut plus que les richesses. Dans son autobiographie, il affirme : « Mon pays est riche en minerais et en pierres précieuses enfouis dans son sol, mais j'ai toujours su que sa plus grande richesse était son peuple, plus fin, plus pur que ses diamants les plus purs[15]. » Si tous les dirigeants des pays africains mettaient en pratique ce principe de M. Mandela, on réduirait énormément la misère de la masse. Il suffit pour s'en convaincre d'imaginer la somme d'argent virée des deniers publics par les dirigeants des pays africains et qui sont logés ou investis dans les pays développés. Transparency International dénonce cet état de choses dans la déclaration finale de sa première conférence internationale contre la corruption en Afrique où on lit : « Il est absolument inacceptable que de l'argent soit investi dans les institutions du monde développé au bénéfice d'un petit nombre de personnes malhonnêtes, quand il est vital à ses propriétaires de plein droit, dans le Sud, et bénéfique au plus grand nombre[16]. »

M. Nelson Mandela qui a pendant toute sa vie fait face à l'injustice et à la méchanceté raciale a pourtant un présupposé basé sur la bonté de l'être humain. Il affirme à cet égard : « J'ai toujours su qu'au plus profond du cœur de l'homme résidaient la

---

[14] Mandela, *Un long chemin vers la liberté*, p. 383.
[15] *Ibid.*, p. 642.
[16] Ernest Harsch, « Contre les abus de biens publics », *Afrique Relance*, Vol XIII, n° 4, 1999.

miséricorde et la générosité. Personne ne naît en haïssant une autre personne à cause de la couleur de sa peau, ou de son passé, ou de sa religion. Les gens doivent apprendre à haïr, et s'ils peuvent apprendre à haïr, on peut leur enseigner aussi à aimer, car l'amour naît plus naturellement dans le cœur de l'homme que son contraire (...) La bonté de l'homme est une flamme qu'on peut cacher, mais qu'on ne peut jamais éteindre[17]. » Il ne faisait pas d'amalgame sachant à partir de sa propre expérience que ce n'étaient pas tous les Blancs d'Afrique du Sud qui haïssaient les Noirs. Au contraire, plusieurs d'entre eux ont été solidaires avec les Noirs dans leurs souffrances. Tel fut le cas de son ami personnel Harry Oppenheimer, le plus riche magnat minier sud-africain qui a consacré 40 000 livres, toute une fortune à l'époque, dans le fonds de défense de M. Mandela. Il estime qu'il y a des gens de valeur dans tous les secteurs de la société et un bon leader se doit d'exploiter cette opportunité. C'est ce qui explique son rapprochement du secteur privé même si cela n'était pas conforme au plan interventionniste de l'ANC appelé le RDP.

Nelson Mandela a posé des gestes exceptionnels. S'il était né pendant l'Antiquité, on lui aurait probablement attribué les qualités qu'on reconnaissait à l'empereur philosophe Marc-Aurèle. Des qualités sublimes lui sont reconnues dans l'*Histoire auguste* : « Plein de bonté pour les hommes, il avait l'art de les détourner du mal et de les porter au bien, donnant des récompenses aux uns, adoucissant les peines des autres. Il rendit bons les méchants et excellents les bons[18]. » On disait de Marc-Aurèle qu'il était prêté par les dieux à l'Empire romain. À la surprise générale, alors qu'il était le Président de la République d'Afrique du Sud, M. Mandela a pris le temps d'aller rendre visite à la veuve du fondateur de l'apartheid Betsie Verwoerd. Il a aussi rendu visite au procureur qui a déployé d'énormes efforts pour le faire pendre par le passé. Il dit : « si nous ne pardonnons pas, ce sentiment d'amertume et de revanche restera présent. Nous disons donc, oublions le passé, concentrons-nous sur le présent et le futur, mais tout en affirmant que nous ne permettrons

---

[17] Mandela, *Un long chemin vers la liberté*, p. 642-643.
[18] *Histoire auguste*, « M. Antonin le philosophe », XII.

jamais que les atrocités du passé se reproduisent un jour. » Ces paroles résonnent exactement comme celles d'un ministre de culte qui parle aux hommes de la part de Dieu.

En termes de gestion du pays, il était non interventionniste. À certains moments, il ne présidait pas les réunions de son propre conseil, faisant confiance à ses collaborateurs. Le plus grand message qu'il adresse aux présidents à vie, c'est son retrait de la vie politique après un seul mandat alors qu'il était certain que personne ne lui reprocherait de briguer un autre mandat et qu'il serait plébiscité comme en 1994. La leçon de leadership que donne M. Mandela, c'est que le départ de la vie politique doit se faire lorsque tout va bien et non pas lorsque tout va mal. Un bon leader sait interpréter les signes des temps et éviter de tomber dans le piège de nombre de dirigeants africains comme Mobutu qui attendent d'être chassés du pouvoir par les armes. L'une des dernières images les plus frappantes qu'on gardera du très redouté maréchal Mobutu qui a régné d'une main de fer sur l'ex-Zaïre est qu'il a mis ses jambes au cou pour s'enfuir de son pays. Il avait pourtant le temps de quitter la vie politique avec dignité. Il faut se réjouir de ce que ce message a été entendu par certains leaders africains, mais il y a encore du chemin à parcourir pour la grande majorité.

M. Mandela a mis en place un gouvernement d'ouverture en y intégrant ses anciens ennemis. Aussi surprenant, scandaleux diront certains, que cela puisse paraître, il a nommé de Clerc à la vice-présidence, le fameux chef zoulou Buthelezi qui a combattu l'ANC et M. Mandela de toutes ses forces s'est vu attribuer le ministère des affaires intérieures. À Pik Bother l'ancien ministre des Affaires étrangères de l'apartheid, il a confié le ministère de l'énergie. C'est une autre victoire sur la haine. Il s'agit d'une autre leçon de leadership qu'il donne à ses collègues africains encore en poste. Par ses actions, il énonce le principe suivant en leadership : « garder ses rivaux le plus près possible[19]. » Buthelezi qui terrorisait le pays en faisant assassiner les membres de l'ANC avant les premières élections démocratiques en Afrique

[19] Richard Stengel, "Mandela : His 8 Lessons of Leadership", *Times*, Jul. 09, 2008.

du Sud, a radicalement changé une fois qu'il a été nommé ministre des affaires intérieures. L'intelligence et l'énergie dont il se servait pour faire le mal ont été converties en bien pour le pays, car dorénavant c'était à lui de gérer les affaires intérieures du pays. Sa nomination consacrait la fin de la terreur qu'il semait par le passé. Le Président Mandela pouvait se concentrer sur d'autres dossiers sachant qu'il n'entendra plus jamais que le groupe de Buthelezi aurait tué un militant de l'ANC. Dans plusieurs pays d'Afrique, il n'existe malheureusement pas cette main tendue à l'opposition et dans certains cas où le parti au pouvoir prétend former un gouvernement d'ouverture, on constate un manque de sincérité qui se traduit par des coups bas.

Le règne de M. Mandela n'était pas basé sur la terreur, mais sur la liberté pour laquelle il a lutté toute sa vie. Il a combattu en faveur des droits de l'homme dans son pays et une fois parvenu au pouvoir, il l'a consolidé en dotant son pays d'une des constitutions les plus démocratiques au monde et en les appliquant dans sa gestion des affaires de la cité. À ce titre, il se situe aux antipodes de plusieurs dirigeants africains qui terrorisent leurs concitoyens. Les médias nous informent que dans certains pays africains, les citoyens se font molester, emprisonner ou tuer pour des raisons aussi vulgaires qu'une marche pacifique ou la dénonciation de la mauvaise gouvernance. Pour peu qu'un citoyen critique le pouvoir en place, il se fait tout de suite accuser de tentative de déstabilisation ou d'atteinte à la sûreté de l'État, accusations qui donnent aux dirigeants le droit de faire usage de la répression. Cette situation est pire dans les pays dirigés par des régimes militaires où on cherche à imposer la discipline militaire à tout le monde.

M. Mandela est un homme qui a tenté l'impossible pour son peuple tout en ayant les pieds sur terre. Il s'est opposé avec ses camarades à un système répressif, impitoyable, foncièrement raciste et violent. Il affirme dans son autobiographie : « Je n'ai jamais perdu l'espoir que cette grande transformation aurait lieu[20]. » Il est un homme de vision. Il s'est assigné une mission et il y est resté fidèle. Rien n'a pu l'en dissuader. Ses ennemis et

---

[20] Mandela, *Un long chemin vers la liberté*, 1995, p. 642.

adversaires ont usé de tout ce qui est en leur pouvoir, à savoir l'intimidation, la prison où il a passé plus d'un quart de siècle, les menaces de mort, entre autres, mais il est resté fidèle à sa vision d'un pays où Noirs et Blancs vivent harmonieusement. « Nelson Mandela a sacrifié sa vie à la cause de la liberté en Afrique du Sud, à tel point que, malgré ses vingt-sept années en prison, il en est devenu le symbole et le leader[21]. » Lorsqu'il était en prison, l'offre de la libération contre l'abandon de ses idéaux lui a été faite, mais il a catégoriquement refusé de se laisser prendre dans le piège qui lui a été tendu. Accepter cette offre serait pour lui synonyme d'aveu d'erreur de vision. La leçon de leadership qui s'y dégage, c'est l'exigence de la vision. Mais il n'y a pas que les leaders qui sont appelés à y adhérer. Si les Africains veulent que l'Afrique avance, il est important, voire nécessaire, que chacun s'assigne une mission dont le fruit bénéficie à toute la communauté et travaille à cela sans se laisser décourager par les obstacles qui peuvent surgir.

M. Mandela dit avec fierté : « si je devais recommencer ma vie, je ferais exactement la même chose. M'occuper de ces gens opprimés et privés de tout et tenter de faire d'eux des êtres heureux et capables d'apprécier la vie. C'était ça ma mission et je m'impliquerai de la même façon encore et encore. » Pure lapalissade, il y a peu de dirigeants de pays africains capables de tels propos. Certains d'entre eux s'accrochent au pouvoir de peur de faire face à leur passé. Pour éviter cela, ils se cachent derrière l'immunité que leur offre le statut de chef d'État. D'autres, lorsqu'ils sont contraints de quitter le pouvoir, s'arrangent à imposer un dauphin qui va leur assurer la protection contre d'éventuelles poursuites. C'est l'impression qu'ont eue les membres du parti de l'ancien président nigérian Olusegun Obasanjo qui étaient abasourdis de constater que le président Yoruba a jeté son dévolu sur un Nordiste, Umaru Yar'Adua. On rapporte que « beaucoup de membres du parti, désillusionnés, pensent que la principale utilité de Yar'Adua sera de protéger son patron, à travers la préservation de son immunité, des poursuites

---

[21] J. Guiloineau, *Nelson Mandela*, Paris, Plon, 1990, Postface, p. 271.

lorsqu'il aura quitté ses fonctions[22]. » On se rappellera que Obasanjo avait d'abord tenté de modifier la Constitution de son pays pour pouvoir briguer un troisième mandat, mais devant l'opposition aussi bien de l'intérieur que de l'extérieur du pays, il y a renoncé.

Le message de M. Mandela, c'est qu'il faut rechercher le bien de son peuple et particulièrement celui des laissés-pour-compte et lutter pour leur libération. Le combat de toute une vie, victoire du faible sur le fort, de l'espoir sur le désespoir et du courage sur la résignation. M. Mandela a lutté pour la libération de son peuple et il l'a acquise. Il a su tirer son épingle du jeu sans se vautrer dans les assassinats politiques et les détournements des deniers publics. C'est la raison pour laquelle il est fier de son combat.

M. Mandela a favorisé la confiance en ses collaborateurs et par humilité a privilégié l'usage du « nous » au lieu du « je ». Dans la biographie à lui consacrée, Sampson souligne sa capacité hors du commun à motiver, à être une source d'inspiration pour son entourage et à créer un climat de confiance[23]. Ce faisant, il lance un message clair en direction des leaders qui inventent un imaginaire populaire selon lequel sans eux leurs pays ne pourront que sombrer dans l'anarchie et que la chose la plus redoutable que l'on puisse s'imaginer, c'est de les voir quitter le pouvoir. Le but d'une telle manœuvre est de dissuader tout effort de changement et de faire croire à la masse que, à l'image de Voltaire qui le faisait dire à Pangloss dans *Candide,* « tout est pour le mieux dans le meilleur des mondes possibles ». M. Mandela n'a jamais prétendu être un demi-dieu, même si dans la réalité, ses réalisations font de lui un homme hors du commun.

L'Afrique se doit d'adhérer à des principes qui garantissent le droit et la sécurité des Africains qui qu'ils soient. Il est difficile de comprendre le soutien apporté par l'Union africaine à Omar El Béchir, alors qu'il est pénalement responsable, de cinq chefs d'accusation de crimes contre l'humanité ; à savoir meurtre, extermination, transfert forcé, torture et viol relativement aux

---

[22] *The Economist*, 23 décembre 2006.

[23] A. Sampson, *Mandela - The Authorized Biography*, London, Harper Collins Publishers, 1999.

crimes du Darfour. Si on s'entend sur le fait qu'il jouit de l'immunité que lui octroie son statut de président, l'initiative de la CPI de la relativiser au profit des enfants, des femmes et des civils qui sont massacrés pour certains, déshumanisés et forcés à être des réfugiés dans leur propre pays vivant dans des camps de fortune pour d'autres, est par contre à encourager[24]. La communauté internationale a souvent pris l'habitude d'aider à acheter des cercueils au lieu de prévenir les tragédies. Pourtant lors de la commémoration du 10e anniversaire de cet évènement tragique, les grands de ce monde se sont réduits à regarder les crânes des victimes. Pourquoi n'avoir pas agi plus tôt ? Hélas, c'est aussi à certains égards au nom de l'immunité qu'un Adolphe Hitler a pu écrire des pages sombres de l'histoire. Pourtant, ses intentions étaient connues bien avant qu'il ne passe à l'acte. On veut bien ériger des monuments à la mémoire des victimes, mais le mieux est d'intervenir à temps.

[24] http://www.jeuneafrique.com/Article/ARTJAWEB20100205114247/soudan-darfour-cpi-ual-ua-regrette-les-poursuites-de-la-cpi-contre-el-bechir.html Consulté le 6 février 2010.

Chapitre 7 : L'Afrique de nos rêves

Dresser un tableau sombre de la réalité africaine 50 ans après les indépendances ne semble pas exagéré. Bien sûr, cela renforce les positions tant des Afro-pessimistes que des Occidentalo-centristes. Et pourtant, conclure que c'en est fini pour l'Afrique et qu'il n'y aurait plus d'espoir pour elle m'apparaît comme un discours à déconstruire. Il faut au contraire rêver d'une Afrique prospère en osant regarder l'avenir avec les lunettes roses de nos espoirs.

L'Afrique a à surmonter des défis énormes en matière de développement. Étant à une phase importante de son histoire, il est important de considérer avec le plus grand sérieux les différents aspects de son retard et d'envisager des solutions efficaces en vue d'un avenir meilleur.

L'Afrique peut changer

Lors de la récente coupe du monde de football qui a eu lieu en Afrique du Sud, l'Afrique a donné des signes inimaginables de sa capacité de changer d'image. Il convient tout d'abord de souligner que l'offre d'organiser cette compétition est arrivée à point nommé, car elle a eu lieu à l'heure du bilan. En effet, elle coïncide avec le cinquantenaire des indépendances en Afrique.

La presse n'a malheureusement pas tardé à donner un écho favorable aux discours pessimistes à l'égard de l'Afrique. D'aucuns ont estimé que l'Afrique n'était pas encore préparée pour organiser une coupe du monde de football, l'un des plus grands évènements organisés à l'échelle planétaire. D'autres ont estimé que l'Afrique du Sud n'était pas le pays le mieux indiqué pour organiser ce genre d'évènement à cause de l'insécurité qui y prévaut. Certains médias occidentaux particulièrement ont fait une très mauvaise campagne de découragement dans ce sens. On aurait probablement eu plus de monde en Afrique du Sud pour le mondial si on n'avait pas exagéré la question de sécurité qui y prévaut. Nul ne peut nier l'existence d'une préoccupation en ce qui concerne l'insécurité dans ce pays. Cela dit, la bonne question avant le mondial ne devrait pas être « y a-t-il insécurité en Afrique du Sud ? », mais plutôt « l'Afrique du Sud est-elle capable d'assurer la sécurité des visiteurs lors du mondial ? » ou même « l'Afrique du Sud est-elle capable de stopper le climat d'insécurité pour faire honneur à ses hôtes ? » Ces médias n'ont pas voulu aborder la question de l'insécurité sous cet angle.

L'Afrique du Sud a saisi la balle au bond pour montrer que lorsqu'elle se décide, elle est capable de ce qu'on ne la croyait incapable. Il faut reconnaître qu'il y avait un nombre impressionnant des policiers déployés en vue d'assurer la sécurité lors du Mondial, mais ce facteur à lui seul n'est pas suffisant pour assurer toute la sécurité. Il fallait la coopération de tous les citoyens et particulièrement des gangs qui semaient la terreur au sein de la population avant cet évènement. Même ces derniers ont compris que c'est l'honneur non seulement de leur pays, mais celui de l'Afrique tout entière qui était en jeu et que leur contribution à ce que cette image change requiert leur participation. Personne n'a voulu assumer la responsabilité de se mettre au travers du vent de l'histoire qui soufflait sur l'Afrique. Au contraire, tous ont préféré se placer du bon côté. Incroyable, mais vrai ! En un mois de compétition, rien de grave du point de vue sécuritaire ne s'est produit. *Le Monde* dressait son bilan du Mondial en des termes sans équivoque : « Des stades modernes et splendides, une foule enthousiaste et, n'en déplaise aux mauvaises langues, aucun incident majeur... L'Afrique du Sud peut être fière d'elle[1]. » L'Afrique a voulu donner une bonne leçon aux médias qui la connaissent mal et qui n'ont pas mieux trouvé que de la présenter en termes de stéréotypes et préjugés que sont l'insécurité, la pauvreté extrême et la maladie. Elle a démontré de la manière la plus convaincante qu'elle est capable non seulement de se redéfinir, mais de relever des défis de taille qui sont siens.

En dehors de la question de sécurité qui a été un test brillamment réussi par l'Afrique du Sud, la capacité même de l'Afrique d'organiser un évènement d'une très grande envergure comme la coupe du monde de football a été remise en cause à plusieurs reprises. Plusieurs n'ont pas hésité à dire clairement que l'Afrique n'était pas encore prête pour un tel évènement. Là encore, l'Afrique du Sud a relevé le défi au nom de toute

[1] www.lemonde.fr, consulté le 12 juillet 2010.

l'Afrique. Les médias se sont inclinés à la fin de la compétition pour saluer sa superbe réussite. Le *Point* titrait le 11 juillet « Le Mondial 2010, une opération de charme réussie pour l'Afrique du Sud ». Commentant le même évènement, *Le Monde* affirmait que cette première Coupe du monde en sol africain « fut un triomphe en termes d'organisation pour l'Afrique[2]. » C'était le même son de cloche du côté du *Figaro* qui titrait « L'Afrique peut être fière[3] » et citait les propos du directeur général du Comité d'Organisation de la Coupe du Monde et du président de la FIFA qui sont très élogieux à l'égard de l'Afrique. À la Une de *La Croix*, on pouvait lire « L'Afrique du Sud a gagné son Mondial[4]. » Bref, la Presse s'accorde pour reconnaître que le premier Mondial de football en sol africain fut un succès sans équivoque.

Un autre aspect non moins important du Mondial organisé en Afrique est la capacité des Africains d'oublier leurs divisions pour s'unir. Cette réalité est très importante à un moment où perdurent des conflits en son sein et que des voix s'élèvent pour réclamer la création des États-Unis d'Afrique. Le président sud-africain a été clair dès la cérémonie d'ouverture des jeux sur le fait que cet évènement concernait l'Afrique tout entière. En effet, dans le discours prononcé à cette occasion, il déclarait : « Cette coupe du monde est celle de l'Afrique. Oui, oui, oui, le temps de l'Afrique est venu. Il est arrivé[5]. » La parade qui a eu lieu lors de la cérémonie d'ouverture portait les couleurs de toute l'Afrique et non pas seulement de l'Afrique du Sud. On a vu défiler sur le podium des artistes sud-africains, mais aussi ceux d'autres pays d'Afrique. C'était non seulement l'Afrique du Sud qui était à l'honneur, mais l'Afrique tout entière. Ce sentiment a gagné tous les Africains. On l'a vu aussi lors des différents matchs. Chaque fois qu'une équipe africaine jouait, en général elle était soutenue par tous les Africains. Ce n'était plus la nationalité qui comptait, mais plutôt l'africanité de l'équipe. On est très vite passé du sentiment d'appartenance à un pays à celui d'appartenance à un

[2] www.lemonde.fr, consulté le 12 juillet 2010.
[3] www.lefigaro.fr, consulté le 12 juillet 2010.
[4] www.la-croix.com, consulté le 12 juillet 2010.
[5] Traduction libre.

plus grand ensemble qu'est l'Afrique. On l'a surtout remarqué lors de l'élimination de la sélection nationale ghanéenne en quart de finale. C'est toute la presse africaine qui a déploré la sortie malchanceuse de l'Afrique de cette coupe du monde. Toute la presse s'accordait sur le fait que les Black Stars représentaient l'Afrique. Conséquemment, leur défaite était celle de toute l'Afrique. Le *Ghanaian Times* illustrait très bien cela en disant qu' « À travers le monde, tous ceux qui ont du sang africain dans les veines[6] croyaient aux chances du Ghana ». Le quotidien *The Herald* du Zimbabwe avait à sa Une « rêve brisé de l'Afrique ». Notons qu'il ne s'agit pas du « rêve brisé du Ghana » mais celui de toute l'Afrique.

De ce fait, le Mondial est devenu un élément catalyseur d'un sursaut populaire qui va au-delà du partage de l'Afrique par les puissances impérialistes au XIXe siècle. Ce comportement dénote une volonté de rupture avec les frontières artificielles et les idéologies de division qu'on a créées pour désunir les Africains. Il y a eu une reconnaissance spontanée d'une origine commune et des défis communs. Il s'agissait là d'un évènement qui a recréé un continent morcelé et qui a focalisé toute l'attention sur ce qu'il y a de commun oubliant ce qui divise. L'Afrique a su montrer à travers la coupe du monde de football qu'elle est capable de relever des défis de taille lorsque c'est la dignité du continent qui est en jeu. Sachant que les regards du monde entier étaient tournés vers elle, elle s'est comportée dignement. Il suffit de prendre l'exemple de l'élimination de l'équipe nationale de l'Afrique du Sud, les Bafana Bafana, dès le premier tour. On se serait attendu à ce qu'il y ait du vandalisme suite à l'élimination inédite de l'équipe hôte qui n'était rien de moins qu'une humiliation, mais c'est le contraire qui s'est produit : les Sud-Africains étaient fiers de leur équipe et solidaires avec elle. Certes, ils auraient voulu voir leur sélection nationale aller plus loin dans la compétition, mais cela n'étant pas arrivé, ils ont considéré que ce n'était pas la fin du monde. Alors que la France de son côté a humilié ses joueurs en recourant parfois à des

[6] C'est nous qui soulignons. Cette expression revêt une importance capitale d'autant plus qu'elle focalise l'attention du lecteur sur l'origine commune.

arguments racistes, l'Afrique du Sud de son côté a honoré les siens et s'est montrée solidaire avec eux alors que dans les deux cas, il y a eu élimination dès le premier tour. Ce comportement déjoue les pronostics des Afro-pessimistes qui ne voient l'Afrique que sous un jour sombre à travers leurs stéréotypes, clichés et préjugés.

Le plus grand défi est de maintenir cette flamme qui a été attisée par le Mondial de football 2010 et de s'assurer qu'il ne s'agissait pas d'un simple feu de paille sentimental. Il est nécessaire de considérer cette flamme comme un fondement sur lequel on peut bâtir l'unité. Le mondial de football 2010 aura été un cadeau que l'Afrique a reçu royalement et qui a marqué le début d'un changement décisif de son image. Si par le passé, certains médias occidentaux particulièrement présentaient l'Afrique sous les auspices des stéréotypes et des nouvelles alarmistes, pendant tout un mois, elle a eu droit à une image diamétralement opposée, ce qui est une première dans son expérience. On a peu ou pas parlé des guerres civiles, des coups d'État, du despotisme, de la mauvaise gouvernance, de la famille, des maladies, entre autres. Il revient à l'Afrique de savoir conforter cette nouvelle image.

Vox populi, vox Dei

À l'heure du bilan, l'Afrique ne peut pas esquiver la question de la gouvernance. Sur les 50 ans qui la séparent des indépendances, les 30 premières années ont été marquées par la dictature et le parti unique et les 20 dernières années par la démocratisation. La période de la dictature, faut-il le rappeler, a été vécue dans certains pays dans une horreur épouvantable au point où les citoyens avaient peur de leur propre ombre. Le Zaïre de Mobutu, le Tchad d'Hissène Habré, le Togo d'Eyadema, la Mauritanie d' Ould Taya, l'Ouganda d'Idi Amin Dada, entre autres, ont été marqués par la terreur. Le soleil de la démocratie qui s'est levé sur le continent noir dans les années 90 continue à briller sur certains pays comme le Mali, le Bénin, le Sénégal, le Botswana, le Ghana, l'île Maurice et l'Afrique de Sud tandis qu'on a l'impression qu'il y a éclipse dans d'autres pays comme le Zimbabwe, le Kenya, le Tchad, le Niger, pour ne citer que ces exemples. Obnubilés par l'amour du pouvoir, plus d'une dizaine de chefs d'État africains ont supprimé la limitation constitutionnelle des mandats présidentiels pour s'éterniser au pouvoir, portant ainsi un coup dur à la jeune démocratie africaine au cours des dernières années.

La démocratie dans certains pays est un mot vide de sens, car le peuple se voit comme pris en otage. L'opacité de l'organisation des élections qui alimente les rumeurs de fraudes massives, le manque de transparence dans la gestion des affaires de la cité, le recours aux vices tels le népotisme, la corruption et la gabegie comme mode de gouvernement, le refus de se rendre redevable au peuple sont autant de choses qui mettent à mal la jeune démocratie africaine et donnent un prétexte aux mouvements armés qui prétendent débarrasser leurs pays des dictateurs corrompus.

Il est nécessaire que ces choses changent, car l'Afrique ne peut se permettre de continuer à vivre dans ces conditions. Une prise de conscience se veut nécessaire au niveau des dirigeants africains. Ceux d'entre eux qui dirigent les pays modèles en démocratie doivent éviter de se rendre complices de leurs homologues qui sont de très mauvais exemples en la matière. C'est le lieu de souligner la sortie du président sud-africain Jacob Zuma lors du dernier sommet France-Afrique. Réagissant à la démarche française consistant à inviter au même titre que d'autres chefs d'État, le chef de la junte guinéenne et celui de la junte nigérienne qui sont tous deux au pouvoir à la faveur d'un coup d'État, il affirmait ce qui suit :

> Nous ne voulons pas encourager les militaires à renverser les dirigeants en place et à prendre le pouvoir ; les inviter signifie une reconnaissance, c'est ainsi que c'est interprété sur le continent (…) Nous souhaiterions que ces gens n'aient pas cette reconnaissance, parce que s'ils sont reconnus ici au même niveau pratiquement que les autres chefs d'État, cela pose un problème pour l'Afrique (…) Ils ne devraient pas pouvoir entreprendre des coups d'État.

C'est contre la culture démocratique que nous essayons de promouvoir en Afrique[7].

Ces propos sont porteurs d'espoir pour l'Afrique de demain. Il faut espérer que cette prise de position servira de leçon à ceux qui espèrent obtenir une reconnaissance après s'être emparés du pouvoir par des voies non démocratiques. Le même message atteint par ricochet les dirigeants des pays qui ont fait un hold-up électoral et qui s'assoient sur le même banc avec les leaders légitimement élus par leurs peuples. L'espoir de l'Afrique réside dans ces pays qui donnent le bon exemple et dans leurs dirigeants, qui espérons-le, ne se laisseront pas emprisonner dans une diplomatie hypocrite qui esquive les problèmes au lieu de les aborder en face et de rappeler à l'ordre ceux qui font la honte de l'Afrique. Les pays africains où la démocratie avance à pas de géant représentent un signe d'espoir pour l'Afrique de demain. Si la démocratie a réussi dans ces pays, il n'y a pas de raison qu'il n'en soit pas de même dans les autres pays d'Afrique.

Les intellectuels ont un rôle de choix à jouer auprès de la masse populaire en termes d'éducation. Il est important de sensibiliser le peuple en ce qui concerne ses droits. Le politique sait subjuguer les esprits, tenir des promesses fallacieuses, faire des discours grandiloquents mais creux et corrompre la masse à la veille des consultations électorales en distribuant des sommes pourtant modiques, mais significatives pour des personnes vivant avec moins d'un dollar par jour. Le peuple a le droit d'être au courant de ces pratiques démagogiques et trompeuses et de refuser de se faire chosifier.

L'autosuffisance alimentaire

Les rendements agricoles progressent très lentement en Afrique alors que l'explosion démographique suit son cours. La conséquence est évidente : malgré l'importation des produits

---

[7] Déclaration du président sud-africain à la chaîne France 24 citée par l'AFP, « 25e sommet Afrique-France : Zuma critique la présence de la Guinée et du Niger », 31 mai 2010.

agricoles particulièrement les céréales[8], ce ne sont pas tous les Africains qui mangent à leur faim. On lit ce qui suit dans le rapport 2009 de la FAO : « Le nombre de pays en crise qui nécessitent une aide extérieure est un indicateur de vulnérabilité. Depuis avril 2009, 31 pays se trouvent dans cette situation, dont 20 en Afrique, 9 en Asie et au Proche-Orient, et 2 en Amérique latine et dans les Caraïbes. Ces pays devraient manquer des ressources nécessaires pour gérer des situations graves d'insécurité alimentaire[9]. » L'Afrique occupe le haut du pavé dans ce malheureux groupe de pays à haut risque sur le plan alimentaire. Le renversement de cette tendance se veut indispensable, car la sous-alimentation affecte l'être humain aussi bien physiquement qu'intellectuellement et devient de ce fait un frein au développement, car un homme diminué à ces deux niveaux ne peut apporter une contribution consistante au bien-être de sa communauté.

Il est important de comprendre les raisons profondes de cette pénurie alimentaire qu'il y a en Afrique afin d'y répondre adéquatement et urgemment. La sécheresse a souvent été évoquée comme l'une des causes majeures de ce fléau qui menace sérieusement le continent noir. Il est évident que dans la zone sahélienne, l'irrégularité et la rareté des pluies hypothèquent gravement une récolte abondante. Toutefois, cet argument ne peut pas expliquer tout le phénomène[10], car l'Afrique n'est pas que sahélienne. Par ailleurs, la sècheresse ne sévit pas seulement en Afrique. Lorsqu'on se réfère à l'état désertique d'Israël dans les années 50 du siècle dernier et qu'on se rend à l'évidence que de nos jours, le pays exporte des produits agricoles, on peut conclure que la sècheresse n'est pas un obstacle absolu à la production

---

[8] À noter que les céréales représentent la nourriture de base de la majorité d'Africains. Les racines et les tubercules ne représentent qu'un tiers de leur alimentation.

[9] FAO, *La situation mondiale de l'alimentation et de l'agriculture*, Rome, 2009, p. 136.

[10] Pierre Gourou et Jacques Giri qui ont fait de ce sujet l'objet de leurs études rejettent l'idée que la sècheresse à elle seule pourrait rendre compte des rendements très faibles de l'agriculture de l'Afrique. P. Gourou, *Terres de bonne espérance. Le monde tropical*, Paris, chez Plon, 1982, p. 80-88. J. Giri, *L'Afrique en panne*, Paris, Karthala, 1986, p. 60-64.

agricole. En effet l'agriculture est devenue un secteur important de l'économie de l'État hébreu. Soixante-trois ans après son indépendance, ce pays s'est imposé au Proche-Orient comme l'un des plus grands exportateurs des produits agricoles, défiant ainsi la désertification. L'originalité de l'agriculture israélienne qui lui confère un caractère exemplaire est que son développement va de pair avec le recul du désert. Notons en passant que depuis 1948, la surface cultivable a triplé dans ce pays. Dans certains pays africains, l'augmentation de la surface cultivable correspond malheureusement au déboisement qui favorise l'avancée du désert. L'Afrique a intérêt à s'inspirer des exemples comme celui de l'État hébreu pour affronter les aléas de la nature.

En dehors de la sècheresse, on évoque parfois la paresse des paysans africains pour expliquer la faible productivité agricole. Cet argument n'est valable que pour ceux qui connaissent assez mal l'Afrique. Si on prend l'exemple des paysans des Monts Mandara du Cameroun, une région où il n'y a que trois à quatre mois de saison des pluies durant l'année avec très peu de terres arables, on ne peut souscrire à ce jugement. En effet, les paysans de cette région prennent très au sérieux le défi de faire des provisions de douze mois en seulement trois ou quatre mois à telle enseigne qu'ils se rendent au champ avant le lever du jour et rentrent au coucher du soleil, et cela, à un rythme constant pendant toute la saison des pluies. Leur ardeur dans les travaux champêtres ne semble pas être une exception en Afrique. Le plus grand handicap de ces paysans réside dans les moyens de production qui sont rudimentaires et l'ignorance des méthodes modernes de production agricole. Les différents gouvernements des pays africains se doivent d'aider les paysans à être au courant de ces méthodes et de leur faciliter la tâche en vue de l'acquisition des moyens techniques leur permettant d'améliorer efficacement leurs rendements agricoles.

J. Giri a raison d'affirmer que « La vérité est que ce que l'on peut tirer des sols dépend des techniques employées, et aussi que l'on peut construire des sols comme on peut les détruire[11]. » L'expérience des paysans des Monts Mandara du Nord-

[11] Giri, *L'Afrique en panne*, p. 64.

Cameroun corrobore ce constat. Depuis des générations, les habitants de ces montagnes ont développé un système de terrasses habilement conçu et qui protège les champs contre l'érosion. Les autorités ont introduit à un moment la culture du coton dans la région sans enseigner aux populations les implications de ce changement sur leur écosystème. Faute d'informations appropriées, les pauvres paysans qui n'utilisaient pas l'engrais chimique préalablement ont eu l'impression que ce produit pourrait résoudre tous les problèmes liés à la fertilité du sol. Voulant avoir plus d'espace pour la culture du coton, plusieurs ont défait les terrasses pour rendre possible l'utilisation de la charrue. Or, selon l'ordre naturel, la matière organique favorise la croissance de la végétation, mais en même temps, la végétation produit la matière organique. On obtient le schéma cyclique 'végétation-matière organique-végétation-matière organique'. Cet échange garantit l'équilibre écologique et la terre maintient sa fertilité. En négligeant cet ordre naturel par ignorance, les populations se sont exposées à des conséquences néfastes : baisse de la fertilité du sol, compaction et érosion des sols, pollution des eaux par les engrais chimiques et les pesticides. L'absence de la matière organique favorise la rareté des microorganismes et des vers de terre qui assurent la vivacité du sol. Il est hors de doute qu'un sol mort ne peut plus nourrir les plantes qui deviennent dépendantes des engrais chimiques. L'insuffisance ou l'absence de la matière organique affecte aussi la structure et la porosité du sol. Conséquemment, le sol devient dur et la pénétration de l'eau devient de plus en plus difficile. Il n'est point besoin de dire que l'eau ruissèle plus sur un sol compacté et cela a comme conséquence sa dégradation rapide. L'action des engrais chimiques et de la matière organique décomposée sur l'écosystème est différente. Alors que la matière organique décomposée faisant partie du sol libère les éléments nutritifs en fonction des besoins des plantes, et cela, à un rythme régulé naturellement, les éléments qui constituent l'engrais chimique sont déposés à la surface du sol. Les plantes ne pouvant pas les absorber en totalité, ces éléments transmigrent avec assez de facilité vers les eaux souterraines pendant qu'une bonne partie est emportée par les eaux de pluie vers les ruisseaux et les puits, surtout dans une région accidentée comme celle des Monts Mandara. Ce sont ces eaux très polluées qui serviront de boisson aux pauvres paysans qui ne sont pas conscients du danger qu'ils courent en s'en abreuvant. Il n'y a rien d'étonnant dans le fait que les maladies d'origine hydrique font rage dans cette région.

Cet exemple aide à comprendre au moins deux choses : premièrement, il est nécessaire que les paysans soient suffisamment informés sur les nouvelles techniques pouvant les aider à améliorer leur rendement. Deuxièmement, le développement doit être intégral. En effet, si on améliore le rendement agricole en mettant en danger la santé de la population, on n'aura juste remplacé un problème par un autre. Le danger que représente l'usage des engrais chimiques et des pesticides devrait être connu de ceux qui les utilisent.

Le monde change à une vitesse vertigineuse. Les techniques de production agricoles ne sont pas du reste. Il est nécessaire de développer un mécanisme permettant de diffuser largement ces nouvelles connaissances aux paysans africains afin qu'ils s'en servent.

Depuis la mise en place des Programmes d'ajustement structurels à la fin des années 80 du siècle dernier, un autre facteur qui vient expliquer la faible production de l'Afrique. Entre autres principes régissant ces Programmes se situe en bonne place le désengagement de l'État des subventions aux agriculteurs. Les règles étant strictes, les différents États s'y sont pliés. Le scandale de ce principe vient du fait que pendant qu'on demande aux pays admis à ces Programmes de ne pas subventionner la production agricole, les pays développés le font de leur côté. Le résultat est que les agriculteurs des pays développés produisent en quantité industrielle tandis que les paysans africains qui ne doivent compter que sur eux-mêmes produisent une quantité très limitée de produits agricoles. Il s'ensuit que les produits agricoles des pays développés qui sont vendus à des prix concurrentiels inondent les marchés des pays africains et asphyxient les producteurs agricoles africains. Dans ces conditions, les paysans africains ne sont pas encouragés à produire davantage, car non seulement ils n'ont pas les moyens de le faire, mais ils savent qu'ils ne pourront pas rivaliser avec des concurrents qui sont soutenus par leurs gouvernements alors qu'eux sont abandonnés à leur triste sort. Les gouvernements des pays africains ont la responsabilité d'aider les paysans d'une manière ou d'une autre à surmonter cette pente et réorienter leurs intérêts vers la production céréalière afin de tendre vers l'autosuffisance alimentaire[12].

Certains gouvernements ont commis des erreurs grotesques sur ce plan. Au Cameroun par exemple, les autorités ont obligé les populations des Monts Mandara à déraciner leur mil (nourriture de base) pour planter le coton sous prétexte de les orienter vers une économie de marché. Celles-ci ont vécu ce changement comme un drame. Jean-Marc Ela qui a été prêtre dans cette région aborde avec pertinence ce bouleversement dans la vie des paysans dans deux ouvrages, à savoir *Le Cri de l'homme africain* et *Ma foi d'Africain.* Il souligne que c'est dans un contexte de despotisme que la culture du coton a été introduite dans cette région du Cameroun. Les pauvres paysans n'avaient que le devoir d'obtempérer. Les pouvoirs publics ne se préoccupaient que des devises que devait faire rentrer cette culture de rente. Ceux-ci ont catégoriquement ignoré le fait que pour l'homme des Monts Mandara, le mil est un produit venant de Dieu en personne. Il l'a donné à l'homme comme nourriture dès les origines. Cela étant, empêcher l'homme des Monts Mandara de cultiver son mil équivaut à déstabiliser son monde. Sous la menace des autorités qui leur intimaient l'ordre de déraciner leur mil, « Chacun, levant le bras au ciel et d'une main tenant les tiges du mil, disait : ' mon Dieu, tu vois, ce n'est pas moi, ce n'est pas moi, mon Dieu'[13] ».

Si on veut considérer les choses dans l'optique de l'autosuffisance alimentaire, on ne peut pas ne pas conclure que l'administration camerounaise a envoyé un très mauvais signal aux populations de cette région. Elle aurait dû plutôt que d'imposer la culture cotonnière, aider ces populations à améliorer leurs techniques de production de céréales en vue d'assurer l'autosuffisance alimentaire dans la région. Il est évident qu'un

---

[12] P. Ndoumaï, « Les méfaits de la culture du coton dans les Monts Mandara », *L'œil du Sahel*, N° 128 du 30 janvier, 2004.

[13] J.-M. Ela, *Ma foi d'Africain*, Paris, Karthala, 1985, p. 118.

pays a besoin d'avoir de produits à exporter, mais la priorité doit être d'aider les populations à manger à leur faim en promouvant la production locale des produits de base.

La FAO lance le cri d'alarme suivant : « Le déficit alimentaire important qui persiste dans les pays les moins avancés (PMA), en particulier ceux d'Afrique, suscite l'inquiétude d'autant qu'il devrait augmenter de 50 pour cent en termes réels dans les 10 prochaines années, accentuant la dépendance de ces pays vis-à-vis des livraisons étrangères[14]. » Cette prévision pessimiste devrait amener les dirigeants africains à prendre très au sérieux l'avertissement et à engager des réformes de taille dans le domaine de l'agriculture afin de garantir l'autosuffisance alimentaire. Il devient plus que nécessaire de passer de l'agriculture extensive à l'agriculture intensive. Aussi longtemps que la densité de la population africaine n'était pas importante, celle-ci pouvait se contenter de l'agriculture extensive, mais avec l'explosion démographique qui y prévaut, il faut réajuster le tir. Comme le dit si bien P. Merlin : « Les paysans asiatiques ont été obligés de passer à la culture intensive en irrigation ou en culture pluviale, en raison de la très haute densité de la population dans une très grande partie des régions, deltas, ou plaines fertiles[15]. » Si cela a fonctionné pour l'Asie, il n'y a pas de raison qu'il n'en soit pas de même pour l'Afrique. En plus d'améliorer de façon substantielle le rendement agricole africain, ce passage de l'agriculture extensive à l'agriculture intensive permettant d'exploiter la même terre année après année sans avoir besoin de la laisser en jachère apportera non seulement une solution au déboisement, mais aussi aux multiples conflits fonciers. Comme pour toute révolution, l'éducation des masses doit occuper une place de choix dans ce virage. Les nouvelles techniques ainsi que leurs avantages et leurs inconvénients doivent être connus des paysans. Il faut oser rêver d'une Afrique où chacun mange à sa faim.

---

[14] FAO, *La situation mondiale de l'alimentation et de l'agriculture*, Rome, 2010, p. 131-132.

[15] P. Merlin, *Espoir pour l'Afrique noire*, Préface de J. Diouf & J. Delors, Paris, Présence Africaine, 1996, p. 46.

Une Afrique en santé

Il y a quelques années de cela, l'Organisation mondiale de la Santé aimait répéter le slogan « santé pour tous en l'an 2000 ». L'an 2000 est passé sans que la cible n'ait été atteinte particulièrement en Afrique. Bien entendu, on peut noter des améliorations dans l'accès aux soins de santé pour les populations, mais d'une part, ce n'est pas tout le monde qui a accès aux soins en cas de maladie, d'autre part, les pandémies et les épidémies continuent à faire des ravages. En raison de la pauvreté, des conflits armés, de l'insécurité et de la fracture sociale, plusieurs pays africains accusent un très grand retard en matière d'investissement dans le domaine de la santé et de l'accessibilité aux soins. Les résultats sont ceux que tout le monde connaît. Dans son rapport sur la santé dans le monde en 2008, l'OMS souligne à maintes reprises le retard de l'Afrique par rapport au reste du monde à plusieurs niveaux. On y lit que « L'Afrique subsaharienne est également la seule région du monde[16] dans laquelle l'accès à une assistance qualifiée lors de l'accouchement ne progresse pas[17]. » Le rapport mentionne aussi que sur le plan de la couverture vaccinale, l'Afrique subsaharienne traîne derrière le reste du monde. On y reconnaît toutefois qu'il y a une certaine amélioration depuis quelques années, mais qui ne change pas la dernière position qu'occupe l'Afrique par rapport aux autres régions du monde[18]. Le rapport souligne aussi que 66% des « États fragiles » définis comme des pays où le PIB et l'espérance de vie ont tous deux stagné se retrouvent en Afrique. Dans ces pays, non seulement la croissance est inférieure à la moyenne des pays à faible revenu, mais leur dette est largement au-dessus de la moyenne[19]. Que l'accessibilité aux soins de santé soit un sérieux problème dans ces pays n'a rien de surprenant. La conclusion à tirer c'est qu'il y

[16] C'est nous qui soulignons.

[17] OMS, Rapport sur la santé dans le monde, 2008 : les soins de santé primaires - maintenant plus que jamais, p. 4. http://www.who.int/whr/2008/08_report_fr.pdf consulté le 30 juin 2010.

[18] OMS, *Rapport sur la santé dans le monde, 2008*, p. 3.

[19] OMS, *Rapport sur la santé dans le monde, 2008*, p. 5.

a pour l'Afrique une sérieuse pente à remonter. Il est évident que la question de santé ne peut être dissociée de celle du niveau économique.

Il est difficile d'aborder la question du développement de l'Afrique sans prendre en compte le paludisme qui est la cause principale de mortalité infantile et particulièrement le Sida à qui l'Afrique paye un très lourd tribut. Dans le cas du paludisme particulièrement, il ne serait pas osé de dire que si l'on consacrait plus d'argent à la recherche en en mettant une partie détournée par certains dirigeants africains ou celle qu'on dépense inutilement dans les conflits armés, l'Afrique aurait probablement eu raison de cette maladie qui continue à menacer sérieusement ses enfants. Selon l'OMS, en Afrique, 20% de la mortalité infantile est due au paludisme. Un enfant y meurt toutes les trente secondes de cette maladie[20]. Le fait que jusqu'à ce jour il n'y ait pas de vaccin contre le paludisme est très inquiétant. Cette maladie étant tropicale, la responsabilité de l'éradiquer incombe d'abord aux populations vivant dans la zone tropicale du monde. Le manque de vaccin gratuit qui a fait ses preuves à ce jour montre que la proclamation de la victoire sur cette maladie n'est pas pour demain. Et pour parvenir à la découverte et à la mise en place d'un vaccin viable, il est nécessaire que les différents pays tropicaux collaborent non seulement en termes d'échange d'informations entre les chercheurs, mais en mettant en place un fonds régional suffisant destiné à la recherche en vue de mettre au point un vaccin contre le paludisme ou tout autre moyen permettant de détruire l'espèce de moustique qui transmet cette maladie. Aux grands maux les grands moyens stipule un adage bien connu et il est important que cela s'applique à la lutte contre un ennemi qui arrache impitoyablement à l'Afrique un de ses enfants sur cinq.

Le Sida est un autre fléau qui écorche l'image de l'Afrique. Les statistiques rendues disponibles par ONUSIDA corroborent cette affirmation : « L'Afrique subsaharienne reste la région la plus lourdement touchée par le VIH. En 2008, elle représentait 67% des infections à VIH du monde entier, 68% des nouvelles

---

[20] www.who.int

infections à VIH chez les adultes et 91% des nouvelles infections à VIH chez les enfants. En outre, c'est dans cette région qu'ont été enregistrés 72% des décès mondiaux dus au sida en 2008[21]. » Dans ces statistiques, il y a certes de bonnes nouvelles, mais aussi et surtout des tristes. La bonne nouvelle, c'est que comparativement aux chiffres de 2004, l'Afrique subsaharienne a connu une baisse du taux de mortalité due au Sida de 18% en 2008. Évidemment, il faut voir dans cette baisse la longévité qu'enregistrent ceux qui ont accès au traitement. Il est aussi à noter que comparativement à 1995, le nombre de nouvelles infections a connu une nette diminution de 25% en 2008. De même, le taux de prévalence chez les adultes (15-49 ans) qui a régressé de 5,8% en 2001 pour passer à 5,2% en 2008 est une bonne nouvelle. Toutefois, il y a de mauvaises nouvelles aussi. Malgré toutes les campagnes de sensibilisation, l'Afrique enregistre environ deux millions de nouvelles infections, ce qui porte à 22, 4 millions le nombre de personnes vivant avec le VIH sur le continent. Ce nombre est très élevé et maintient l'Afrique sur l'avant-scène de ce fléau. Les filles et les femmes restent les plus touchées par le VIH. En 2008, c'est en Afrique que 72% des décès mondiaux dus au Sida ont eu lieu. La même année, 14 millions d'enfants ont perdu un voire les deux parents des suites de Sida. Il s'agit là d'un grand nombre d'enfants qui s'ajoutent à un nombre exorbitant d'autres enfants dont l'avenir a été fauché par le Sida. Il faut reconnaître que malgré le maigre espoir d'améliorations dans la lutte contre le Sida, la situation n'est pas moins catastrophique. Comment l'Afrique peut-elle prétendre au développement lorsque plus de 22 millions de ses fils et filles ne peuvent plus utiliser pleinement leurs forces pour y apporter leur pierre de contribution ? Il n'est pas sans importance de souligner que ce grand nombre de ceux qui vivent avec le VIH a un très grand impact sur la société.

Le bilan tristement célèbre des ravages du VIH/SIDA sur le continent africain donne lieu à une réflexion sérieuse qui devrait déboucher sur des mesures mieux ciblées pour combattre cet ennemi commun. Les maigres progrès que l'on constate dans

---

[21] http://data.unaids.org

certains pays africains dans la lutte contre le Sida n'ont rien à voir avec le but ultime qui est d'enrayer ce mal dans le monde en général et sur le continent africain en particulier. Autrement dit, même si on sent une mobilisation mondiale contre le Sida, la victoire finale risque de durer et l'Afrique se doit de revoir sa méthode d'approche de cette catastrophe en perfectionnant les stratégies de lutte et en explorant d'autres façons d'aborder ces problèmes sur le continent. Il devient nécessaire de renforcer les contingents et de perfectionner les stratégies aux fins de la victoire ultime qui risque malheureusement de durer. Dans la mesure où les ravages du VIH/SIDA réduisent énormément la main-d'œuvre sur laquelle l'Afrique compte en vue de son développement, combattre cette pandémie équivaut à contribuer au développement de l'Afrique. De même, ne pas prendre cette menace au sérieux est une façon d'hypothéquer le développement de l'Afrique. Les statistiques sont là pour montrer que la classe active est celle qui paye un lourd tribut à cette pandémie. Or c'est de cette catégorie de la population que dépend le développement de l'Afrique. Ce serait une erreur de ne pas féliciter les ONG qui travaillent d'arrachepied en Afrique dans le cadre de la lutte contre le VIH/SIDA. La question essentielle à se poser en Afrique est celle de savoir pourquoi ce fléau ravage davantage le continent africain que les autres. Il incombe aux Africains de trouver des réponses adéquates à cette question.

L'Afrique peut s'inspirer de l'exemple des autres dans la lutte contre cette pandémie, mais il est indispensable d'entreprendre des réflexions et de trouver des réponses proprement africaines à l'énigme du VIH/SIDA. Dans une telle réflexion, il est nécessaire d'inclure les garants de la tradition, ceux de la culture, les chefs religieux, les éducateurs à tous les niveaux, les administrateurs, les travailleurs sociaux, le corps médical, entre autres. La lutte contre le Sida doit être perçue comme un problème global compte tenu de son impact sur plusieurs aspects de la vie de l'Africain. C'est avec raison que les acteurs de la lutte contre le Sida mettent un accent particulier sur la prévention. Cependant, compte tenu du taux d'analphabétisme élevé qui prévaut en Afrique, le message n'atteint pas la cible comme il se doit. Conséquemment, une lutte efficace contre le VIH/SIDA implique celle contre l'analphabétisme. Aux grands maux les grands moyens, dit-on. Il est nécessaire de prendre des mesures drastiques pour l'éradiquer du continent noir. Non seulement il faut que les études primaires et secondaires soient gratuites, mais que l'éducation scolaire soit obligatoire jusqu'à 16 ans au moins pour tous les citoyens. Et il faudrait que l'État se donne les moyens de contrôler régulièrement la mise en pratique de cette exigence qui devrait tenir lieu de loi. Il est important que la possibilité soit offerte aux adultes qui n'ont pas terminé leur cursus primaire ou secondaire de poursuivre gratuitement leurs études.

De même, la lutte contre le Sida devrait inclure la lutte contre la pauvreté. Plusieurs jeunes filles se livrent à la prostitution et deviennent par voie de conséquence des propagatrices du VIH parce qu'elles sont désœuvrées et n'ont pas les moyens de se prendre en charge. Cela revient à dire qu'améliorer leur condition de vie est une lutte efficace contre le VIH/SIDA. Engager cette lutte, c'est aussi combattre l'exode rural en développant les régions rurales. En effet, nombre de familles séparées parce que le père de famille est allé en ville pour chercher de l'emploi en vue de subvenir aux besoins de sa famille se trouvent aux prises avec le VIH lorsque l'un ou l'autre cède à la tentation du sexe. Tout en comptant sur les avancées de la recherche et de la mise au point d'un vaccin contre le Sida, il devient important de mettre un accent particulier sur l'aspect éthique, social, culturel et religieux de l'approche de ce fléau.

Il est important pour l'Afrique de se fixer de nouvelles cibles en matière de santé. Celles de l'an 2000 n'ont pas été atteintes, mais il n'y a pas lieu de désespérer. Il n'est pas normal qu'au XXIe siècle, des personnes meurent sans avoir pu être consultées par un médecin pour la simple raison que le nombre de médecins est très restreint par rapport à la population et que les structures sanitaires manquent drastiquement. La formation du personnel médical et la construction des infrastructures sanitaires dans toutes les communautés devraient être une priorité en Afrique. C'est bien sur les personnes en santé que l'Afrique compte pour se développer. Conséquemment, pour réussir le défi du développement, il est nécessaire de revoir à la hausse le budget alloué à la santé en vue de résorber le problème de santé qui se pose avec acuité, ce qui garantira une meilleure santé des personnes sur lesquelles le continent mise en vue de son développement.

Une démographie contrôlée

La courbe de l'évolution démographique en Afrique ne suit pas celle du progrès économique. Cette disparité constitue l'une des causes des difficultés auxquelles elle est confrontée sur le plan socioéconomique. L'explosion démographique dans un contexte économique catastrophique n'est pas une bonne nouvelle pour le continent noir. Celui-ci n'a pas de choix que d'opter pour une sensibilisation à l'échelle nationale au niveau de chaque pays en vue d'un contrôle des naissances. Les différents États se doivent de rendre les connaissances relatives au planning familial accessibles même aux illettrés et de trouver les arguments nécessaires pour convaincre les familles du bienfondé d'un tel programme. Il ne fait point de doute qu'il s'agit d'une démarche à contrecourant, car selon la culture africaine, un grand nombre d'enfants est non seulement considéré comme une bénédiction, mais un signe de prestige. Preuve en est qu'en Afrique, lorsqu'on bénit une personne, on prononce des paroles du genre : « qu'il plaise à Dieu de t'accorder un grand nombre d'enfants ». On peut comprendre que dans un passé lointain où le revenu familial dépendait principalement de l'agriculture, une telle philosophie de vie pouvait fonctionner, car avoir une grande famille signifiait avoir une main-d'œuvre abondante et un rendement conséquent. Sauf que les temps ont changé depuis.

Avoir un enfant aujourd'hui comporte d'énormes responsabilités pour les parents : il faut subvenir aux besoins de l'enfant, assurer sa scolarisation de la maternelle jusqu'à l'école professionnelle en passant par le primaire, le secondaire et l'université ; dans un contexte où on ne parle presque pas d'assurance maladie, il est nécessaire pour les parents d'avoir constamment les moyens d'assumer le coût des soins de leur enfant en cas de maladie, etc. C'est le lieu de souligner que le coût des études et de la santé ne font qu'augmenter en progression exponentielle. En procréant, il est nécessaire de penser à ces obligations qui incombent à chaque parent qui ne veut pas être perçu comme un irresponsable. C'est d'ailleurs en fonction de ces charges que les parents devraient décider du nombre d'enfants qu'ils sont capables de bien élever. Il est déplorable de voir des parents qui procréent, mais n'assurent pas les responsabilités inhérentes à ce statut. L'UNICEF estime qu'en Afrique subsaharienne, le travail des enfants concerne 48 millions de personnes. Environ 1 enfant de moins de 15 ans sur trois (29%) travaille[22]. Cette situation alarmante est due en grande partie à l'irresponsabilité des parents. La faim, la pauvreté des parents, la non-scolarisation sont autant de raisons qui peuvent amener un enfant de moins de quinze ans à aller chercher un travail bien qu'il ne soit pas encore à l'âge de travailler. On retrouve ces enfants économiquement actifs dans les exploitations agricoles, les chantiers de construction, le commerce ambulant, les travaux domestiques, entre autres.

Si l'Afrique parvient à vulgariser l'importance du contrôle des naissances et les moyens pour y parvenir et si cette campagne est couronnée de succès, il est évident que le taux des enfants au travail tombera en chute libre. En poussant cette logique plus loin, on ne peut pas ne pas reconnaître ses limites. Si on part du principe qu'avant de procréer il faut s'assurer qu'on a les moyens de s'occuper normalement d'un enfant, il devient plus ou moins évident que tous ceux qui vivent avec moins d'un dollar par jour en sont disqualifiés. Serait-on prêt à dire qu'ils ne devraient pas procréer, car ils ne sont pas à même d'assumer les coûts liés à la prise en charge normale d'un enfant ? Cette question met en relief les limites de ce principe. La procréation étant un droit naturel, nul ne peut se permettre de dire à un autre qu'en raison de sa pauvreté, il n'a pas le droit d'avoir un enfant dans sa vie. Par contre, l'adage attribué à Socrate, qui stipule que de deux maux il faut choisir le moindre, prend tout son sens. Si on est déjà pauvre, au lieu d'avoir une multitude d'enfants qui seront misérables, il vaut mieux en avoir juste un ou deux. Car, dans ce cas, on épargnerait la misère à plusieurs autres et réduirait l'état de pauvreté des vivants. Hormis le contrôle de naissances, il est

---

[22] http://www.unicef.org/french/protection/index_childlabour.html consulté le 4 juillet 2010.

nécessaire de s'attaquer simultanément à la pauvreté des parents qui entraîne celle des enfants et qui les propulse sur le marché de l'emploi précocement.

Une Afrique concurrentielle

Mahatma Gandhi disait avec raison, « ce que vous faites pour moi, mais sans moi, vous le faites contre moi. » Cette assertion se vérifie lorsqu'on analyse le développement de l'Afrique. L'une des raisons pour lesquelles les différentes tentatives de développement de l'Afrique se sont soldées par un échec cuisant est le manque de consultation de l'Afrique par les pays industrialisés. À la fin des années 70, on a mis en place les Programmes d'ajustement structurels qu'on a présentés comme la solution au problème du sous-développement de l'Afrique. Aussi étonnant que cela puisse paraître, c'est l'effet contraire qui s'est produit avec des conséquences désastreuses pour les groupes vulnérables. L'Unicef s'est sentie dans l'obligation de monter au créneau en 1987 pour lancer un cri d'alarme : oui au PAS, mais un « ajustement à visage humain[23] ».

Le succès de ce programme dans certains pays d'Asie ne pouvait aucunement garantir le même succès en Afrique. Le principe qu'on oublie souvent ou qu'on refuse tout simplement de reconnaître est que pour toute action de changement de taille, il est nécessaire de prendre pour point de départ le vécu des populations, ce qu'elles savent, ce qu'elles peuvent faire et ce qu'elles veulent faire. Une théorie de développement qui n'est pas participative ne peut pas rendre service de façon durable à ceux qui en sont les bénéficiaires.

Il a été établi plus haut que l'aide accordée à l'Afrique ne lui a pas permis de se développer. Il est évident qu'il existe un jeu ambigu dans la politique d'aide accordée aux pays africains. Les bailleurs de fonds octroient souvent l'aide aux pays dirigés par les autocrates corrompus tout en sachant que cet argent ne servira qu'à aider une élite qui entoure le dictateur. Malheureusement, l'aide reçue n'a servi qu'à l'enrichissement d'une minorité au

---

[23] UNICEF, *L'Ajustement à visage humain-protéger les groupes vulnérables et favoriser la croissance*, Paris, Economica, 1987.

détriment des masses populaires. Mais même dans les cas où l'argent est bien géré, l'aide répond à un principe clair : qui paie commande. Autrement dit, ce sont les bailleurs qui dictent à quoi cette aide doit servir. L'échec d'une telle politique ne surprend personne dans la mesure où le peuple n'est pas associé aux décisions. Ce constat donne lieu à la légitime question de savoir s'il est réellement dans l'intérêt des pays développés de voir l'Afrique émerger[24].

Il est nécessaire pour l'Afrique de redynamiser son économie, particulièrement le secteur privé. L'État n'étant pas à mesure d'absorber les chômeurs dont le nombre ne fait qu'augmenter, il se doit au moins de mieux structurer le secteur privé et d'enlever les blocages qui obstruent son essor. Selon les estimations, 30 à 80% de la population active des pays en voie de développement opère dans le secteur « informel ». En Afrique où l'exode rural draine son flux de chômeurs à la recherche d'emploi vers les villes, le taux annuel de croissance de cette population est de 7%[25]. Le secteur formel ne comporte que 10% de la population

---

[24] Les « assassins financiers » savent manipuler les chiffres et les présenter d'une manière astucieuse pour que les pays qui reçoivent « l'aide » acceptent leurs prévisions de croissance économique comme des données non questionnables. Ils jouent à volonté sur la nature trompeuse du Produit national brut (PNB). En effet, le PNB peut croître même s'il n'y a qu'une infime minorité qui s'enrichit au détriment de la masse qui croupit sous le poids de la misère. D'ailleurs, les projets que les assassins financiers sont conçus pour ne profiter qu'aux entreprises et de contribuer au bonheur de quelques élites seulement au détriment de la populace. Le principe est d'enrichir davantage ceux qui sont déjà riches et d'appauvrir de plus en plus les pauvres. À ce propos, M. Perkins fait un aveu scandaleux. Selon lui, de deux choses, l'une : soit que ses professeurs d'université n'ont rien compris de la vraie nature de la macroéconomie, soit qu'ils la comprenaient, mais ont choisi de ne pas la dévoiler de peur de perdre leurs postes, étant donné que les universités reçoivent des subventions des grandes compagnies. « Dans plusieurs cas, aider à la croissance économique d'un pays ne fait qu'enrichir les quelques personnes se trouvant au sommet de la pyramide, tout en appauvrissant davantage ceux qui se trouvent au bas. En effet, la promotion du capitalisme a souvent pour résultat un système qui ressemble aux sociétés féodales du Moyen-Âge. » Perkins, *Les Confessions d'un assassin financier,* p. 30.

[25] M. Kuengienda, *L'Afrique doit-elle avoir peur de la mondialisation ?*, Paris, L'Harmattan, 2004, p. 121

active en Afrique subsaharienne[26]. Ce pourcentage surprenant est dû en partie à la pauvreté galopante, aux raisons conjecturelles, à la mise en application des mesures drastiques des Programmes d'ajustement structurel qui ont propulsé un nombre important de « compressés » vers le secteur informel et à l'incapacité de l'économie formelle d'absorber les sans-emplois dont l'instinct de survie pousse pourtant à se « débrouiller » pour résister à leur manière aux affres de la pauvreté.

L'État doit savoir tirer parti du dynamisme, de l'esprit d'entreprise et de la créativité des populations qui luttent à leur manière contre la misère. L'objectif n'est évidemment pas de démanteler ce secteur d'activités, mais de canaliser cet esprit d'entreprise caractérisé par des capacités de courage, de ténacité, d'ingéniosité, d'inventivité et de flexibilité grâce auxquelles les populations résistent à la pauvreté, en vue de maximiser les effets positifs du potentiel qui existe dans l'initiative privée et l'entrepreneuriat individuel qui profiteront à toute la population. Il faut trouver un moyen de canaliser ces atouts vers des objectifs de bien-être commun et favoriser des conditions d'éclosion et de maximisation d'autres talents.

Certes, dans ce secteur, il est nécessaire de dissocier les activités criminelles telles que le trafic de drogue, le blanchiment d'argent et le crime organisé des autres activités qui relèvent aussi de l'informel, mais qui n'ont rien de criminel comme celles qu'exercent les vendeurs à la sauvette, les marchands ambulants, les petits artisans, les conducteurs des motos taxis, entre autres, qui relèvent purement et simplement de la débrouillardise. Il est évident qu'à l'encontre des activités criminelles, la prévention et la répression doivent être exercées. Par contre, ceux qui sont dans le secteur informel, mais qui n'ont rien à voir avec des activités criminelles se doivent d'être encouragés dans leur élan de créativité. Il faut reconnaître que c'est parce qu'elles exercent ces métiers que ces personnes survivent dans un contexte de paupérisation. Mais l'État se doit d'intervenir dans un secteur qui

[26] Bureau International du Travail, Commission de l'emploi et de la politique sociale, « L'économie informelle », GB.298/ESP/4, 298e session, Genève, mars 2007, p. 2.

mobilise la plus grande partie de la population active pour maximiser les résultats des efforts de celle-ci et en tirer parti, car si le passage de l'informel au formel se passe sans anicroche et si l'État apporte une aide efficace à ces « débrouillards », le montant des taxes et des impôts va inéluctablement augmenter substantiellement. Évidemment, l'État ne réussira ce pari que s'il renonce à l'odieuse habitude d'utiliser les ressources nationales pour l'enrichissement d'une élite privilégiée. Autrement dit, si l'argent des impôts n'est pas géré et investi dans la transparence, les masses qui se retrouvent dans l'informel poursuivront leur résistance et leur subversion contre le dépouillement des faibles pour engraisser les forts. Elles se posent la légitime question de savoir pourquoi payer l'impôt s'il doit servir la cause de la corruption, de la gabegie et du détournement des deniers publics. Il revient donc à l'État de convaincre non pas théoriquement, mais pratiquement les masses paupérisées qui ont trouvé refuge dans la débrouillardise de sa transparence dans la gestion des biens de la cité.

Cinquante années d'assistantialisme n'ont pas permis à l'Afrique de décoller. Qu'on veuille le reconnaître ou non, loin d'être un facteur d'un véritable développement, l'assistantialisme accroît la dépendance, marginalise et appauvrit davantage les masses populaires. Dans la mesure où il existe un rapport d'inhérence entre le capitalisme qui favorise l'exclusion des pauvres et l'assistantialisme, il n'est pas étonnant que les conditions socio-économiques ne changent pas en bien malgré tous les beaux discours qui l'accompagnent.

Il est important de démystifier ce qu'on entend par aide. Comme nous l'avons vu dans le cas du Panama et de l'Équateur, si aide il y a, c'est qu'il s'agit d'un cadeau empoisonné. On l'appelle « aide » même s'il est connu qu'une grande partie sinon la totalité doit être remboursée avec intérêt. Dans la majorité écrasante des cas, le taux d'intérêt est si élevé que les pays bénéficiaires de l'aide sont incapables de tenir leurs engagements de remboursement et s'embourbent conséquemment dans le cycle d'une dette interminable. Il va sans dire qu'un pays débiteur n'a pas tout le poids qu'il pourrait avoir devant son créancier, ce qui ouvre la voie à une manipulation du premier par le second au gré de ses intérêts. Il faut en outre noter qu'en cas d'aide, il revient au pays qui accorde l'aide et non pas à celui qui le reçoit de décider dans quel domaine cet argent sera investi. L'Afrique ne peut plus continuer de cette manière. Il lui faut trouver un moyen d'en découdre avec l'assistantialisme en sortant de cet engrenage infernal. Ce qui est certain, c'est que telle que l'aide est organisée, il serait surprenant que ce soit elle qui fasse sortir l'Afrique de son sous-développement. Celle-ci devra plutôt se frayer un autre passage pour atteindre le développement escompté : exiger la fin du néocolonialisme, plaider en faveur d'un échange équitable en mettant un terme à la détérioration des termes de l'échange, faire des efforts pour que la plupart des matières premières soient transformées localement, s'assurer d'avoir un marché commun et une monnaie africaine commune, favoriser la bonne gouvernance et une meilleure gestion des ressources, résoudre le problème du surendettement qui asphyxie bon nombre de pays, mettre un terme à l'insécurité qui plonge un nombre important de la population dans la précarité, innover et moderniser l'agriculture, bref se réinventer…

De nouveaux partenariats économiques

On entend de plus en plus dire que le XIXe siècle était européen, le XXe siècle américain et le XXIe sera chinois. En effet, depuis les années 90 du siècle dernier, la Chine expérimente une montée en puissance du point de vue économique et s'impose de ce fait comme une puissance économique. Son économie qui croît en progression exponentielle lui donne la carrure d'une puissance économique incontournable. Inutile de dire qu'une telle croissance crée un besoin insatiable en matières énergétiques et cette pression a poussé la Chine à explorer les possibilités lui permettant de l'assouvir. Elle est classée deuxième grand consommateur mondial de pétrole après les États-Unis avec 8 M bbl/jour en 2009[27]. L'Afrique qui a assouvi la soif de l'Europe en matières premières lors de la révolution industrielle au XIXe

[27] L. Blondeau, « Pétrole : une amitié intéressée ? », *Éclairage* N° 140, mars-avril 2010, p. 5.

siècle est devenue une option. C'est dans cette optique qu'il convient de comprendre la présence chinoise en Afrique.

Partenaire commercial de l'Afrique de premier plan, la Chine importe dans 32 pays et exporte dans 20 pays du continent. Le néologisme « Chinafrique » a donc toute sa raison d'être. En effet, l'intérêt de la Chine pour l'Afrique ne date pas d'aujourd'hui. Déjà à l'époque des indépendances, elle s'est rapprochée des mouvements de gauche. Dans le but d'isoler Taïwan, elle a cherché à étendre son influence sur le continent africain. En 1976, elle achevait la construction du chemin de fer Lusaka-Dar es Salam. On n'oubliera pas que le président tanzanien a fait face au refus des Occidentaux et des institutions de Bretton Woods de réaliser ce gigantesque projet, avant qu'il ne se tourne vers la Chine qui a fait le travail avec élégance.

À en croire François Lafargue[28], l'Afrique du Sud, l'Angola, le Nigeria, le Soudan, l'Égypte et l'Algérie représentent « les 2/3 des échanges sino-africains ». Entre 2000 et 2008, le commerce sino-africain est passé de 22, 3 milliards à 166 milliards de dollars. Le pétrole représente à lui seul 70% des importations chinoises du continent africain. En plus du pétrole, les Chinois s'approvisionnent en fer, en cuivre, en chrome, en coltan, en bois, en coton, en or, en café, en thé, etc. L'investissement dans le traitement industriel en Afrique fait aussi partie du partenariat économique sino-africain. Selon les autorités chinoises, 750 000 citoyens de la République Populaire de Chine se trouvent dans 49 des 53 pays africains. Il n'est point besoin de dire que ce sont les affaires qui expliquent ce déplacement massif.

Il convient dès lors de souligner qu'il faudrait éviter tout amalgame entre la ruée des Européens vers l'Afrique au XIXe siècle et celle de la Chine au XXIe siècle. Les premiers se sont servis de leur puissance militaire pour soumettre de force les Africains à leur autorité et exploiter le continent à leur guise et sans rendre des comptes à qui que ce soit. Ils avaient leur vision du monde, la prétendue mission civilisatrice, qu'ils ont imposée par la force à l'Afrique. La seconde, c'est-à-dire la Chine, ne se rend pas en Afrique sur les mêmes bases même si le besoin en

---

[28] Auteur de *La guerre mondiale du pétrole*.

matières premières rapproche ses mobiles et ceux des Européens d'il y a deux siècles. Elle ne se rend pas sur un terrain vierge dans la mesure où les Africains ne peuvent commettre l'erreur d'oublier les sévices de la colonisation et l'angoisse de voir des étrangers piller le continent sans avoir la possibilité de lever le petit doigt en signe de protestation. Le contexte est totalement différent aujourd'hui. La Chine fait face à la concurrence avec ceux qui l'ont précédée en Afrique. Lorsqu'elle négocie ses contrats, elle est consciente qu'il y a d'autres qui peuvent la concurrencer et se voit dans l'obligation de faire la meilleure offre pour maximiser ses chances de gagner les marchés. Or, au XIXe siècle, les Européens n'avaient pas de concurrents.

L'autre différence qu'il ne faut pas perdre de vue, c'est que la Chine est officiellement communiste même si elle ne se passe pas des possibilités que lui offre le capitalisme. Elle n'adhère pas aux principes théoriques des Occidentaux qui consistent à conditionner leur aide au progrès de la démocratie. C'est dans cette optique qu'il faut comprendre les relations que la Chine entretient avec Robert Mugabe du Zimbabwe et El Béchir du Soudan qui sont tous deux décriés par les pays occidentaux. Cette position de la Chine consistant à renoncer à toute exigence en matière de gouvernance est saluée par certains dictateurs africains qui voient dans le partenariat avec elle un atout leur permettant de ne pas céder aux pressions des Occidentaux leur exigeant des progrès démocratiques.

Une autre différence entre les Occidentaux et la Chine qui mérite d'être soulignée est le fait que les anciennes métropoles occidentales sont habituées à réfléchir en termes de « pré-carré », ce qui limite jusqu'à un certain point une vision continentale. Par contre, la Chine qui n'a pas eu de « pré-carré » en Afrique se donne la liberté d'avoir une vision continentale. Elle déclasse les partenaires traditionnels des pays africains par sa flexibilité et ses multiples atouts compétitifs qui défient toute concurrence.

Les anciennes métropoles sont sérieusement inquiétées par la montée de la Chine en Afrique. Les coups bas de l'Europe n'ont pas empêché l'intensification du partenariat économique entre la Chine et l'Afrique. Le rôle de plus en plus important que la Chine joue en Afrique témoigne de l'échec de la coopération Europe-

Afrique qui, en 50 ans, n'a produit qu'un endettement accablant, l'exploitation et la paupérisation. Les inquiétudes montent en flèche du côté de l'Europe. Lors du sommet du G8 tenu à Heiligendamm en Allemangne en 2007, la chancelière allemande, Angela Merkel, mettait ses homologues en garde estimant qu'il fallait éviter de « laisser cette question à la seule Chine ». Le président français, Nicolas Sakozy, qui n'est pas moins inquiet n'a pas pu s'empêcher de passer à l'attaque : « La Chine, engagée dans la plus impressionnante renaissance de l'histoire de l'humanité, transforme sa quête insatiable de matières premières en stratégie de contrôle, notamment de l'Afrique[29]. » Plus récemment, son ministre des affaires étrangères Bernard Kouchner est revenu sur cette question qui les hante sérieusement. « En Afrique, il nous faut une politique commune, certainement des Anglais et des Français. Et pourquoi pas y ajouter les Portugais et les Belges, les anciennes puissances coloniales, mais aussi les Américains (…) il faut que nous soyons performants et pas du tout confrontationnels. Ce n'est pas une bataille avec les Chinois pour qu'ils ne nous volent pas l'Afrique, mais c'est une démarche positive que nous ne pouvons faire qu'à plusieurs[30] », déclarait-il. Même si les Européens ne veulent pas le reconnaître officiellement, dans leur for intérieur, ils reconnaissent qu'ils ont lamentablement échoué en Afrique ou pour le dire autrement, ils reconnaissent qu'ils ont exagéré dans leur entreprise d'exploitation de l'Afrique. Les anciens colons dormaient sur leurs lauriers, faisant de l'Afrique ce qui leur semblait bon en se disant que de toute façon elle leur appartient. C'est ce qui ressort des propos de M. Kouchner qui évoque la possibilité que l'Afrique leur soit volée par les Chinois. Cette chosification de l'Afrique est le témoignage le plus époustouflant du mépris que ces anciennes métropoles ont pour l'Afrique. Au nom de sa dignité, l'Afrique devrait non seulement dénoncer ce genre de propos, mais concrétiser la rupture avec une fausse

---

[29] Allocution lors de la conférence des ambassadeurs, le 27 août 2007 à Paris.

[30] Propos rapportés par Jeune Afrique, http://www.jeuneafrique.com/Article/DEPAFP20100208T185731Z/france-afrique-usa-diplomatiekouchner-veut-une-alliance-des-europeens-et-des-americains-face-a-la-chine-en-afrique.html consulté le 09 février 2009.

coopération qui est juste inspirée par le gain. Les anciennes puissances coloniales se sentant presque impuissantes devant la percée chinoise, on n'est pas surpris que M. Kouchner fasse appel aux États-Unis pour constituer un bloc pouvant revitaliser les anciennes métropoles afin de rivaliser avec la Chine qui les déclasse sur tous les fronts économiques en Afrique. Ils voient dans la coopération sino-africaine un frein à la déstabilisation socioéconomique que leurs multinationales orchestrent au nom de la mondialisation[31] en Afrique. Mais l'Afrique pourrait à juste titre se poser la question suivante : la coopération sino-africaine pourrait-elle être une fuite du choléra pour tomber dans la peste ? L'avenir nous le dira. Il est pour l'instant tôt de prédire avec précision ce que sera la nature de cette coopération.

Nombre de spécialistes en Relations internationales attestent d'ailleurs que la coopération sino-africaine ne répond pas à de règles précises. De ce nombre figurent en bonne place Chris Alden[32], Daniel Large, Ricardo Soares de Oliveiras[33] et Valérie

---

[31] La mondialisation n'a pas que des côtés négatifs. En ce qui concerne le transfert de technologie, l'Afrique peut tirer parti de la large diffusion de connaissances et de technologie qui caractérise la mondialisation. Il va sans dire que l'accès à l'internet permet un accès aux ressources inaccessibles par le passé. À cela est lié le mouvement des populations qui ouvre la voie à une formation de qualité à l'étranger. Cela dit, il ne faut pas perdre de vue le fait que les pays développés mettent une barrière au mouvement massif des Africains, certains comme la France ne favorisent que l'immigration choisie dont le but est de priver l'Afrique de ses plus brillants fils et filles. Finalement, le mouvement des populations n'est pas seulement un atout pour l'Afrique, mais aussi un risque de fuite de cerveaux. En outre, la libéralisation et la privatisation qui ont jusqu'à un certain point eu comme effet d'améliorer de façon quantitative les choix de services, ils ont engendré des inégalités dans les possibilités d'accès à ces services dans la mesure où les plus pauvres sont loin d'avoir les moyens d'avoir accès à ces services. Conséquemment, la libéralisation et la privatisation ne profitent qu'aux nantis. Dans ces conditions, l'État n'a pas de choix que de prendre ses responsabilités en mains pour s'assurer que les pauvres ne sont pas les laissés-pour-compte de la mondialisation qui leur barre la voie de l'accès aux services sociaux de base.

[32] C. Alden, *China in Africa*, London Zed Books, 2007.

[33] C. Alden, D. Large, R. Soares de Oliveiras (eds), *China returns to Africa. A rising power and a continent embrace*, Columbia University Press, 2008.

Bunce[34]. Non seulement la Chine n'a pas une stratégie commune dans ses rapports avec les différents pays, mais l'Afrique n'a pas non plus de position commune connue dans ses rapports avec la Chine. C'est le cas par cas qui permet d'apprécier ces rapports à leur juste valeur[35].

Cela dit, ces différences ne doivent pas occulter ce qui reste le dénominateur commun des rapports entretenus par la Chine avec les différents pays d'Afrique. Cette situation délicate ne peut qu'alimenter les rumeurs d'une nouvelle colonisation de l'Afrique par la Chine. Mais au-delà des questionnements et des rumeurs, il serait bien de s'interroger sur la manière selon laquelle la Chine déconstruit la géopolitique et la géostratégie mondiales en s'imposant et en influençant l'Afrique. Il faut d'entrée de jeu déterminer deux pôles de l'influence chinoise en Afrique. La Chine n'étant pas elle-même un pays démocratique, mais une puissance mondiale incontestable, les pouvoirs dictatoriaux se voient renforcés dans leur despotisme d'une part, et les pouvoirs démocratiques saisissent de leur côté la chance d'affermir leur démocratie d'autre part.

Cela dit, l'Afrique a intérêt à rester très prudente pour ne pas tomber dans le piège d'une autre forme de colonisation. L'un des aspects de cette coopération qui pourrait dégénérer en un sérieux problème concerne particulièrement le côté agricole.

Il existe une hémorragie qui menace sérieusement l'agriculture africaine dont l'arrêt se veut un impératif. Il s'agit de l'accaparement de terres africaines par des compagnies étrangères qui les exploitent. Ce phénomène s'est accéléré à la suite de la crise alimentaire de 2008. Il n'est point besoin de dire que la vente ou la location des terres à d'autres États ou à des investisseurs étrangers exacerbent le problème de pauvreté et de la faim là où ce genre de phénomène se développe.

Des pays comme la Chine qui n'ont plus suffisamment de terre arable pouvant permettre une production suffisante de denrées alimentaires pour nourrir leurs populations se procurent des terres

---

[34] V. Bunce, « Quand le lieu compte. Spécificités des passés autoritaires et réformes économiques dans les transitions à la démocratie », *Revue française de science politique*, vol.50, no 4-5, 2000.
[35] C. Alden, *China in Africa*, London Zed Books, 2007.

fertiles en Afrique et s'assurent de renvoyer chez eux une bonne partie des récoltes. Autrement dit, bénéficiant du soutien de leurs gouvernements, des entreprises étatiques et semi-étatiques procèdent à l'exploitation des terres agricoles en Afrique[36].

Cette pratique est une réelle menace pour l'Afrique qui ne doit pas voir seulement la création d'emplois pour les ouvriers locaux engagés dans ces exploitations agricoles, mais un risque de voir les meilleurs champs africains détenus par des étrangers et la population locale se contenter des terres moins bonnes et se résigner à être des employés des grands exploitants agricoles étrangers. De prime abord, il est possible de se faire l'illusion que la location ou la vente des terres agricoles pour une exploitation par les entreprises étrangères fera augmenter le PNB et représente une source de revenus pour les citoyens et que ces facteurs amélioreront le niveau de vie de la population. Mais un regard critique sur ce phénomène permet de se rendre à l'évidence qu'il s'agit d'une nouvelle colonisation qui est subtile. L'Afrique risque de se réveiller lorsqu'il se fera tard pour récupérer ses terres. Il faut par ailleurs penser aux conséquences écologiques de la location ou la vente des terres agricoles aux entreprises étrangères qui n'ont théoriquement aucun souci à se faire sur les conséquences environnementales que leurs activités pourraient engendrer. L'agriculture industrielle, faut-il le rappeler, fait un usage intensif des engrais et des pesticides en plus de faire usage des produits génétiquement modifiés. Au lieu que ce soient les étrangers qui viennent produire des céréales en Afrique, il revient à celle-ci de moderniser son agriculture afin d'assurer au préalable une autosuffisance alimentaire et d'en exporter le surplus vers l'extérieur.

En sa qualité de Rapporteur spécial des Nations Unies sur le droit à l'alimentation, Olivier de Schutter a formulé 11 principes devant régir la gestion des terres qu'il a présentés dans un rapport au Conseil des droits de l'homme en mars 2010. Ces principes peuvent aider l'Afrique à mieux gérer sa coopération avec la

---

[36] L. Cotula *et al.*, « Land grab or development opportunity ? Agricultural investment and international land deals in Africa », IIED/FAO/IFAD, London/Rome, 2009.

Chine s'ils sont pris en considération et appliqués rigoureusement[37]. L'Afrique doit avoir le courage de dire non à l'accaparement de ses terres quelle que soit la provenance de l'offre de location ou d'achat de ses terres.

La coopération Sud-Sud mérite d'être favorisée et à ce titre la Chine représente un acteur incontournable. Si l'Afrique est suffisamment consciente des pièges à éviter, elle peut tirer parti de son partenariat économique avec la Chine. La coopération avec d'autres pays émergents comme le Brésil ou l'Inde ne doivent pas non plus être perdue de vue. Les pays de l'hémisphère sud ont en général connu l'expérience de la colonisation et pourraient difficilement faire vivre à l'Afrique ce qu'elle a connu comme expérience dans ses rapports avec l'Occident. La malheureuse expérience de la colonisation et du néocolonialisme en Afrique est un garde-fou assez sûr qui devrait la maintenir sur le qui-vive. Un avantage indéniable de la coopération africaine avec les pays émergents est la possibilité de profiter de l'expérience de ces pays qui sont passés du statut de pays en voie de développement à celui de pays émergents.

Sans totalement délaisser l'Occident, l'Afrique a intérêt à l'heure du bilan à considérer sérieusement l'option d'intensifier sa coopération avec les puissances émergentes qui semblent d'ailleurs présenter les meilleures offres comparativement aux pays occidentaux. Si le problème de la détérioration des termes de l'échange est résolu, l'Afrique s'imposerait sur le plan géopolitique, car ses matières premières la rendront comparable à une jeune fille courtisée par plusieurs amants. Après 50 années d'échec de coopération avec les partenaires traditionnels, il est plus que jamais temps de prendre un autre virage en s'inspirant des expériences du passé afin d'éviter de tomber dans les mêmes pièges. La marchandise promise n'ayant pas été livrée à l'Afrique, ce serait une erreur de fermer les yeux sur cette

---

[37] O. de Schutter, Rapport « Acquisitions et locations de terres à grande échelle : ensemble de principes minimaux et de mesures pour relever le défi au regard des droits de l'homme » présenté au Conseil des droits de l'homme [A/HRC/13/33/Add.2], mars 2010. http://www.srfood.org/images/stories/pdf/officialreports/20100305_a-hrc-13-33-add2_land-principles_fr.pdf consulté le 04 juillet 2010.

déception pour croire aux nouvelles promesses des partenaires traditionnels. Il est au contraire nécessaire de se frayer un autre sentier, à savoir le renforcement de la coopération Sud-Sud. Celle-ci ne doit pas se limiter à l'aspect économique. Il est important, voire nécessaire qu'elle embrasse la production du savoir. C'est dans ce sens qu'abonde Kasereka Kavwahirehi qui soutient que les nouvelles rationalités africaines devraient partir du passé commun des peuples d'Amérique latine, d'Asie et d'Afrique fait des blessures du colonialisme, « des mémoires et visions du monde marginalisées et subalternisées » afin qu'émergent « une autre topologie de l'être, une autre représentation du monde, une autre géo-politique de la connaissance[38] ». Il est tout à fait normal que les savoirs non occidentaux trouvent leur place dans un monde postcolonial.

L'optimisme prospectif de P. Merlin à propos de l'avenir de l'Afrique s'impose à l'observateur attentif. Celui affirme :

> Malgré l'opinion majoritaire dans les milieux occidentaux, très pessimistes sur l'avenir de l'Afrique, malgré le découragement de nombre d'Africains, je suis convaincu que l'Afrique sortira dans les prochaines décennies de la pauvreté et de la faim ; et qu'elle peut se donner à la fois un développement matériel satisfaisant, et une civilisation nouvelle gratifiante pour elle, capable d'apporter à l'humanité une contribution essentielle et originale[39].

Quiconque lit cet auteur parviendra à la conclusion qu'il n'est ni naïf, ni ignorant des réalités africaines. Il est au contraire un auteur qui connaît la matière qu'il développe et c'est justement parce qu'il a rassemblé suffisamment de données sur l'Afrique qu'il tire la conclusion citée ci-dessus. Il revient à l'Afrique d'avoir une vision de son avenir qu'elle fera suivre d'actions concrètes en vue de sa réalisation. Il n'y a aucun doute qu'elle est capable de se réinventer en changeant de fond en comble le cours des évènements.

---

[38] K. Kavwahirehi, *L'Afrique, entre passé et futur. L'urgence d'un choix public de l'intelligence*, Bruxelles, P.I.E., Peter Lang, 2009, p. 212.
[39] Merlin, *Espoir pour l'Afrique noire*, p. 499.

Conclusion

Un demi-siècle après les indépendances, il est tout à fait normal que l'Afrique évalue son parcours. Ce chiffre représente tout un symbole dans la mesure où l'espérance de vie oscille autour de cinquante ans dans nombre de pays d'Afrique. En d'autres termes, le temps qui sépare l'Afrique de l'époque des indépendances représente une génération. Il existe donc toutes les raisons de jeter un regard critique sur l'expérience vécue et les nouvelles orientations à prendre en vue de relever les défis qui s'imposent. Il s'agit d'une évaluation qui se doit d'être objective en ce sens que l'Afrique doit accepter faire face à elle-même et être prête à se remettre en cause sans pour autant céder à la fausse modestie. En effet, reconnaître ses faiblesses n'est pas une négation de soi mais plutôt un pas décisif pour les surmonter.

Si on donne la parole aux Afro-pessimistes, ils diront que non seulement le bilan est totalement catastrophique, mais qu'il n'y a aucun espoir pour l'Afrique de surmonter les problèmes auxquels elle est confrontée. Elle est agonisante et sa mort n'est qu'une question de temps, disent sans ambages certains d'entre eux. On ne peut pas balayer du revers de la main tout ce que les Afro-pessimistes disent de peur de jeter l'enfant avec l'eau du bain. Le constat que le bilan de l'Afrique n'est pas bon n'est pas loin de la réalité. Mais l'objectivité exige aussi d'éviter d'avaler l'appât, l'hameçon et la ligne. Une Afrique agonisante qui n'a plus d'espoir n'est pas le reflet de la réalité[1]. N'en déplaise aux Afro-pessimistes, il y a encore de l'espoir pour l'Afrique.

Certes, en général l'Afrique affiche un bilan non satisfaisant en matière de santé, d'économie, de finance, de gouvernance et de sécurité. Dans chacun de ces domaines, il y a des défis réels à relever. Mais il n'y a pas que ces bilans négatifs. Il y a des signes encourageants sur lesquels l'Afrique peut bâtir son espoir en un avenir meilleur. Même si on reconnaît qu'il y a beaucoup à faire, on ne peut pas ne pas reconnaître qu'il y a eu des améliorations en matière de santé au cours des cinq dernières décennies.

---

[1] J.-P. Foirry, *L'Afrique : continent d'avenir ?*, Paris, Ellipses Édition Marketing S. A., 2006, p. 177.

Plusieurs épidémies qui décimaient le continent noir comme la variole ont été supprimées. L'accès aux soins de santé et à la vaccination a connu un progrès même si on s'accorde pour reconnaître qu'il n'est pas suffisant. On peut noter un léger progrès dans la prévention et la lutte contre le sida.

Du point de vue de la gouvernance, il y a des pays phares qui défient les Afro-pessimistes et suscitent de l'espoir pour le reste du continent noir. Du moins certains pays africains en l'occurrence le Mali, le Bénin, le Sénégal, le Botswana, le Ghana, l'île Maurice et l'Afrique de Sud donnent un très bon exemple dans ce sens. Ces contre-exemples d'une Afrique où règne exclusivement le despotisme comme certains courants afro-pessimistes veulent le faire croire, montre que la démocratie avec ses principes de bonne gouvernance est non seulement possible, mais opérationnelle en Afrique.

L'Afrique a déjà montré que lorsqu'elle est décidée à voir le changement s'opérer, elle s'offre tous les moyens de parvenir à son but. Il faut premièrement rappeler que les indépendances n'étaient pas des dons dus à la bonté des puissances impérialistes. Elles étaient au contraire le fruit d'une longue, patiente et intrépide lutte des Africains. Deuxièmement, lorsque dans les années 90 du siècle dernier les Africains avaient mare des effets néfastes de la dictature du parti unique, ils se sont mobilisés pour réclamer par tous les moyens le passage du despotisme à la démocratisation et du parti unique au multipartisme. Sensibilisation des populations à leurs droits, villes mortes, grèves généralisées, désobéissance civile, descente massive dans la rue, résistance aux forces de l'ordre envoyées par les dictateurs de l'époque pour dissuader et au besoin mater le sursaut populaire sont autant de moyens qui ont contraint les despotes d'alors à céder aux exigences des populations. Avant de jeter l'éponge, les leaders africains de l'époque ont usé de tous les moyens de persuasion tels que l'intimidation, accusation de porter atteinte à la sûreté de l'État à l'endroit de plusieurs leaders des forces de résistance, emprisonnement de plusieurs d'entre eux et molestation de foules même lors des marches pacifiques. Rien ne pouvait faire reculer des populations convaincues de leurs droits et décidées à changer le cours de l'histoire. L'Afrique a besoin de retrouver la même détermination et la même énergie pour en découdre avec le néocolonialisme, la mauvaise gouvernance qui prévaut dans nombre de pays, la paupérisation, une économie et une finance qui laissent à désirer, les conflits armés, les coups d'État, pour ne citer que ces quelques exemples de défis à relever.

Le thème de la renaissance africaine se doit d'être exploré par ceux qui doutent de la capacité de l'Afrique de faire de grandes réalisations. Il est donc permis de regarder l'avenir de l'Afrique avec les lunettes roses de nos espoirs. Cet espoir ne peut se concrétiser que si l'Afrique réalise qu'il relève de sa responsabilité de prendre des décisions et d'engager des actions en vue de son développement. Il lui revient de changer de fond en comble l'image qu'elle projette d'elle-même et de refuser d'être perçue sous le prisme des stéréotypes, des préjugés et des clichés. Les humanistes ont hâte de voir une Afrique différente de celle de la mendicité, des malades, des affamés, des réfugiés de guerre, des pauvres, de la corruption, de la gabegie, du népotisme, de la dictature et de la mauvaise gouvernance. Ils veulent au contraire favoriser le progrès d'une Afrique totalement différente, fière d'elle-même, à la hauteur des défis des temps contemporains et debout au milieu des nations développées, apportant sa contribution au progrès de l'humanité. Cette Afrique-là est déjà en marche.

Bibliographie

Alden, Ch., *China in Africa*, London Zed Books, 2007.

Alden, Ch., Large, D., & R. S. de Oliveiras (eds), *China returns to Africa. A rising power and a continent embrace,* Columbia University Press, 2008.

Amin, S., *Les défis de la mondialisation*, Paris, Forum du Tiers-Monde, L'Harmattan, 1996.

Amselle, J.-L., & M'bokolo, E., *Au cœur de l'ethnie : ethnie, tribalisme et État en Afrique,* Paris, La Découverte, 1985.

Anderson, B., *Imagined Communities : reflections on the origin and spread of nationalism,* London, Verso, 1983.

Y. Assogba, *Jean-Marc Ela : le sociologue et théologien africain en boubou,* Paris, L'Harmattan, 1999.

Balandier, G., *Sens et puissance. Les dynamiques sociales*, PUF, Paris, 1988.

Id., *Sociologie actuelle de l'Afrique noire*, Paris, 1955.

Bangayoko-Penone, N., *Afrique : les stratégies française et américaine,* Paris, L'Harmattan, 2003.

Bangoura D., « Les nouveaux enjeux socio-politiques et stratégiques de la coopération militaire française en Afrique », *Rapport de l'Observatoire permanent de la coopération française, 1996,* Paris, Desclée de Brouwer, 1996.

Basso, J. & Nechifor, J., « Les accords militaires entre la France et l'Afrique sub-saharienne » in : Balmond, L., (sous dir), *Les interventions militaires françaises en Afrique, Centre d'étude et de recherche sur la défense et la sécurité,* Coll. Travaux et recherches de l'Institut de droit de la paix et du développement de l'Université de Nice-Sophia Antipolis, Paris, Pédone, 1998.

Bayart, J.-F., « France-Afrique, aider moins pour mieux aider », in : *Politique internationale,* Paris, n° 56, été 1992.

Id., « Y'a pas rupture, patron ! », *Le Messager*, 4 août 2007.

Bernard, P., « Le faux pas africain de Sarkozy », *Le Monde*, 23 août 2007.

Blondeau, L., « Pétrole : une amitié intéressée? », *Éclairage* N° 140, mars-avril 2010.

Boto, E., *Ville cruelle*, Paris, Éditions Présence africaine, 1971.

Brisset-Foucault, F., *et al.*, « Géopolitique de la nostalgie », Libération, 14 août 2007.

Burns, J., Holman M., and Huband, M., "How Mobutu Built Up His $4 bn Fortune : Zaire's Dictator Plundered IMF Loans" *Financial Times*, 12 May. 1997.

Chailley, M., *Histoire de l'Afrique Occidentale Française*, Paris, Berger-Levrault, 1968.

Chrétien, J.-P., (dir.), *L'Afrique de Sarkozy. Un déni d'histoire*, Paris, Karthala, 2008.

Id., « Le discours de Dakar. Le poids idéologique d'un "africanisme" traditionnel », *Esprit*, novembre 2007.

Chipman, J., La *Ve République et la défense de l'Afrique*, Paris, éd. Bosquet, collection « Politeïa », 1986.

Conac, G., (dir.) *L'Afrique en transition vers le pluralisme politique,* Paris, Economica, 1990.

Coquery-Vidrovitch, C., Manceron, G. & Stora, B., « La mémoire partisane du président », *Libération*, 13 août 2007.

Cotula, L., *et al.*, « Land grab or development opportunity? Agricultural investment and international land deals in Africa », IIED/FAO/IFAD, London/Rome, 2009.

Dallaire, R., *J'ai serré la main du diable. La faillite de 'humanité au Rwanda, Outremont, Édition Libre Expression, 2003.*

Davidson, B., *The Black Man's Burden : Africa and the Curse of the Nation-State,* New York, Times Books/ London, James Currey, 1992.

Diouf, A. A., « Les garanties judiciaires de l'État de droit », *Démocraties africaines*, vol.3, 10, 1997.

Diouf, M., *Libéralisations politiques ou transitions démocratiques : Perspectives Africaines,* CODESRIA, Dakar, 1998.

Diouf, M., « Pourquoi Sarkozy se donne-t-il le droit de nous tancer et de juger nos pratiques… », *Sud Quotidien,* 17 août 2007.

Dominici L., & Dominici, F., *France Afrique : Échecs et renouveau*, Paris, l'Harmattan, 2005.

Droz, Y., « Genèse d'une "ethnie": le cas des Kikuyus du Kenya central », *Canadian Journal of African Studies / Revue Canadienne des Études Africaines,* Vol. 32, No. 2, 1998.

Du Bois, W. E. B., *The Souls of Black Folk: Essays and Sketches*, Chicago, A.C. McClurg & Co., 1904.

Duroselle, J.-. & Kaspi, A., *Histoire des relations internationales de 1945 à nos jours,* Paris, Dalloz, 2001.

Ela, J.-M., « Femme et coopération en Afrique noire », in : Rosa, V.M. P. D. Da & Thériault, J. Y. (sous dir.), *Développement, coopération et intervention sociale : discours et pratiques,* Ottawa, Presses de l'Université d'Ottawa, 1988.

Ela, J.-M., *Ma foi d'Africain*, Paris, Karthala, 1985.

Id., « Refus du développement ou échec de l'Occidentalisation? Les voies de l'afro-renaissance », *Le Monde diplomatique, octobre 1998.*

Elomari, B., *La coopération militaire française en question*, Lyon, Observatoire des transferts d'armements, Lyon, 2001.

Englebert, P., *La révolution burkinabè*, Coll. Point de vue, Paris, l'Harmattan, 1986.

Fanon, F., *Les Damnés de la terre*, préface de Jean-Paul Sartre (1961), préface de Alice Cherki (2002), postface de Mohammed Harbi (2002), Paris, La Découverte, 2002.

Id., *Peau noire, masques blancs*, Préface et Postface de F. Jeanson, Paris, Seuil, 1952.

Id. , *Pour la révolution africaine*, « Lettre à la jeunesse africaine », *Cahiers libres* N°53-54, Paris, François Maspero, 1964.

Fisher, G.-N., *Les domaines de la psychologie sociale : le champ du social*, Paris, Dunod, 1990.

Foirry, J.-P., *L'Afrique : continent d'avenir ?*, Paris, Ellipses Édition Marketing S. A., 2006.

Frank, A.-G., *Le Développement du sous-développement. L'Amérique latine,* trad. Christos Passadéos, Paris, F. Maspero, 1970.

Garvey, A. J. (ed.), *Philosophy and Opinions of Marcus Garvey*, vol. 1., Paterson, Frank Cass and Company Limited, 1923.

Gassama, M., (dir.), *L'Afrique répond à Sarkozy. Contre le discours de Dakar, éd. Philippe Rey, 2008.*

Geertz, C., "The Integrative Revolution : Primordial Sentiments and Civil Politics in the New States" in : C. Geertz (dir.), *The Interpretation of Cultures,* New York, Harper, 1973.

Gellner, E. E., *Nations and Nationalism,*New Perspectives on the Past Series, Ithaca, NY, Cornell University Press, 1983.

Gerth, J., "Hearings Offer View Into Private Banking", *New York Times,* 8 Nov. 1999.

Girard, B., « Les tribulations sarkoziennes en Afrique et l'histoire à l'école », *Libération*, 20 août 2007.

Giri, J., *L'Afrique en panne*, Paris, Karthala, 1986.

Global Witness, *Tous Les Hommes des Présidents* : *L'histoire accablante du pétrole et des affaires bancaires dans la guerre privatisée de l'Angola,* mars 2002.

Gobineau, J.-A., *Essai sur l'inégalité des races humaines*, Tome 1, Librairie de Paris Firmin-Didot, Paris, 1933.

Goreux, L. M., « Le coton en zone franc et les subventions américaines et européennes : avant et après Cancun », *Afrique contemporaine* - Automne 2003.

Gourou, P., *Terres de bonne espérance. Le monde tropical*, Paris, chez Plon, 1982.

Guiloineau, J., *Nelson Mandela*, Paris, Plon, 1990.

Harsch, E., « Contre les abus de biens publics », *Afrique Relance*, Vol XIII, n° 4, 1999.

Hobsbawm, E. J., *Nations and Nationalisme since 1780 : Programme, Myth, Reality,* Cambridge University Press, Cambridge, 1997.

Honigman, J. J., « Tribe » in : Gould, J. & Colb, W. L. (eds.), *A Dictionary of the Social Sciences,* London, Tavistock, 1964.

Houart, F. & Polet, F. (sous dir.), *Un autre Davos. Mondialisation des résistances et des luttes,* Paris, l'Harmattan, 1999.

Ikoku, S. G., *Le Ghana de Nkrumah*, Paris, Maspero, 1971.

Iliffe, J., *A modern History of Tangayika*, Cambridge, 1959.

Kabou, A., *Et si l'Afrique refusait le développement* ?, Paris, L'Harmattan, 1991.

Kavwahirehi, K., *L'Afrique, entre passé et futur. L'urgence d'un choix public de l'intelligence*, Bruxelles, P.I.E., Peter Lang, 2009.

Isaacs, H. R., *Idols of the Tribe. Group Identity and Political Change*, New York, Harper and Row, 1975.
Kimerling, J., *et al.*, *Amazon Crude,* New York, Natural Resource Defense Council, 1991.
Ki-Zerbo, J., *Histoire de l'Afrique d'hier à demain*, Paris, Hatier, 1972.
Kuengienda, M., *L'Afrique doit-elle avoir peur de la Mondialisation ?,* Paris, L'Harmattan, 2004.
Kurth, J., Globalization, *Political Aspects*, in : N. J. Smelser, and P. B. Baltes, eds, International Encyclopedia of the Social & Behavioural Sciences, Vol. 9. New York, Elsevier, 2001.
Legum, C., *Pan-Africanism. A Short Political Guide*, London & Dunmow, Pall Mall Press, 1962.
Lemarchand, R., *Burundi : Ethnocide as Discourse and Practice*, Washington and Cambridge, Woodrow Wilson Center Press and Cambridge University Press, 1994.
Lespinay, Ch. De, « Génocide et idéologies d'exclusion importées en Afrique des Grands Lacs » in : C. Coquio *et al. Parler des camps : penser les génocides,* Ed. Albin Michel, Paris, 1999.
Leymarie, Ph., « Une Afrique appauvrie dans la spirale des conflits », *Manière de voir*, no 25, février 1995.
Luckham, R., « Le militarisme français en Afrique », *Revue Politique Africaine*, n°2, C.E.A.N., 1982.
Lugan, B., *Rwanda : le génocide, l'Église et la démocratie*, Ed. du Rocher, Paris, 2004.
Mandela, N., *Un long chemin vers la liberté*, trad. Jean Guiloineau, Paris, Fayard, 1995.
Martin, P., *The Globalization of Contentious Politics : The Amazonian Indigenous Rights Movement,* New York, Rutledge, 2002.
Martinez, E. & Garcia, A., *What is Neo-Liberalism?* San Francisco, Global Exchange, 2000.
Marx, K., *Critique du droit politique de Hegel,* Paris, Éd. sociales, 1975.
Mbembe, A., « L'Afrique de Nicolas Sarkozy », *Sud Quotidien*, 2 août 2007.
Id. « France-Afrique : ces sottises qui divisent », *Sud Quotidien*, 11 août 2007.

Id. « Discours de Dakar : le retour des vieux clichés », *Hommes & Libertés*, n° 139, juillet-août-septembre 2007.

Médard, J. F., « Les Avatars du messianisme français en Afrique », in : *Afrique Politique*, Paris, Karthala, 1999.

Merlin, P., *Espoir pour l'Afrique noire*, Préface de J. Diouf & J. Delors, Paris, Présence Africaine, 1996.

Misser, F. & Vallée, O., « Les nouveaux acteurs du secteur minier africain », *Le Monde diplomatique*, mai 1998.

Ndoumaï, P., *On ne naît pas Noir, on le devient*, Paris, L'Harmattan, 2007.

Id., « Les méfaits de la culture du coton dans les Monts Mandara », *L'œil du Sahel*, No 128 du 30/ 01, 2004.

Ngomo, Th., « Le Clientélisme politique dans les relations internationales africaines » in*Cahier d'Histoire et Archéologie*, n° 2, Libreville, 2000.

Niane, D. T. & Suret-Canale, J., *Histoire de l'Afrique occidentale,* Paris, Présence africaine, 2e trimestre 1964.

Nicolas, G., « Le Nigeria: dynamique agonistique d'une Nation à polarisation variable », *Cultures & conflits*, 1, 1990.

Nkrumah, K., *L'Afrique doit s'unir*, Paris, Payot, 1964.

Nkrumah, K., « La Conférence d'Addis-Abeba », *Nations Nouvelles, Revue Internationale de l'Union Africaine et Malgache,* N° 5, juillet 1963.

O'Brien, T. L., "Panel to Focus on U.S. Bank and Deposits by Africans", *New York Times*, 5 Nov. 1999.

Onishi, N., « Going After "Big Fish", New Nigerian President Trawls for Corruption », *International Herald Tribune*, 25 Nov. 1999.

Padmore, G., *Panafricanisme ou Communisme? La prochaine lutte de l'Afrique, trad. T. Diop,* Paris, Présence Africaine, 1960.

Perkins, J., *Les Confessions d'un assassin financier. Révélations sur la manipulation des économies du monde par les États-Unis, trad. Louis Royer,* Outremont, alTerre, 2005.

Possio, T. S., *Les évolutions récentes de la coopération militaire française en Afrique,* Paris, Publibook, 2007.

Prebisch, R., « Commercial Policy in the Underdeveloped countries » *American Economic Review*, mai 1959.

Raharimanana, Diop, B. B., *et al.*, « Lettre ouverte à Nicolas Sarkozy », *Libération*, 10 août 2007.

Ranger, T. O., *The Invention of Tribalism in Zimbabwe*, Gweru, 1985.

Rostow, W. W., *Les étapes de la croissance économique*, trad. M.-J. du Rouret, Paris, Éditions du Seuil [c1963].

Sampson, A., *Mandela - The Authorized Biography*, London, Harper Collins Publishers, 1999.

Sandbrook, R., « Economic Liberalization versus Political Democratization : A Social-Democratic Resolution », *Canadian Journal of African Studies*, vol. 31,3, 1997.

Sankara, Th., *Oser inventer l'avenir. La parole de Tomas Sankara,* textes rassemblés par David Gakunzi, Paris, l'Harmattan/Pathfinder, 1988.

Santos, B. de Sousa, *Globalization : Legal Aspects*, in : N. J. Smelser, and P. B. Baltes, eds, International Encyclopedia of the Social & Behavioural Sciences, Vol. 9. New York, Elsevier, 2001.

Senghor, L. S., *Liberté 1, Négritude et Humanisme*, Paris, Seuil, 1964.

Senghor, L. S., *Œuvres poétiques*, Paris, Seuil, 1990.

Singer, W., « The Distribution of Gains between investing and borrowing countries », *American Economic Review*, mai 1950.

Soudan, F., « Quand Sarkozy réhabilite Foccart », *Jeune Afrique*, n° 2439, 7-13 octobre 2007.

Spraos, J., « The Statistical debate on terms of trade between primary commodities and manufactures », *Economic Journal*, 1980, vol. 90, N° 357.

Stengel, R., "Mandela : His 8 Lessons of Leadership", *Times*, Jul. 09, 2008.

Stiglitz, J. E., *Un autre monde contre le fanatisme du marché*, trad. Paul Chamla, Paris Fayard, 2006.

Id., *Globalization and its Discontents*, New York, W.W. Norton, 2003.

Id., *La grande désillusion*, Paris, Fayard, 2002.

Suret-Canale, J., *Afrique noire : géographie, civilisations, histoire*, Paris, Éditions sociales, 3e éd., 1968.

Sylla, L., *Tribalisme et parti unique en Afrique noire*, Paris, Presses de la Fondation Nationale des Sciences Politiques, 1977.

Thioub, I., « Lettre à M. Nicolas Sarkozy », *Le Matin*, septembre 2007.

Touré, S., *Expérience guinéenne et Unité africaine*, Paris, Présence Africaine, 1961.

UNICEF, *L'Ajustement à visage humain-protéger les groupes vulnérables et favoriser la croissance,* Paris, Economica, 1987.

Vail, L., (dir.), *The Creation of Tribalism in Southern Africa*, London, James Currey, 1989.

Vallée, O., *La police morale de l'anticorruption. Cameroun, Nigeria,* Paris, Karthala, 2010.

Van den Berghe, P. L., *The Ethnic Phenomenon*, New York, Elsevier, 1981.

Vershave, F.-X., *Noir silence. Qui arrêtera la Françafrique ?*, Paris, Éditions des Arènes, 2000.

Wallerstein, I., *Comprendre le monde. Introduction à l'analyse des systèmes-monde,* Paris, La Découverte 2006.

Id., « L'état actuel du débat sur l'inégalité mondiale » in : I. Wallerstein (sous dir.), *Les inégalités entre États dans le système international : origines et perspectives,* Québec, Centre québécois de relations internationales, 1975.

Wargny, Ch., *Haïti n'existe pas, 1804-2004 : deux cents ans de solitude*, Collection Frontières Paris, Autrement, 2004.

Williamson, J., *What Should the World Bank Think about the Washington Consensus?,* The World Bank Research Observer, Vol. 15, No. 2, 2000.

Woronoff, J., *Organizing African Unity*, Metuchen, N. J., 1970.

Zartman, W. I., (ed.) *Governance as Conflict Management. Politics and Violence in West Africa,* Washington, D.C., Brookings Institution Press, 1997.

Ziegler, J., *La haine de l'Occident*, Albin Michel, 2008.

Id., *Main basse sur l'Afrique*, Paris, Seuil, 1978.

Annexe

Pertes de changes comme conséquence des subventions américaines à la production du coton dans certains pays de l'Afrique l'Ouest ($m)

Pays	Gains réels de l'exportation du coton en 2001/202 (m$)	Gains en exportation sans les subventions américaines (m$)	Valeur de la perte comme conséquence des subventions américaines (m$)
Benin	124	157	33
Burkina Faso	105	133	28
Cameroun	81	102	21
République centrafricaine	9	11	2
Tchad	63	79	16
Congo	3	4	1
Côte d'Ivoire	121	153	32
Éthiopie	18	23	5
Ghana	7	9	2
Guinée	13	16	3
Kenya	5	6	1
Madagascar	10	13	3
Malawi	6	8	2
Mali	161	204	43
Mozambique	23	29	6
Nigeria	55	69	14
Somalie	2	3	1
Afrique du Sud	17	21	4
Soudan	65	82	17
Tanzanie	79	100	21
Togo	61	77	16
Uganda	18	23	5
Zambia	29	37	8
Zimbabwe	69	87	18
Total	**1,144**	**1,446**	**302**

Source : OXFAM International, 2002.

Table des matières

Études Africaines

Collection dirigée par Denis Pryen et François Manga Akoa

Dernières parutions

Michèle CROS et Julien BONDAZ (dir.), *Sur la piste du lion. Safaris ethnographiques entre images locales et imaginaire global*, 2010.

Apollinaire NTAMABYALIRO, *RWANDA, Pour une réconciliation, la miséricorde chrétienne. Une analyse historico-théologique du magistère épiscopal rwandais (1952-1962)*, 2010.

Élieth P. ÉYÉBIYI, *Gérer les déchets ménagers en Afrique. Le Bénin entre local et global*, 2010.

Zygmunt L. Ostrowski, *Soudan. Conflits autour des richesses*, 2010.

Clotaire MOUKEGNI-SIKA, *Production scientifique et pouvoir politique au Gabon. Esquisse d'une sociologie de la recherche universitaire*, 2010.

Innocent BIRUKA, *Sagesse rwandaise et culture de la paix*, 2010.

Mosamete SEKOLA, *Privatiser le secteur public en RDC ?*, 2010.

Jean-Pacifique BALAAMO-MOKELWA, *Les traités internationaux du Saint-Siège avec les États en Afrique (1885-2005)*, 2010.

Kathleen GYSSELS et Bénédicte LEDENT, *Présence africaine en Europe et au-delà*, 2010.

Joseph BOUZOUNGOULA, *Services de base et dynamique sociale au Congo*, 2010.

Narcisse DOVENON, *Le Bénin : Quelles solutions pour un développement durable ?*, 2010.

Françoise UGOCHUKWU, *Le pays igbo du Nigeria*, 2010.

Valéry GARANDEAU, *La Décentralisation au Gabon. Une réforme inachevée*, 2010.

L'HARMATTAN, ITALIA
Via Degli Artisti 15 ; 10124 Torino

L'HARMATTAN HONGRIE
Könyvesbolt ; Kossuth L. u. 14-16
1053 Budapest

L'HARMATTAN BURKINA FASO
Rue 15.167 Route du Pô Patte d'oie
12 BP 226
Ouagadougou 12
(00226) 50 37 54 36

ESPACE L'HARMATTAN KINSHASA
Faculté des Sciences Sociales,
Politiques et Administratives
BP243, KIN XI ; Université de Kinshasa

L'HARMATTAN GUINÉE
Almamya Rue KA 028
En face du restaurant le cèdre
OKB agency BP 3470 Conakry
(00224) 60 20 85 08
harmattanguinee@yahoo.fr

L'HARMATTAN CÔTE D'IVOIRE
M. Etien N'dah Ahmon
Résidence Karl / cité des arts
Abidjan-Cocody 03 BP 1588 Abidjan 03
(00225) 05 77 87 31

L'HARMATTAN MAURITANIE
Espace El Kettab du livre francophone
N° 472 avenue Palais des Congrès
BP 316 Nouakchott
(00222) 63 25 980

L'HARMATTAN CAMEROUN
BP 11486
(00237) 458 67 00
(00237) 976 61 66
harmattancam@yahoo.fr

649440 - Avril 2016
Achevé d'imprimer par

1livre.com
du rêve à la réalité !